高职高专人力资源管理创新系列教材

人员招聘与配置

张　妍　张艳艳　主　编
陆丽娥　副主编

中国财富出版社

图书在版编目（CIP）数据

人员招聘与配置/张妍，张艳艳主编．—北京：中国财富出版社，2016.5
（高职高专人力资源管理创新系列教材）
ISBN 978-7-5047-6105-7

Ⅰ.①人…　Ⅱ.①张…②张…　Ⅲ.①人力资源管理—高等职业教育—教材　Ⅳ.①F241

中国版本图书馆CIP数据核字（2016）第071231号

策划编辑　寇俊玲　　责任编辑　李彩琴
责任印制　方朋远　　责任校对　杨小静　　责任发行　敬　东

出版发行　中国财富出版社
社　　址　北京市丰台区南四环西路188号5区20楼　　邮政编码　100070
电　　话　010-52227568（发行部）　　010-52227588转307（总编室）
　　　　　010-68589540（读者服务部）　　010-52227588转305（质检部）
网　　址　http://www.cfpress.com.cn
经　　销　新华书店
印　　刷　北京京都六环印刷厂
书　　号　ISBN 978-7-5047-6105-7/F·2568
开　　本　787mm×1092mm　1/16　　版　　次　2016年5月第1版
印　　张　14　　印　　次　2016年5月第1次印刷
字　　数　323千字　　定　　价　34.00元

前　言

随着市场竞争的日趋激烈，企业之间的竞争不仅是资本、规模、产品和战略的竞争，更突出的体现在人才的竞争。自21世纪以来，社会发展对企业的人力资源管理提出了新的要求和挑战。人力资源管理是一项系统的工程，包括人力资源规划、招聘与配置、培训开发、绩效管理、薪酬管理和劳动关系管理等六大模块。招聘与配置是人员输入的首要环节，是企业人力资源形成的关键步骤。

企业的生存和发展离不开人才，而人才离不开招聘。招聘是人力资源管理过程中的第一步，是一项系统的工程和科学的决策，对企业起着至关重要的作用。企业只有在招聘环节上把好关，获取优秀的适合企业发展的人才，为员工提供广阔的平台，有效地整合人力资源，才能增强组织的竞争力和战斗力，从而实现企业的持续发展。

本教材立足于高职高专人才培养的目标，以市场为导向，注重实践能力的培训和技能的提升，实现与就业市场零距离的目标。培养一种集较高的专业知识水平与较强的实践操作技能于一身的，具有创新精神和创新能力的复合型人才。本着理论够用、注重实践的原则，本教材采取了学习目标、技能目标、职业情境、情境分析、案例引入、知识准备、阅读材料、案例学习、方案设计等理论与实践一体化的编写方法，让学生在"学中做，做中学"，逐步提高专业技能水平和解决实际问题的能力。本教材的主要特点体现为以下几方面。

第一，体例新颖，注重实用性和创新性相结合。本教材在体例安排上力求新颖，注重了实用性与创新性相结合，突出理论与实践相结合，侧重能力和技能的训练和提高。通过"案例引入""知识准备""阅读材料""案例学习""方案设计"等特色编写模块的设计，既注重理论知识，贴近教学，又便于学生实际操作和演练，互动性强，实用性高。

第二，视角创新，教学内容安排合理。本教材立足于企业的需求，以人员招聘与配置为理论基础，多层次、多角度地阐述了招聘与配置的内容。主要设计了认识员工招聘、招聘的准备、招聘与甄选、面试的组织与实施、员工录用与入职培训、招聘评估与招聘风险规避、人力资源配置、人员流动管理八个学习情境。通过阅读材料模块，增强了学生对课外知识的了解；通过选取企业招聘中典型的个案，让学生用所学知识解决实际管理工作中的问题，体现了职业化的特征。

第三，以项目为载体，创新教学方法。教师在“以项目为驱动”的教学理念下，采用行动导向法、任务驱动法、情景扮演法等新颖的教学方法，避免灌输式的教学，让学生主动参与学习，掌握职业技能，提高专业知识。全书精心选取了紧贴管理职场工作的案例，引导学生分析案例、职业情境模拟、任务实训等，使学生在学习中做到知行合一，学以致用。

第四，配有电子教学资源包。老师可以登录中国财富出版社网站（http://www.cfpress.com.cn）“下载中心”下载教学资料包，该资料包包括教学指南、电子教案、目标答案，为教师教学提供完整服务支持。

本教材主要由张妍老师（广州市轻工技师学院）确定全书的框架、编写大纲，负责全书的修改和统稿，还有张艳艳老师（广东省电子信息技工学校）等来自各大职业院校的骨干教师团队参与编写工作。具体编写分工情况如下：学习情境一至学习情境四由张妍老师编写；学习情境五至学习情境八由张艳艳老师编写，由陆丽娥老师负责统稿。

本教材参考了大量文献，吸收了最新的课改教改成果，并摘引了有关网络资料。在编写的过程中得到教育部高职高专文秘专业教学指导委员会的领导和专家、中国财富出版社的领导和工作人员的大力支持，在此深表感谢。

由于时间和水平的限制，尽管我们做了不懈努力，书中难免存在错误或遗漏之处，恳请广大读者批评指正。

编　者

2016 年 1 月

目　录

学习情境一　认识员工招聘

学习目标

1. 了解招聘的概念、特点和作用；
2. 掌握制定人力资源规划的要求、步骤和方法；
3. 掌握岗位说明书的特点、内容和制作方法；
4. 认识员工招聘的步骤、招聘方式和基本程序。

技能目标

1. 能够根据企业的实际情况制订人力资源规划；
2. 能分析企业对岗位的需求，并在此基础上编写岗位说明书；
3. 能按照招聘的基本程序进行员工招聘程序的模拟。

职业情境

陈浩是某高校人力资源专业的毕业生，经过层层选拔如愿进入一家跨国公司人力资源部，担任招聘专员一职。面对新的工作、新的岗位，陈浩充满好奇和激情，一心想把工作做好。在一般人看来，做招聘的最容易，无非是筛选简历、面试、通知上班，看哪个顺眼招哪个就是了。但做了十多年人力资源工作的经理告诉陈浩，招聘是做好人力资源管理的第一步，也是最重要的一步，同时也是最难做定性考核的，招聘就像是一场冒险和赌博，谁也很难有十足的把握能把这项工作做好。听到经理的这番话，陈浩陷入了深深的沉思：作为一名新人，应该如何开展招聘工作？如何才能为公司找到合适的人才？

情境分析

企业的生存和发展离不开人才，而人才离不开招聘，一次成功的招聘应该是“事得其人，人适其事”。招聘是人力资源管理过程中的第一步，也是一项系统的工程和科学的决策，对企业发展起着至关重要的作用。企业只有在招聘环节上把好关，获取优秀的、适合企业发展的人才，为员工提供广阔的平台，有效地整合人力资源，才能增强组织的竞争力和战斗力，从而实现企业的持续发展。因此，企业应站在战略的高度，根据企业的发展需要，制订人才招聘计划，做好岗位分析，通过科学的招聘渠道和方法，招聘合适的人才。

学习任务一　认识员工招聘

案例引入

丰田的全面招聘体系

丰田公司著名的“看板生产系统”和“全面质量管理”体系名扬天下，但是其行之有效的“全面招聘体系”鲜为人知，正如许多日本公司一样，丰田公司花费大量的人力、物力寻求企业需要的人才，用精挑细选来形容一点也不过分。

丰田公司全面招聘体系的目的就是招聘最优秀的、有责任感的员工，为此公司做出了极大的努力。丰田公司全面招聘体系大体上可以分成六大阶段，前五个阶段招聘大约要持续5～6天。

第一阶段丰田公司通常会委托专业的职业招聘机构，进行初步的筛选。应聘人员一般会观看丰田公司的工作环境和工作内容的录像资料，同时了解丰田公司的全面招聘体系，随后填写工作申请表。1个小时的录像可以使应聘人员对丰田公司的具体工作情况有个概括了解，初步感受工作岗位的要求，同时也是应聘人员自我评估和选择的过程，许多应聘人员会知难而退。专业招聘机构也会根据应聘人员的工作申请表和具体的能力、经验做初步筛选。

第二阶段是评估员工的技术知识和工作潜能。通常会要求员工进行基本能力和职业态度心理测试，评估员工解决问题的能力、学习能力和潜能以及职业兴趣爱好。如果是技术岗位工作的应聘人员，更加需要进行6个小时的现场实际机器和工具操作测试。通过1～2阶段的应聘者的有关资料会转入丰田公司。

第三阶段丰田公司接手有关的招聘工作。本阶段主要是评价员工的人际关系能力和决策能力。应聘人员在公司的评估中心参加一个4小时的小组讨论，讨论的过程由丰田公司的招聘专家即时观察评估，比较典型的小组讨论可能是应聘人员组成一个小组，讨论未来几年汽车的主要特征是什么。实际问题的解决可以考察应聘者的洞察力、灵活性和创造力。同样在第三阶段应聘者需要参加5个小时的实际汽车生产线的模拟操作。在模拟过程中，应聘人员需要组成项目小组，承担计划和管理的职能，比如如何生产一种零配件，人员分工、材料采购、资金运用、计划管理、生产过程等一系列生产考虑因素的有效运用。

第四阶段应聘人员需要参加一个1小时的集体面试，分别向丰田的招聘专家谈论自己取得过的成就，这样可以使丰田的招聘专家更加全面地了解应聘人员的兴趣和爱好，他们以什么为荣，什么样的事业才能使应聘员工兴奋，以便更好地做出工作岗位安排和职业生涯计划。在此阶段也可以进一步了解员工的小组互动能力。

通过以上四个阶段，员工基本上会被丰田公司录用，但是员工需要参加第五阶段一个2.5小时的全面身体检查。了解员工的一般身体状况和特别的情况，如酗酒、药物滥用的问题。

最后在第六阶段，新员工需要接受6个月的工作表现和发展潜能评估，新员工会接受监控、观察、督导等方面严密的关注和培训。

丰田的全面招聘体系使我们理解了如何把招聘工作与未来员工的工作表现紧密结合起来。从全面招聘体系中我们可以看出，首先，丰田公司招聘的是具有良好人际关系的员工，因为公司非常注重团队精神；其次，丰田公司生产体系的中心点就是品质，因此需要员工对于高品质的工作进行承诺；最后，公司强调工作的持续改善，这也是为什么丰田公司需要招收聪明和有过良好教育的员工，其基本能力和职业态度心理测试以及解决问题能力模拟测试都有助于良好的员工队伍形成。正如丰田公司的高层经理所说：受过良好教育的员工，必然在模拟考核中取得优异成绩。

想一想：

问题1：丰田公司的招聘具有什么特点？

问题2：招聘对于企业来说有什么重要意义？

知识准备

一、招聘的概念

招聘是指企业为了生存与发展的需要，根据人力资源规划和工作分析提出人员需求数量与任职资格要求，通过招聘、选择、录用等环节获得企业所需要人才的过程。招聘是人力资源管理的首要环节，是实现人力资源管理有效性的重要保证。成功的招聘可以随时填补各种原因产生的职位空缺，并可以为组织的发展储备人才，保持人力资源供给与需求的动态平衡，保持企业的生机和活力。

招聘的两个前提条件：

（1）人力资源规划。企业的人力资源规划是对企业人力资源需求与供给的分析和预测的过程，决定了需要招聘的部门、职位、数量、时间、类型等因素。

（2）工作分析。工作分析则对企业各职位的责任、内容以及所需的能力、素质等进行界定，它为招聘提供了依据，同时也为应聘者提供了关于职位的详细信息。

从广义上来说，人员招聘包括招聘准备、招聘实施和招聘评估三个阶段，三者缺一不可，须依次完成；狭义的招聘指招聘的实施阶段，其中主要包括招聘、筛选、录用三个具体步骤。

阅读材料

招聘专员岗位职责

招聘专员岗位职责是参与制定并执行各类员工的招聘政策和计划，分析招聘需求，建立并维护招聘渠道，负责安排面试及新员工入职、签订劳动合同等工作，保证企业各部门的用人需求。

招聘专员的职责主要有以下几方面。

(1) 全面负责公司内部的人才招聘工作；

(2) 根据现有编制及业务发展需求，协助上级确定招聘目标，汇总岗位需求数目和人员需求数目，制订并执行招聘计划；

(3) 协助上级完成需求岗位的职务说明书；

(4) 调查公司所需人才的外部人力资源存量与分布状况，并进行有效分析，对招聘渠道实施规划、开发、维护、拓展，保证人才信息量大、层次丰富、质量高，确保招聘渠道能有效满足公司的用人需求；

(5) 发布职位需求信息，做好公司形象宣传；

(6) 搜集简历，对简历进行分类、筛选，安排聘前测试，确定面试名单，通知应聘者前来面试（笔试），对应聘者进行初步面试（笔试）考核，出具综合评价意见；

(7) 组织相关部门人员协助完成复试工作，确保面试工作的及时开展及考核结果符合岗位要求；

(8) 对拟录用人员进行背景调查，与拟录用人员进行待遇沟通，完成录用通知工作；

(9) 负责招聘广告的撰写、招聘网站的维护和更新，以及招聘网站的信息沟通；

(10) 招聘费用的申请、控制和报销；

(11) 总结招聘工作中存在的问题，提出优化招聘制度和流程的合理化建议，完成招聘分析报告；

(12) 与其他招聘人员进行招聘流程、招聘方法与技巧的沟通和交流，提高招聘活动效率；

(13) 负责建立企业人才储备库，做好简历管理与信息保密工作；

(14) 搜集各地区人才市场信息，并熟悉各地区相关的人事法律法规；

(15) 跟踪和搜集同行业人才动态，吸引优秀人才加盟公司；

(16) 熟悉公司人力资源制度，对应聘人员提出的相关问题进行解答。

二、招聘对企业的意义

比尔·盖茨曾经说过：“如果把我最优秀的20名雇员拿走，那么微软将会变成一个不起眼的公司。”在一定意义上招聘工作是企业经营活动成功的关键因素之一。然而众多企业却忽略了招聘这一环节，更不用说招聘中的细节问题，其结果是一方面企业招到人才的难度越来越大，另一方面招聘不到合适的人才。企业注重招聘工作，招聘到合适的人才对企业来说有重要的意义。可以概括为以下几点。

1. 是组织补充人力资源的基本途径

组织的人力资源状况处于变化之中。组织内人力资源向社会的流动、组织内部的人事变动（如升迁、降职、退休、解雇、死亡、辞职等）等多种因素，导致了组织人员的变动。同时，组织有自己的发展目标与规划，组织成长过程也是人力资源拥有量的扩张过程。这就意味着组织的人力资源是处于稀缺状态的，需要经常补充员工。因此，通过市场获取所需人力资源成为组织的一项经常性任务，人员招聘也就成了组织补充人员的基本途径。

2. 有助于创造组织的竞争优势

现代的市场竞争归根到底是人才的竞争。一个企业拥有什么样的员工，就在一定意义上决定了它在激烈的市场竞争中处于何种地位——是立于不败之地，还是最终面临被淘汰的命运。但是，对人才的获取是通过人员招聘这一环节来实现的。因此，招聘工作能否有效地完成，对提高企业的竞争力、绩效及实现发展目标，均有至关重要的影响。

3. 减少人员离职，提高组织员工队伍的稳定性

招聘是一个双向选择的互动过程，一方面，企业可以从众多应聘者中选择与企业文化和岗位要求最吻合的员工。另一方面，应聘者在应聘过程中也对企业和岗位有了充分的了解，是在充分认同的基础上才决定加盟。这一互选过程，可以合理地在人员与职位之间进行匹配，使录用人才恰当地胜任工作并从工作中获取最大的满足感，从而减少离职，稳定员工队伍。

4. 为企业注入新活力，增强企业的创新能力

企业根据人力资源规划和工作分析要求，通过招聘录用，为岗位配置了新的人员。新员工为企业带来新的管理思想、新的工作模式和新的技术模式，为企业注入生机和活力，创造了一个全新的局面。另外，新员工的到来，给原有的员工带来无形的竞争压力，为了避免被淘汰，老员工会增加干劲，激发工作热情，增强企业的整体效益。

5. 树立企业公众形象，扩大企业知名度

招聘，尤其是外部招聘，本身就是企业向外部宣传自身的一个过程。为了实现招聘的目的，企业向外部发布自己的基本情况、发展方向、方针、企业文化以及产品特征等各项信息，这些有助于企业更好地展现自身的风貌，使社会更加了解企业，营造更好的外部环境，从而有利于企业的发展。研究表明，企业的招聘过程的质量高低明显地影响着应聘者对企业的看法，招聘人员的素质和招聘工作的质量在一定程度上视为企业管理水平和企业效率的标志。

案例学习

2006年，中日合资企业东风日产乘用车公司在CCTV2——《绝对挑战》栏目中以百万年薪招聘市场营销总监。10位优秀的职业经理人，通过半年之久的多场次的较量，终于产生了最后的胜者。在被激烈的角逐深深吸引的同时，观众也对日产公司以及日产出品的众多轿车留下了深刻的印象，非常有效地培养了众多潜在消费者和购买者。此外，日产公司很好地演绎了决赛的压轴大戏。一是通过决赛这一关注度最高的关键时刻，适时推出了"轩逸"轿车。二是使出了慈善营销的"杀手锏"，宣布将三辆新车捐赠给灾区。

讨论：东风日产公司采用了什么形式的招聘？这样的招聘方式会对企业起到什么作用？

三、招聘的原则

"一个出色人才能顶50个平庸员工"，这是美国苹果公司的前任老板、"管理奇才"史蒂夫·乔布斯的一句名言，从而发展为"乔布斯法则"，风靡西方管理界。

乔布斯本人对人才招聘非常重视，并把工作的1/4时间用在人才招聘上，经常亲临招聘现场，参与招聘工作。苹果公司也在他的带领下，实现历史性的逆转，扭亏为盈，进入快速发展的时期。其中，他的人才策略是功不可没的。

企业的招聘不是表面功夫，也不是面子工程，而是影响着企业未来的发展和企业的战斗力，因此，在招聘中应该遵守以下原则。

1. 公平公开的原则

企业应该把招聘的单位、招聘的职位种类、数量、要求的资格条件及考试方式均向社会公开。这样做不但可以大范围广招贤才，而且有助于形成公平竞争的氛围，使招聘单位确实招到德才兼备的优秀人才。此外在社会的监督下，还可以防止不正之风。

对待所有的应聘者应该一视同仁，不得人为地制造不平等的条件。在我国的一些招聘启事中常常可以看到关于年龄、性别的明确限制，这在国外是违反法律的，而在我国却是常有之事。招聘单位应努力为人才提供公平竞争的机会，不拘一格地吸纳各方面的优秀人才。

2. "双向选择"的原则

企业应树立"双向选择"的现代人才流动观念，与应聘者特别是重点应聘者平等地、客观地交流，双向考察，看彼此是否真正适合。在与应聘者交谈中，绝不能为了吸引应聘者，故意美化、夸大企业，对企业存在的问题避而不谈，以致应聘者过分相信招聘企业的宣传而对企业满怀期望。一旦人才进入企业，发现企业实际上并没有原先设想得那样好，就会产生失落、上当受骗的感觉，挫伤其工作积极性。因此，无论是在最初的招聘现场，还是最后一轮面试的双方交流，应始终把彼此满意作为获取人才的基础，让双方都对彼此的情况有比较准确和全面的了解，进行理性的选择。

3. 全面的原则

录用前的考核应兼顾德、智、体等方面。因为一个人的素质不仅取决于他的智力水平、专业技能，还与他的人格、思想等因素密切相关。近年来，企业对应聘者的情商越来越重视，不少企业在考试内容涉及职业倾向、个性倾向、认知人力等多方面的考察项目正是基于全面考核人才的原则。

4. 能岗匹配的原则

为了使组织的整体效益达到最优化，在招聘时就要为每个岗位量身定做，选择最合适的人才，而不是最优秀的人才，做到能岗匹配，量才录用，量职录用。有的招聘单位一味盲目地要求高学历、高职称，并不根据招聘岗位的实际要求来考虑，结果花费了大量人力、物力招聘来的优秀人才，用不了多久都“孔雀东南飞”了。所以，应根据人力资源规划和职务分析，制定明确的、具体的、可衡量的录用标准，在招聘录用时要严格按照此标准进行考察、筛选和录用。

5. 人数适量的原则

接受的应聘人数不可太少，但也不可太多。一般来讲，应聘工作的人越多，进行聘用决策的选择余地就越大，越有可能为岗位选择合适的人员。假设有两个空缺职位，结果只有两个人来应聘，那就不是真正的人才筛选。因为，迫于用人需要，招聘者不得不招聘他们。如果有10～20个人应聘的话，招聘者可以运用面试或笔试等手段进行挑选，优先录取优秀人才。但是，若应聘人数太多，无疑会增加筛选成本。一个职位，上千人应聘，招聘的意义和作用实际上已经失效了。

6. 外部招聘和内部选拔相结合的原则

企业发展需要引进外部人才，需要下降“空降兵”。因为企业也和万物一样，需要“杂交”，一味“近亲繁殖”会出现管理退化、老化、固化、缺乏活力、需要鲶鱼效应。但是企业的主要人才选拔方式应侧重于内部选拔、竞争上岗，自己培养人才。一是让内部人员看到成长有路，有奔头，拼搏向上。二是减少内外“磨合期”，有利于公司的稳定。

在换公司主要领导、如招聘职业经理人做总经理时，准备工作一定要充分。因经营理念、管理方式、主要管理人员都可能出现变化，相当于一次“地震”。公司领导层必须全力以赴，全方位制定好相应的对策，做到有备无患。

案例学习

IBM公司在北京地区招聘院校毕业生时，不少专业生对公司招聘启事中不限专业的说法有些摸不着头脑，专业的计算机公司居然不限专业招聘，很是让人费解。当自以为准备充分的应聘者们发现拿到手的是一份综合性的测评试卷时，他们才恍然大悟，原来IBM看中的不是毕业生的某方面的专业知识，而是其在受高等教育的过程中培养起来的综合素质。

讨论：IBM公司在人才招聘时遵循了哪些原则？

四、影响企业招聘的因素

在当今社会，人力资源配备社会化、市场化程度不断加强，招聘工作不仅是企业补充新鲜血液的主要渠道，也是获取优秀人才增强企业核心竞争力的重要方法，其招聘效果的好坏将影响到中小企业的生存和发展。影响企业招聘效果的重要因素可以分为内部因素和外部因素两大方面。

（一）影响招聘的内部因素

1. 企业的声望

企业是否在应聘者心中树立了良好的形象以及是否具有强大的号召力，将从精神方面影响着招聘活动。如一些老牌的大公司，以它们在公众中的声望，能很容易地吸引大批的应聘者。

2. 企业处于发展阶段

显然，人力资源管理职能的相对重要性是随着企业所处的发展阶段而变化的。因为产品或服务范围的扩大需要增设新的岗位和更多的人员，所以，处于增长和发展阶段的企业比成熟或下降阶段的企业需要招聘更多的员工。除了改变招聘规模和重点以外，处于发展阶段还在迅速扩大的企业可能在招聘信息中强调雇员有发展和晋升的机会，而一个成熟的企业可能强调其工作岗位的安全性和所提供的高薪和福利。

3. 企业的招聘政策

企业的招聘政策影响着招聘人员选择的招聘方法。例如，对于要求较高业务水平和技能的工作，企业可以利用不同的来源和招聘方法，这取决于企业高层管理者是喜欢从内部还是从外部招聘。目前，大多数企业倾向于从内部招聘上述人员，这种内部招聘政策的优点是可以向员工提供发展和晋升机会，有利于调动员工现有的积极性。其缺点是可能将不具备资格的员工提拔到领导岗位或重要岗位。

4. 福利待遇

企业内部的工资制度是员工劳动报酬是否公正的主要体现，企业的福利措施是企业是否关心员工的反映，它们将从物质方面影响着招聘活动。企业的工资、福利高，从物质方面可以吸引更多应聘者前来应聘，高薪招聘从来都是企业招聘中最常用的方法，在实施过程中也容易取得较好的成效。

5. 成本和时间

因为招聘目标包括成本和效益两个方面，同时各种招聘方法奏效的时间也不一致，所以，成本和时间上的限制明显地影响招聘效果，招聘资金充足的企业在招聘方法上可以有更多的选择，它们可以花大量费用做广告，所选择的传播媒体可以是在全国范围内发行的报纸、杂志或电视媒体等。当然，广告费一般比较贵，其费用水平取决于所用媒体的类型、地点和时间的长短。

时间上的制约也影响着招聘方法的选择。如果某一企业正面临着扩大产品或服务所带来的突发性需求，那么它几乎没有时间去大学等单位招聘，因为学生毕业时间有一定的季节性，而且完成招聘需要较长的过程。因此，企业或组织必须尽快地想办法满足对员工的新需求。一般来说，许多招聘方法所涉及的时间随着劳动力市场条件的变化而变化。当劳动力市场短缺时，一方面，应聘人的数目减少，另一方面，他们愿意花更多的时间去比较和选择，所以一般要花较长的时间才能完成。

一般来说，通过人员需求的预测可以使招聘费用降低和效率提高，尤其是在劳动力市场资源短缺时，对某类劳动力需求的事先了解可以使企业减少招聘费用，有效地获取所需的合格员工。

案例学习

天涯社区上一则“史上最牛招聘”的帖子吸引了众多网友。这则声称招聘“网络达人”的招聘信息在网上一天内赢得12万的点击率，“面试给5000元”“年薪20万元”“提供创业基金”等优厚待遇赚足了眼球。昨日，记者从招聘方确认了招聘中的优厚待遇，该公司称此举旨在网罗互联网上的草根精英，为其旗下互联网整合传播业务招兵买马。不过，招聘方也表示，最终招聘不多于3人，进入面试名单的人数也待定。

这次所谓的“最好的招聘”是面向所有的“网络达人”。帖子称，无论是创作出病毒视频的视频拍客，还是坐拥数千万点击的知名博客、微博博主，只要对网络够了解、热爱，并有一技之长都可以前来应聘。招聘方为“网络达人”开出年薪20万元起的价码，或提供创业启动基金。据悉，举办此次招聘活动的蓝色光标是国内第一家上市公关公司。该公司副总熊剑告诉记者，他们将为通过笔试和简历筛选、最终参加面试的网络达人，现场提供5000元的咨询费。熊剑解释，目前报名者已达100多人，从筛选到面试大约需要3周时间，进入面试名单者还可以和公司总经理一起吃饭，并在饭桌上接受面试。“现在我们也说不准会有多少人进入面试名单，我们希望能有20个左右。”

“最终的成功应聘者肯定能获得20万元的年薪!”熊剑还解释，总计招聘约3人，职位分别是网络CEO、视频CEO和博客CEO，“其实我们以前也进行过这样的招聘，只是没有这样高调，2016年年初我们招聘了三四名营销顾问，也都是这样的待遇。”据了解，年薪20万元这个数字，在公关行业内属于中等偏上的水平，不过对于起步阶段的新人的确算得上是高薪。

讨论：该企业在招聘中是如何吸引人才的？哪些因素影响着企业的招聘？

（二）影响招聘的外部因素

1. 国家的政策、法规

国家的政策、法规从客观上界定了企业招聘对象选择和限制的条件。例如，西方国家中的人权法规定在招聘信息中不能有优先招聘哪类性别、种族、年龄、宗教信仰的人员的表示，除非这些人员是因为工作岗位的真实需要。再如，在一些西方国家中，如果企业或其他组织在联邦政府管辖的范围内招聘 100 个以上的雇员，那么，雇主的招聘计划和目标尤其要受到法律的约束。也就是说，雇主必须设计其招聘计划和方法以在特定的人口组内吸引有资格的应聘人，他们应包括妇女、本地人、外国人和残疾人等。

2. 劳动力市场

（1）市场的地理位置。劳动力市场状况对招聘具有重要影响，其中一个因素是劳动力市场的地理位置。根据某一特定类型的劳动力供给和需求，劳动力市场的地理区域可以是局部性的、区域性的、国家性的和国际性的。通常，那些不需要很高技能的人员可以在局部劳动力市场招聘，而区域性劳动力市场可以用来招聘那些具有更高技能的人员，如水污染处理专家和计算机程序员等。专业管理人员应在国家的劳动力市场上招聘，因为他们必须熟悉企业的环境和文化。最后，对某类特殊人员如宇航员、物理学家和化学家等，除了在国内招聘外，还可在国际市场招聘。

（2）市场的供求关系。我们把供给小于需求的市场称为短缺市场，而把劳动力供给充足的市场称为过剩市场。一般来说，当失业率比较高时，在外部招聘人员比较容易。相反，某类人员的短缺可能引起其价格的上升并迫使企业扩大招聘范围，从而使招聘工作变得错综复杂。

总之，劳动力市场状况影响招聘计划、范围、来源、方法和必需的费用。为了有效地工作，招聘人员必须密切关注劳动力市场条件的变化。

3. 行业的发展性

如果企业所属的行业具有巨大的发展潜力，就能吸引大量的人才涌入这个行业，从而使企业人才的余地较大。如近几年来的会计、IT 专业。相反，当企业所属行业远景欠佳时，企业就难以有充裕的人才可供选择，如现在的纺织业等。

方案设计

实训项目：访谈成功企业的招聘。

实训目的：通过互联网平台或者走访知名企业，了解该企业的人力资源状况、招聘方式和对招聘的看法等，加深学生对招聘的认识。

项目实施：

步骤 1：学生每 6 人为一组，建立学习任务小组，选出一名组长，组长要监督组员的学习和任务的进展情况，组长根据实训任务，安排组员分工合作。

步骤 2：组员分工搜索知名企业的名单，对企业的总体情况进行初步了解。

步骤 3：整理出在招聘方面做得比较有特色的企业，确定本组要访谈的企业，取得企业联系方式。

步骤 4：小组讨论确定访谈的问题提纲，确定一名同学作为访谈者，一名同学做记录，一名同学整理谈话内容，三名同学负责后期的整理和成果汇报。

步骤 5：分组进行访谈成果汇报，由小组自评、组内互评和教师点评三位一体的方式进行综合评分。

实训材料：

(1) 收集企业招聘的相关图片，以及访谈前、访谈中、访谈后的记录照片。

(2) 通过访谈，记录整理该企业招聘的独特方式以及对招聘的理解和认识，并形成汇报文字。

(3) 最后形成招聘访谈汇报 PPT，在班上进行展示。

学习任务二　制订人力资源规划

案例引入

"人才楼"为何人去楼空

北京市顺义区一家乡镇企业——顺义阀门厂为外聘大学生盖的"人才楼"最近出现了一种非常奇怪的现象：过去住着 30 多名大学生的"人才楼"里却住进不少租房户，大学生却只剩下 1 人。这家企业为吸引人才而专门盖一座楼，可谓用心良苦。那么，为何会发展成如今人去楼空的结局呢？

北京顺义阀门厂曾被评为农业部先进企业、全面质量管理达标先进单位。为了寻求大的发展，1998 年，该企业雄心勃勃地启动了"换三茬人"的计划：第一茬，基层领导班子 100%换上引进人才；第二茬，中层管理要害部门的第一把手 50%换上外聘高级人才；第三茬，招聘、培养年轻骨干充实到厂级副职的位置上。换人的原因，用厂长周青的话讲：企业发展的速度很快，自 1994 年开始，产量以每年翻三番的速度提高，但随着产品在社会上占有量越来越多，充实技术力量、增强发展后劲成为当务之急。

1998 年年底，"人才楼"盖成了，班车开通了，ISO9000 国际质量认证拿下了，招聘来的 30 多名有工作经验的大学生分配到了管理、技术和营销岗位上。一年之后，也就是 1999 年年底，人们听到的消息竟是：厂里外聘的高级工程师已经走了几拨，而新聘的 30 多名大学生除剩 1 人外，集体递交了辞职报告并陆续离厂。目前，外聘人才的岗位已被一些从大单位退休返聘的人员和从社会上临时招聘的人员代替。现在与工厂仅一路之隔的"人才楼"显得出奇的冷清，其漂亮的绿瓦白墙外貌也被村里其他建筑衬得很不协调。对于大学生的离去原因各有说法。大学生们为何离去？

厂长周青不无诧异地告诉记者：一是因为招聘的大学生们大多数来自外地，到了北京以后，随着接触面的扩大，有了更好的选择，所以就跳槽了；二是由于厂里在管理上没有经验；三是由于内部老职工的排斥。厂里的老职工们却认为这是意料之中的事情，理由是厂里在待遇、政策上一贯偏爱宠坏了他们。

为这项人才战略招兵买马的原该厂人事部部长荆先生则认为："厂长的任务不是发

现人才，而是建立一个可以出人才的机制。但顺义阀门厂却始终没有建立起来。”荆先生认为，公司应该明确各个职位的工作内容、资格和升迁要求、待遇水平，使每个职工都了解自己的奋斗目标。此外，企业还要制订一项特殊的人才计划，专门奖励表现优异的员工，大家公平竞争，谁干得好就用谁。

大学生们却认为，与其他公司相比，他们在顺义阀门厂并没有得到特殊的待遇。他们把对企业的种种抱怨归结为一点：看不到发展的前途。这也是他们集体辞职的根本原因。据介绍，顺义阀门厂当初在招聘时不是根据岗位的要求，对不同的人才做能力界定。而是用同一把尺子丈量所有的应聘者，用完全一样的能力模式面试同一批员工。因盲目性较大而被招聘来的大学生王小姐认为，造成人才离职的关键是没有用好。王小姐充满感情地说：“其实这个厂有许多优势，地理位置好，在同行业中硬件也很好，但是经营总是在原地踏步，厂里的主业收入还不如出租房屋收的租金多。其主要原因是由于乡镇企业里的大部分职工都是以前当地的农民、厂长的乡亲们，素质跟不上企业发展的需要，中层领导有不少也存在类似情况，虽然厂长很辛苦，但一时也改变不了现状。最让人不满意的是来该厂都 4 年时间了，至今劳动合同没签，保险没上。”面对这种状况，王小姐表示只要有合适的地方便会离去。乡企人才不适为何成通病？反观整个事件的始末，客观地说，厂长可谓是颇有胸襟，企业也是求贤若渴，但一幕外聘人才与乡镇企业分道扬镳的悲剧还是发生了，不能不引起人们的深思。

最近有关方面去了解情况时，遇到了顺义阀门厂从沈阳铁岭阀门厂高薪临时聘请来解决技术问题的蔡总工程师和孙总工程师。旁观者清，对于顺义阀门厂这种人才离职现象，他们认为，厂里引进人才客观地讲是厂长比较重视，老员工比较抵制，厂长也有很多为难之处。不过，现在一些老员工也逐渐认识到了技术的重要性，只有极少数人还认为外聘人员是来赚钱的。

从首钢聘请来的吴主任也对顺义阀门厂的情况感到惋惜：“顺义阀门厂现在可以说是占尽了天时、地利，发展前景非常好，但是企业要发展最主要的是人才；而乡镇企业由于受自身素质所限，没能建立起一套完善的企业管理制度，也没有一套行之有效的管理办法。”其实，吴主任已为该厂想出了许多企业该落实的制度措施，却没能用上。

有意思的是，几位高薪外聘的老人们虽然对厂里给的待遇感觉不错，却齐声感叹厂里的管理是个大问题。他们认为，长此以往，这个厂很危险。目前厂长虽然意识到了这一点，但根深蒂固的乡亲观念，却左右着他对人才的使用。由于外部竞争的压力，想招聘人才提升技术含量和员工素质，却因为内部环境而留不住人，是目前许多乡镇企业的通病。如何利用好人才为企业做出大的贡献，如何处理好人才与本企业的关系，正是乡镇企业领导们一直头疼和思考的问题。中国人民大学工商管理学院现代企业制度专业的邓荣林教授认为，这种现象长期得不到解决，是由四个方面的原因造成的：一是产权不明晰，乡镇企业是公有制、私有制还是别的什么制，没有严格的界定；二是所有者和经营者的问题，不少企业没有建立合理的法人治理结构；三是人事制度不合理，大多没有建立起公平竞争、有透明度的人事制度，没有按市场规律去运作；四是内部环境存在问题，企业因外部竞争激烈急于招聘人才，却没有解决内部人员的裙带问题。邓教授认为，上述几方面因素都会影响到乡镇企业的健康发展。要改变现状，最重要的是以规范的公司制度来运作，建立起规范的法人治理结构，这也是乡镇企业走出困境的唯一出路。

想一想：

问题 1：试分析顺义阀门厂外聘人才集体辞职的原因。

问题 2：从案例中分析应如何做好人力资源规划？

知识准备

一、人力资源规划的概述

（一）人力资源规划的含义

人力资源规划有广义和狭义之分。广义的人力资源规划是企业所有人力资源计划的总称，是战略规划与具体实施计划的统一。狭义的人力资源规划，是指为实施企业的发展战略，完成企业的生产经营目标，根据企业内外部环境和条件的变化，运用科学的方法对企业未来的人力资源的需要和供给状况进行分析及评估，制定一系列政策和措施，从而使企业人力资源供给和需求达到平衡，实现人力资源的合理配置，有效激励员工的过程。

人力资源规划包括三方面的含义。

（1）从组织的目标与任务出发，要求企业人力资源的质量、数量和结构符合其特定的生产资料和生产技术条件的要求；

（2）在实现组织目标的同时，也要满足个人的利益；

（3）保证人力资源与未来组织发展各阶段的动态适应。

（二）人力资源规划的内容

人力资源规划包括以下五个方面的内容。

1. 战略规划

战略规划是根据企业总体发展战略的目标，对企业人力资源开发和利用的方针、政策和策略的规定，是各种人力资源具体计划的核心，是事关全局的关键性计划。

2. 组织规划

组织规划是对企业整体框架的设计，主要包括组织信息的采集，处理和应用，组织结构图的绘制，组织调查，诊断和评价，组织设计与调整，以及组织机构的设置，等等。

3. 制度规划

制度规划是人力资源总规划目标实现的重要保证，包括人力资源管理制度体系建设的程序、制度化管理等内容。

4. 人员规划

人员规划是对企业人员总量、构成、流动的整体规划，包括人力资源现状分析、企业定员，人员需求和供给预测和人员供需平衡，等等。

5. 费用规划

费用规划是对企业人工成本，人力资源管理费用的整体规划，包括人力资源费用的预算、核算、结算，以及人力资源费用控制。

（三）人力资源规划的划分

人力资源规划又可分为战略性的长期规划、策略性的中期规划和具体作业性的短期计划，这些规划与组织的其他规划相互协调联系，既受制于其他规划，又为其他规划服务。

人力资源规划是预测未来的组织任务和环境对组织的要求，以及为了完成这些任务和满足这些要求而设计的提供人力资源的过程。通过收集和利用现有的信息对人力资源管理中的资源使用情况进行评估预测。

因此，我们将人力资源规划分为战略计划和战术计划两个方面。

1. 人力资源的战略计划

战略计划主要是根据公司内部的经营方向和经营目标，以及公司外部的社会和法律环境对人力资源的影响，来制订一套跨年度计划。同时还要注意战略规划的稳定性和灵活性的统一。在制订战略计划的过程中，必须注意以下几个方面因素。

（1）国家及地方人力资源政策环境的变化。包括国家对于人力资源的法律法规的制定，对于人才的各种措施。国家各种经济法规的实施，国内外经济环境的变化，国家以及地方对于人力资源和人才的各种政策规定等。这些外部环境的变化必定影响公司内部的整体经营环境，从而使公司内部的人力资源政策也随着有所变动。

（2）公司内部经营环境的变化。公司的人力资源政策的制定必须遵从公司的管理状况、组织状况、经营状况变化和经营目标的变化。由此，公司的人力资源管理必须根据公司内部的经营环境的变化而变化。

（3）人力资源的预测。根据公司的战略规划以及公司内外环境的分析，而制订人力资源战略计划，为配合公司发展的需要，以及避免制订人力资源战术计划的盲目性，应该对公司的所需人员做适当预测。

（4）企业文化的整合。公司文化的核心就是培育公司的价值观，培育一种创新向上、符合实际的公司文化。在公司的人力资源规划中必须充分注意与公司文化的融合与渗透，保证公司经营的特色，以及公司经营的战略的实现和组织行为的约束力，只有这样才能使公司的人力资源具有延续性，具有符合公司特有的人力资源特色。

2. 人力资源的战术计划

战术计划则是根据公司未来面临的外部人力资源供求的预测，以及公司的发展对人力资源的需求量的预测，根据预测的结果制订的具体方案，包括招聘、辞退、晋升、培训、工资福利政策、梯队建设和组织变革。

在人力资源管理中有了公司的人力资源战略计划后，就要制订公司人力资源战术计划。人力资源的战术计划包括四部分。

（1）招聘计划。针对公司所需要增加的人才，应制订出该项人才的招聘计划，一般为一个年度为一个段落，其内容包括计算本年度所需人才，对所聘人才如何安排工作职位，并防止人才流失。

（2）人员培训计划。人员培训计划是人力计划的重要内容，人员培养计划应按照公司的业务需要和公司的战略目标，以及公司的培训能力，分别确定下列培训计划：①专业人员培训计划；②部门培训计划；③一般人员培训计划；④选送进修计划。

（3）考核计划。一般而言，内部因为分工的不同，对于人员的考核方法也不同，在提高、公平、发展的原则下，应该根据员工对于公司所做出的贡献作为考核的依据，这就是绩效考核的指导方法。绩效考核计划要从员工的工作成绩的数量和质量两个方面对员工在工作中的优缺点进行测定。

（4）发展计划。结合公司发展目标，设计核心骨干员工职业生涯规划和职业发展通道，明确核心骨干员工在企业内的发展方向和目标，以达到提高职业忠诚度和工作积极性的作用。

二、人力资源规划的意义

（一）提高企业劳动效率，增加企业经济效益

由于种种原因，企业内部的人力配置往往不是处于最佳的状态，其中一部分员工可能感到工作负担过重，另一部分员工则觉得无用武之地。人力资源规划可以调整人力配置不平衡的状况，进而谋求人力资源的合理化使用，提高企业的劳动效率。人力资源规划还可通过对现有的人力资源结构进行分析、检查，找出影响人力有效运用的主要矛盾，充分发挥人力效能，降低人工成本在总成本中的比重，提高企业的经济效益。

（二）有助于组织战略目标的实现

人力资源规划是组织战略目标在资源保障与配置方面的分解，与财务、生产、营销等规划共同构成组织目标的支撑体系。组织的战略目标先于人力资源规划，但人力资源规划制约着战略目标的实现。人力资源规划是企业整体规划和财政预算的有机组成部分，是企业发展战略总规划的核心内容。

（三）发挥人力资源个体的能力，满足员工的发展需要

完善的人力资源规划是以企业和个人两项基础为依据制订的。把人力资源规划纳入企业发展长远规划中，就可以把企业和个人的发展结合起来。员工可以根据企业人

力资源规划了解未来的职位空缺，明确目标，按照该空缺职位所需条件来充实自己，培养自己，从而适应企业发展的人力需求，并在工作中获得个人成就感。

（四）是保证企业生产经营正常进行的有效手段

由于企业内、外部环境的变化以及企业目标和战略的调整，企业对人员的数量要求和质量要求都可能发生变化。人力资源规划在分析企业内部人力资源现状、预测未来人力需求和供应的基础上，制订人员增补与培训规划，从而满足企业对人力的动态需要。因此，人力资源规划是保证企业生存和发展的有效工具。

三、人力资源规划的制订原则

（一）充分考虑内部、外部环境的变化

人力资源计划只有充分地考虑了内、外环境的变化，才能适应需要，真正地做到为企业发展目标服务。内部变化主要指销售的变化、开发的变化，或者说企业发展战略的变化，还有公司员工的流动变化等；外部变化指社会消费市场的变化、政府有关人力资源政策的变化、人才市场的变化等。为了更好地适应这些变化，在人力资源计划中应该对可能出现的情况做出预测，最好能有应对风险的策略。

（二）确保企业的人力资源保障

企业的人力资源保障问题是人力资源计划中应解决的核心问题。它包括人员的流入预测、流出预测、人员的内部流动预测、社会人力资源供给状况分析、人员流动的损益分析等。只有有效地保证了对企业的人力资源供给，才可能进行更深层次的人力资源管理与开发。

（三）使企业和员工都得到长期的利益

人力资源计划不仅是面向企业的计划，也是面向员工的计划。企业的发展和员工的发展是互相依托、互相促进的关系。如果只考虑企业的发展需要，而忽视了员工的发展，则会有损企业发展目标的达成。优秀的人力资源计划，一定是能够使企业每个员工获得长期利益的计划，一定是能够使企业和员工共同发展的计划。

四、人力资源规划的程序

人力资源规划的程序即人力资源规划的过程，一般可分为以下几个步骤：收集有关信息资料、人力资源需求预测、人力资源供给预测、确定人力资源净需求、编制人力资源规划、实施人力资源规划、人力资源规划评估、人力资源规划反馈与修正。人力资源规划制订流程如图 1-1 所示。

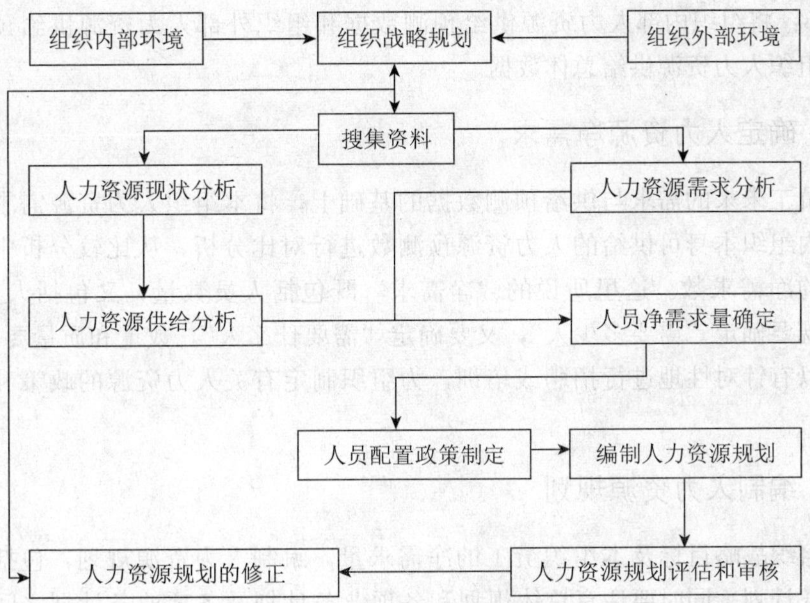

图 1－1　人力资源规划制订流程

(一) 收集有关信息资料

人力资源规划的信息包括组织内部信息和组织外部环境信息。

组织内部信息主要包括企业的战略计划、战术计划、行动方案、本企业各部门的计划、人力资源现状等。

组织外部环境信息主要包括宏观经济形势和行业经济形势、技术的发展情况、行业的竞争性、劳动力市场、人口和社会发展趋势、政府的有关政策等。

(二) 人力资源需求预测

人力资源需求预测包括短期预测和长期预测，总量预测和各个岗位需求预测。

人力资源需求预测的典型步骤如下：

步骤 1：现实人力资源需求预测；

步骤 2：未来人力资源需求预测；

步骤 3：未来人力资源流失情况预测；

步骤 4：得出人力资源需求预测结果。

(三) 人力资源供给预测

人力资源供给预测包括组织内部供给预测和外部供给预测。人力资源供给预测的典型步骤如下：

步骤 1：内部人力资源供给预测；

步骤 2：外部人力资源供给预测；

步骤 3：将组织内部人力资源供给预测数据和组织外部人力资源供给预测数据汇总，得出组织人力资源供给总体数据。

（四）确定人力资源净需求

在对员工未来的需求与供给预测数据的基础上，将本组织人力资源需求的预测数与在同期内组织本身可供给的人力资源预测数进行对比分析，从比较分析中可测算出各类人员的净需求数。这里所说的“净需求”既包括人员数量，又包括人员的质量、结构，即既要确定“需要多少人”，又要确定“需要什么人”，数量和质量要对应起来。这样就可以有针对性地进行招聘或培训，为组织制定有关人力资源的政策和措施提供了依据。

（五）编制人力资源规划

根据组织战略目标及本组织员工的净需求量，编制人力资源规划，包括总体规划和各项业务计划。同时要注意总体规划和各项业务计划及各项业务计划之间的衔接和平衡，提出调整供给和需求的具体政策和措施。一个典型的人力资源规划应包括：规划的时间段、计划达到的目标、情景分析、具体内容、制订者、制订时间。

1. 规划时间段

确定规划时间的长短，要具体列出从何时开始，到何时结束。若是长期的人力资源规划，可以长达 5 年以上；若是短期的人力资源规划，如年度人力资源规划，则为 1 年。

2. 规划达到的目标

确定达到的目标要与组织的目标紧密联系起来，最好有具体的数据，同时要简明扼要。

3. 情景分析

目前，情景分析主要是在收集信息的基础上，分析组织目前人力资源的供需状况，进一步指出制订该计划的依据。

未来情景分析是在收集信息的基础上，在计划的时间段内，预测组织未来的人力资源供需状况，进一步指出制订该计划的依据。

4. 具体内容

这是人力资源规划的核心部分，主要包括以下几个方面：①项目内容；②执行时间；③负责人；④检查人；⑤检查日期；⑥预算。

5. 规划制订者

规划制订者可以是一个人，也可以是一个部门。

6. 规划制订时间

规划制订时间主要指该规划正式确定的日期。

(六) 实施人力资源规划

人力资源规划的实施，是人力资源规划的实际操作过程，要注意协调好各部门、各环节之间的关系，在实施过程中需要注意以下几点。

(1) 必须要有专人负责既定方案的实施，要赋予负责人拥有保证人力资源规划方案实现的权利和资源。

(2) 要确保不折不扣地按规划执行。

(3) 在实施前要做好准备。

(4) 实施时要全力以赴。

(5) 要有关于实施进展状况的定期报告，以确保规划能够与环境、组织的目标保持一致。

(七) 人力资源规划评估

在实施人力资源规划的同时，要进行定期与不定期的评估。从以下三个方面进行。

(1) 是否忠实执行了本规划。

(2) 人力资源规划本身是否合理。

(3) 将实施的结果与人力资源规划进行比较，通过发现规划与现实之间的差距来指导以后的人力资源规划活动。

(八) 人力资源规划的反馈与修正

对人力资源规划实施后的反馈与修正是人力资源规划过程中不可缺少的步骤。评估结果出来后，应进行及时的反馈，进而对原规划的内容进行适时的修正，使其更符合实际，更好地促进组织目标的实现。

案例学习

D集团在短短5年之内由一家手工作坊发展成为国内著名的食品制造商，企业最初从来不制订什么计划，缺人了，就去人才市场招聘。企业日益正规后，开始每年年初制订计划：招多少人，利润多少，产量多少，员工定编人数多少，等等，人数少的可以新招聘，人数超标的就要求减人，一般在年初招聘新员工。可是，因为一年中不时地有人升职、有人平调、有人降职、有人辞职，年初又不能多招，而且人力资源部也不知道应当招多少人或者招什么样的人，结果人力资源经理一年到头往人才市场跑。

讨论：请运用人力资源规划的知识分析上述案例。

方案设计

项目背景：

某工程公司是由中铁三局集团有限责任公司、中国铁道科学研究院、铁道第一勘察设计院、铁道部第三工程局第一工程处职工持股协会和兰州铁一院工程经济咨询公司共同出资组建的，以建筑工程施工为主，同时兼有勘察设计、科学研究、工程监理、技术咨询等功能的国家一级施工企业。主要经营范围包括铁路、公路、市政、工业和民用建筑、水利、机场、港口、城市轨道交通、地基处理、结构加固等工程的施工、设计与监理；混凝土和土石方等工程新材料及其质检设备的研究、生产与销售；新型轨道结构及与道桥相关技术项目的试验与研究；各类建设工程的技术咨询与服务。现有员工2661人，拥有各类先进机械设备743台（辆），资产总值3.5亿元，年生产能力8亿元。

该工程公司在发展的过程中取得了辉煌的业绩：在施工方面，先后参加过30条国家铁路新（复）线，287项国家和地方重点工程及12项国外项目的建设，其中有15项获国家和省（部）级优秀工程奖；在设计方面，共完成铁道部建设项目及其配套工程和国家、地方重点工程项目的勘察设计200多项，并有54项获国家和省（部）级优秀工程项目勘察、优秀工程设计、优秀软件及科学进步奖；在科研方面，主要负责全路重大课题的科技攻关、科学试验、作业标准编制。研制了轨道检查车、高速铁路桥盆式支座、减震型无碴轨道和各类提速、高速道岔等产品；共取得国家和省（部）级科研成果百余项。

近年来，随着国家总体经济的快速发展，也给该公司带来了良好的发展机遇。目前正在承担的工程项目达到34个，其中重点工程27个。但随之而来的问题是人力资源的数量和质量不能满足企业快速发展的需求，尤其是项目经理、项目总工程师、各专业工程师、项目财务总监等关键岗位的人员出现匮乏。为此，公司领导层从战略的高度提出了对核心人才进行人力资源规划的需求，希望在外部咨询机构的协助下，对公司关键岗位的人力资源做出2～3年的规划，并制订相应的培养计划，以满足未来公司发展对人力资源的需求。

实训项目：为该工程公司制定关键岗位2～3年的人力资源规划。

实训目的：通过制订人力资源规划，进一步加深对人力资源规划的理解，掌握制订人力资源规划的程序和原则，能运用理论知识解决实际问题。

项目实施：

步骤1：学生每6人为一组，建立学习任务小组，选出一名组长，组长要监督组员的学习和任务的进展情况，组长根据实训任务，安排组员分工合作。

步骤2：组员一起阅读项目背景材料，共同分析该企业的现状。

步骤3：组员在阅读背景材料的基础上，按照人力资源规划制定的程序进行分工，由1～2名同学完成其中一个环节。

步骤 4：小组成员分工完成各自任务后，进行汇总，形成最终的人力资源规划。

步骤 5：分组进行访谈成果汇报，由小组自评、组内互评和教师点评三位一体的方式进行综合评分。

实训材料：

(1) 小组成员分工的名单和各自需完成的任务。

(2) 小组成员分工完成人力资源规划的文字材料。

(3) 小组最后汇总形成的人力资源规划方案。

学习任务三 编写基于岗位分析的岗位说明书

案例引入

都是岗位说明书惹的祸

“玛丽，我真不知道你到底需要怎样的机械操作工？”高尔夫机械制造有限公司人力资源部经理约翰·安德森说道：“我已经送去了四个人给你面试，并且这四个人看上去都大致符合所需岗位说明书的要求，可是，你却将他们全部拒之于门外。”“符合岗位说明书的要求？”玛丽颇为惊讶地回答道：“可我所要找的却是那种一录用就能够直接上手做事的人；而你送给我的人，都不能够胜任实际操作工作，他们并不是我所要找的人。再者，我根本就没瞧见你所说的什么岗位说明书。”

听闻此言，约翰二话没说地为玛丽拿来岗位说明书的复印件。当他们将岗位说明书与现实所需岗位逐条加以对照时，才发现问题之所在：原来这些岗位说明书已经严重地脱离实际，也就是说，岗位说明书没有将实际工作中的变动写进去。例如，岗位说明书要求从业人员具备旧式钻探机的工作经验，而实际工作却已经采用了数控机床的最新技术。因此，工人们为了更有效率地使用新机器，必须得具备更多的数学知识。

在听完玛丽描述机械操作工作所需的技能以及从业人员需要履行的职责后，约翰喜形于色地说道：“我想我们现在能够写出一份准确描述该项工作的岗位说明书，并且以这份岗位说明书作为指导，一定能够找到你所需要的合适人选。我坚信，只要我们的工作更加紧密地配合，上述那种不愉快的事情，决不会再发生了。”

想一想：

问题 1：岗位说明书对人员招聘起到什么作用？

问题 2：怎样才能编制出适合企业和岗位需要的岗位说明书？

知识准备

任何组织都是由许多岗位构成的，组织战略目标的实现需要所有员工的共同努力，任何一个人单独完成组织的目标都是不现实的。

每个人在组织中的主要职责是什么？同其他的员工之间的关系怎样？任务完成的衡量标准是什么？对不同的员工采取何种方式激励？这些问题都是组织目标实现过程中会出现的，为了避免这些问题的出现，我们就必须从最基本的岗位分析做起。

一、岗位分析的概念

岗位分析，又称为工作分析、职位分析或者职务分析，它是指对企业各类岗位的标识、职责、劳动条件和环境，以及员工承担本岗位任务应具备的资格条件等信息所进行的系统分析和研究。岗位分析的内容主要包括岗位描述和任职资格两个部分。

岗位描述，指岗位的内涵，也就是系统地表述岗位自身的特点。

任职资格，是指为了保证工作目标的实现，任职者必须具备的知识、技能与能力要求。

岗位分析要从以下八个要素开始着手进行分析，即“7W1H”。

Who：谁从事此项工作，责任人是谁，对人员的学历及文化程度、专业知识与技能、经验以及职业化素质等资格要求。

What：在雇员要完成的工作任务中，哪些是属于体力劳动的范畴，哪些又是属于智力劳动的范畴。

Whom：为谁做，即顾客是谁。这里的顾客不仅指外部的客户，也指企业内部的员工，包括与从事该工作的人有直接关系的人：直接上级、下级、同事、客户等。

Why：为什么做，即工作对从事该岗位工作者的意义所在。

When：工作任务应该被要求在什么时候完成呢？

Where：工作的地点、环境等。

What Qualificatiaons：从事这项工作的雇员应该具备哪些资质条件。

How：如何从事或者要求如何从事此项工作，即工作程序、规范以及为从事该工作所需要的权利。

岗位分析是一项复杂的系统工程，企业进行岗位分析，必须统筹规划，分阶段、按步骤地进行。

二、岗位分析对企业的作用

岗位分析在企业人力资源管理中具有基础性的作用，它为人力资源管理提供了平台，人力资源管理的其他所有职能活动应当说都是在此基础上进行的，岗位分析在企业人力资源管理中的作用具体有以下几方面。

（一）为招聘及人员的甄选提供了明确的标准

一项招聘或甄选人才的计划，目的在于找出并聘用最合适的应征者，岗位分析的信息能够确定出甄选的标准。这些标准包括能成功执行该项工作所需要的知识、技巧与能力。找到合适的人，这叫适用适才，可以让工作者发挥更大的潜能。

阅读材料

某公司招聘人力资源部的人事培训专员，在岗位说明书的任职条件一栏中已经明确要求：学历是大学本科以上，工作经验要求三年以上，大中型企业或者外资企业相关岗位的工作人员。只有符合这样的条件，公司才会录用这名员工来担任人事培训专员一职。另外，应聘者应具有什么样的知识，应了解哪些业务范围，在任职条件中都会有明文规定。具体招聘的时候，只要照章办事即可。

（二）有利于制订科学的人力资源发展战略和长短期计划

岗位分析的结果有助于科学地设定岗位，确定企业所需要人员的数量和质量，为制订人力资源发展战略、人力资源工作计划及有效的人力资源需求方案提供科学依据。

（三）有利于员工的培训发展和职业生涯的规划管理

企业员工培训的一个重要特点是具有强烈的导向性，这个导向的重要依据之一就是岗位说明书所规定的内容，尤其是岗位职责的要求、考核指标要求、能力要求等内容，在新员工培训中，新员工本岗位的说明书甚至能成为其必修教材之一。另外，在进行员工职业生涯设计时，岗位分析还可以提供职业发展的路径与具体要求。

阅读材料

某公司在招聘一名销售主管的时候，发现一名应聘者销售经验非常丰富，但是他的学历达不到招聘的要求。负责招聘的人力资源部经理觉得非常可惜，但也破例将他录用。本来是用他当销售部经理的，但由于其任职条件欠缺，所以先让他担任销售部副经理。在接下来一段时间，针对其学历不高的特点，将他送去大学进修，弥补学历上的不足。这样，经过一段时间的考察，等他自身素质有了提高，符合职位要求时，将他提升为销售部经理。

（四）有利于有效地激励员工

每一层次所有岗位都通过岗位分析明确职责，配置相应的人员，赋予相应的权利，并制定相应的薪酬分配制度及晋升制度等，可以为每一位员工明确发展的方向，并激励他们为实现自己的目标而努力工作。

（五）为制定公平合理的薪酬政策奠定基础

岗位分析通过了解各项工作的内容、工作所需要的技能、学历背景、工作的危险程度等因素确定工作相对于组织目标的价值，也可以作为决定合理薪酬的依据。岗位分析为薪酬管理提供相关的工作信息，通过工作差别确定薪酬差别，使薪酬结构与工作相挂钩，从而制定公平合理的薪酬政策。

（六）为公司的内部沟通打下基础

不同的工作项目，对不同的人来说其认知的标准不一样，诸如对工作内容、负责的范围、与其他部门之间的关系，每个人的理解不同，在一个没有明确标准的环境里，认知标准不同是造成不愿沟通或沟通困难最大的主因。由岗位分析，可以明确制定职能分掌，并在企业共同目标的指引下，协调以达成各部门的工作目标。

三、岗位分析的方法

（一）观察法

观察法是指职位分析人员通过对员工正常工作的状态进行观察，获取工作信息，并通过对信息进行比较、分析、汇总等方式，得出职位分析成果的方法。观察法适用于对体力工作者和事务性工作者，如搬运员、操作员、文秘等职位。由于不同的观察对象的工作周期和工作突发性所有不同。所以观察法具体可分为直接观察法、阶段观察法和工作表演法。

1. 直接观察法

职位分析人员直接对员工工作的全过程进行观察。直接观察法适用于工作周期很短的职位。如保洁员，他的工作基本上是以一天为一个周期，职位分析人员可以一整天跟随着保洁员进行直接工作观察。

2. 阶段观察法

有些员工的工作具有较长的周期性，为了能完整地观察到员工的所有工作，必须分阶段进行观察。比如行政文员，他需要在每年年终时筹备企业总结表彰大会，职位分析人员就必须在年终时再对该职位进行观察。

3. 工作表演法

对于工作周期很长和突发性事件较多的工作比较适合。如保安工作，除了有正常的工作程序以外，还有很多突发事件需要处理，如盘问可疑人员等，职位分析人员可以让保安人员表演盘问的过程，以此来进行该项工作的观察。

在使用观察法时，职位分析人员应事先准备好观察表格，以便随时进行记录。条件好的企业，可以使用摄像机等设备，将员工的工作内容记录下来，以便进行分析。另外要注意的是，有些观察的工作行为要有代表性，并且尽量不要引起被观察者的注意，更不能干扰被观察者的工作。

(二) 问卷调查法

职位分析人员首先要拟订一套切实可行、内容丰富的问卷，然后由员工进行填写。问卷法适用于脑力工作者、管理工作者或工作不确定因素很大的员工，比如软件设计人员、行政经理等。问卷法比观察法更便于统计和分析。要注意的是，调查问卷的设计直接关系着问卷调查的成败，所以问卷一定要设计得完整、科学、合理。国外的组织行为专家和人力资源管理专家研究出了多种科学的，也很庞大的问卷调查方法。其中比较著名的有以下几种。

1. 职位分析调查问卷 PAQ

职位分析调查问卷是美国普渡大学（Purdue University）的研究员麦考米克等人研究出一套数量化的工作说明法。虽然它的格式已定，但仍可用它分析许多不同类型的职位。

PAQ 有 194 个问题，计分为六个部分：资料投入、用脑过程、工作产出、人际关系、工作范围、其他工作特征。

2. 阈值特质分析方法 TTA

劳普兹（Lopez）等人在 1981 年设计了“阈值特质分析”TTA 问卷。特质取向的研究角度是试图确定那些能够预测个体工作成绩出色的个性特点。TTA 方法的依据是：具有某种人格特性的个体，如果职位绩效优于不具有该种特质者，并且特质的差异能够通过标准化的心理测验反映出来，那么就可以确定该特质为完成这一工作所需的个体特质之一。

3. 职业分析问卷 OAQ

美国控制数据经营咨询企业在 1985 年设计了职业分析问卷，职位进行定量的描述。OAQ 是一个包括各种职业的任务、责任、知识技能、能力以及其他个性特点的多项选择问卷。例如，在 OAQ 中，软件职位被规划分为 19 种责任、310 个任务和 105 个个性特点。然而，我们的企业中小企业很难利用这些研究成果来进行问卷调查。我们可以根据企业的实际情况来自制职位分析问卷，这样效果可能会更好些。

(三) 面谈法

也称采访法，它是通过职位分析人员与员工面对面的谈话来收集职位信息资料的方法。在面谈之前，职位分析人员应该准备好面谈问题提纲，一般在面谈时能够按照预定的计划进行。面谈法对职位分析人员的语言表达能力和逻辑思维能力有较高的要求。职位分析人员要能够控制住谈话的局面，既要防止谈话跑题，又要使谈话对象能够无所顾及地侃侃而谈。职位分析人员要及时准确地做好谈话记录，并且避免使谈话对象对记录产生顾及。面谈法适合于脑力职位者，如开发人员、设计人员、高层管理人员等。

阅读材料

面谈法的提问

问：你能不能谈谈你的工作范围以及经常和哪些人接触？

答：我是做市场销售的，主要和财务部还有储运部的人员接触。

问：有没有出现过差错，这种情况大概频率是多少？

答：出现过，但是影响度很小。

问：你在什么情况下应该向本单位的领导或主管汇报工作呢？

答：接到订单或签订合同的时候。

问：你自己决定事情的时候一般情况下影响不影响其他人？

答：影响，但是这种影响很小。

问：你能不能举一个例子？

答：比如说我们决定给一个客户发货，这样只影响储运部，其他部门影响不到。

问：就是发货的时候要跟储运部打招呼，如果你自己做决定可能会影响储运部的计划。比方储运部原本没准备发货，这个时候就要进行沟通。

答：对。

（四）其他方法

1. 参与法

参与法也称职位实践法。顾名思义，就是职位分析人员直接参与到员工的工作中去，扮演员工的工作角色，体会其中的工作信息。参与法适用于专业性不是很强的职位。参与法与观察法、问卷法相比较，获得的信息更加准确。要注意的是，职位分析人员需要真正地参与到工作中去，去体会工作，而不是仅仅模仿一些工作行为。

2. 关键事件法

关键事件法不是全过程跟踪，只看一些关键点。看关键点的工作内容，承担哪些任务，负什么责任。如果关键事件掌握了，就可以推断整个工作状态。例如，销售员工作最重要的一个环节是跟客户谈判签单，那么就注意这一点，至于前期对客户进行宣传，后期对客户进行跟踪等都是次要的事件。

3. 工作日志法

工作日志法是由员工本人自行进行的一种职位分析方法。事先应该由职位分析人员设计好详细的工作日志单，让员工按照要求及时地填写职位内容，从而收集工作信息。需注意的是，工作日志应该随时填写，比如以 10 分钟、15 分钟为一个周期，而不应该在下班前一次性填写，这样是为了保证填写内容的真实性和有效性。工作日志法最大的问题可能是工作日志内容的真实性问题。

4. 材料分析法

如果职位分析人员手头有大量的职位分析资料，比如类似的企业已经做过相应的职位分析，比较适合采用本办法。这种办法最适合于新创办的企业。

5. 专家讨论法

专家讨论法是指请一些相关领域的专家或者经验丰富的员工进行讨论，来进行职位分析的一种方法。这种方法适合于发展变化较快，或职位职责还未定型的企业。由于企业没有现成的观察样本，所以只能借助专家的经验来规划未来希望看到的职位状态。

6. 五级分析法

五级分析法，就是把任何事情都分成五个等级。例如，第一级为很好，第二级为较好，第三级为一般，第四级为不太好，第五级为很不好。

上述这些职位分析方法既可单独使用，也可结合使用。由于每个方法都有自身的优点和缺点，所以每个企业应该根据本企业的具体情况进行选择。最终的目的是一致的：为了得到尽可能详尽的、真实的职位信息。

阅读材料

对岗位名称、任务和职责应用“五级法”。

◎名称：很适合、比较适合、一般适合、不太适合、很不适合。

觉得现在的岗位名称很合适、比较合适、一般合适、不太合适还是很不合适，记下来进行分析。例如有一家企业只有企管部，企管部部长实际上主要在做生产调度，对企业管理的一些重要事项例如编制企业战略发展规划、制定企业的各项规章制度等基本上不管。由此判定这个岗位的名称不太适合，因为他是管生产的，不如叫生产部部长。

◎任务：很饱满、比较饱满、一般饱满、不太饱满、很不饱满。

关于任务，可以分成很饱满、比较饱满、一般饱满、不太饱满和很不饱满的状态。例如，有的统计员，每个月只在月底做一次报表，而这个报表可能只用三四天时间或最多五天时间就做完了，其他时间领导没有给他安排工作，那么他的工作属于很不饱满。

◎职责：很重要、比较重要、一般重要、不太重要、很不重要。

对于职责，可以分成很重要、比较重要、一般重要、不太重要和很不重要五个等级。如果企业里没有很不重要的岗位，一般就分为很重要的、比较重要的、一般的和次要的四个等级。

案例学习

某单位财务部有 5 个人：一个经理，两个会计，两个出纳。两个出纳中，一个是银行出纳，一个是现金出纳，他们两个的工作有时交叉。60 多个人的公司有 5 个财务人员，有点多。但是没有根据，不知减掉谁才对。公司就采取了一种办法：调查。记录他们每天都在做什么，看工作是不是饱满，或者说工作有没有重叠等。财务部的5个人每人拿一个本子，把自己每一天的工作全都记下来。如几点到几点做什么，连续记两周。

通过记录发现，出纳的工作确实很紧张，有一个出纳因为提款一天去了四次银行。问他为什么一天去四次呢？能不能去一次就把款提了。他说不行，因为公司规定一次提款现金量不能超过一万元，另外公司需要的现金量大，经常是这样。因为公司工作计划性差，造成出纳很忙。找出问题后，如果能够改进，出纳就可以从两个人减为一个人。

讨论：该公司运用了什么方法对岗位进行调查？

四、岗位说明书的概念

岗位说明书是对企业岗位的任职条件、岗位目的、指挥关系、沟通关系、职责范围、负责程度、考核评价内容给予的一个定义性的说明。

编制岗位说明书是岗位分析和岗位研究最重要的一项工作，是最终得出的一个关键性文件。编制岗位说明书的这项工作又叫作岗位描述，也就是通过这项工作把整个岗位进行一个整体全面的描述。只有做好了这项工作，才能够将后面的岗位评价工作做好，所以编制岗位说明书是岗位评价的一个最基础性的工作。

五、基于岗位分析的岗位说明书编写步骤

编制岗位说明书是企业进行工作分析和岗位研究时最重要的工作之一。编制岗位说明书主要有以下六个步骤。

1. 做好前期的宣传动员工作

在开展岗位说明书的编写工作之前，人力资源部应和企业高层领导进行沟通，让他们树立起岗位责任制的意识；在编写过程中，应动员各部门积极配合人力资源部的工作，共同完成岗位说明书的编写工作。

2. 明确岗位说明书的内容

岗位说明书由工作描述和工作规范两部分组成。工作描述是对有关岗位的工作职责、工作内容、工作条件以及工作环境等工作自身特性进行的书面描述，而工作规范则描述了岗位对任职者的知识、能力、素质、教育背景和工作经历等方面的要求。

3. 明确岗位说明书的编写要求

岗位说明书编写应符合表1-1的要求。

表 1-1　　岗位说明书编写要求

编写要求	具体内容
逻辑性	岗位说明书中包含多项内容，如编写工作职责一栏时，一个职位通常有多项职责，在编写过程中，其顺序应清晰，条理应清楚，并非随意地堆砌在那儿就可以了。通常，可以按照各项职责的重要程度或者所需花费时间和精力的多少来安排次序
准确性	岗位说明书应清楚地说明该岗位的工作情况，描述用语尽量准确，避免使用笼统或含糊不清的语言
实用性	岗位说明书必须客观、真实地反映岗位职责和任职条件，以便作为开展员工招聘、考核等工作的依据，并可根据企业的发展适时进行修改和完善

4. 收集岗位信息的相关资料

一般来说，获取岗位信息的渠道主要有以下三种：了解企业已有的管理制度；和企业内部的工作人员进行沟通；有选择地参考同行业其他的岗位说明书。

5. 岗位信息的处理

在岗位信息处理这一阶段，分析人员对收集来的信息进行处理，筛选出岗位说明书所需的内容。如遇到什么问题，应和相应岗位的工作人员或其上级领导沟通，以保证其内容的准确性。

6. 编写岗位说明书

工作人员根据所收集整理的信息，从工作职责、工作权限、工作关系及岗位任职资格等方面来完成职位说明书的编写工作。

六、岗位说明书编写的内容

1. 岗位名称和上、下级关系的编写

职位名称要统一，确保职位名称与前一部分“职位设置”中的名称一致。每个职位只能有一个上级，不能有多个上级，但可以有多个下级。在填写“下属人员”一栏的内容时，还要注明是直接领导还是间接领导。

2. 职位概述

职位概述是对某一岗位的总体工作职责和工作性质进行的简要说明，表明了该岗位的特点和工作概况。

3. 职位目的

在“职位目的”一栏中，主要是说明设置这个职位的目的及完成该职位的工作对实现组织战略和目标的意义。

4. 工作职责

每个职位的责任范围应根据职位所在部门或单位的职能分解来确定。一个部门经理通常要对本部门的全部职能负责，而下属的一个职员可能只对本部门的某几项职能负责。

每个职位的工作职责按照任职人员的负责程度可分为权责、部分、支持三种。全责是指本职位对该项任务负全部责任；部分是指本职位对该项职务只负一部分责任；支持是指本职位对该项任务支持或保障的责任。

5. 公司内外部沟通关系

在职位说明书中，要明确本职位的公司内外部的沟通关系。

在公司内部要明确它与公司内部的其他职位，如上级、平级之间的沟通关系；在公司外部要明确它与社会上的其他单位，如相关政府部门、上下游或关联企业、客户企业、社会团体、学术单位等之间的沟通关系。

6. 建议考核内容

除明确了本职位的责任范围和责任程度外，还要明确某一责任的建议考核内容。针对某项责任的考核内容一般规定为 2～3 项，而且尽量选择较好量化的指标，例如完成的工作量、要求完成的时间等。

7. 任职资格与条件

任职资格与条件主要从受教育程度、知识水平、工作能力和专业技能、工作经验等方面来撰写，如在"所受教育程度"一栏，应注明最低学历要求或最佳学历要求。

阅读材料

人事专员岗位说明书如表 1-2 所示。

表 1-2　人事专员岗位说明书

<table>
<tr><td>岗位名称</td><td>人事专员</td><td>岗位编号</td><td></td></tr>
<tr><td>所在部门</td><td>人力资源部</td><td>岗位定员</td><td></td></tr>
<tr><td>直接上级</td><td>人力资源部经理</td><td>工资等级</td><td>六级</td></tr>
<tr><td>直接下级</td><td></td><td>薪酬类型</td><td></td></tr>
<tr><td>所辖人员</td><td></td><td>岗位分析日期</td><td>2015 年 2 月</td></tr>
<tr><td colspan="4">本职：
负责建立、完善、执行劳动工资制度和福利制度，负责公司劳动合同、人事档案管理和劳动纠纷的处理。</td></tr>
<tr><td colspan="4">职责与工作任务：</td></tr>
<tr><td rowspan="4">职责一</td><td colspan="3">职责表述：参与制订公司人力资源规划和各种方案</td></tr>
<tr><td rowspan="3">工作任务</td><td colspan="2">参与制定公司的人力资源发展规划</td></tr>
<tr><td colspan="2">拟订工资和奖金、福利方案报批后执行</td></tr>
<tr><td colspan="2">掌握企业工资、奖金、劳动保护、福利的有关政策</td></tr>
</table>

续　表

<table>
<tr><td rowspan="3">职责二</td><td colspan="2">职责表述：办理各类社会保障事务</td></tr>
<tr><td rowspan="2">工作任务</td><td>为公司员工办理各种社会保险</td></tr>
<tr><td>负责劳动保险的工作，及时对职工关于劳动保险方面的争议做出裁决</td></tr>
<tr><td rowspan="5">职责三</td><td colspan="2">职责表述：负责薪酬福利工作</td></tr>
<tr><td rowspan="4">工作任务</td><td>审核下级上报的员工薪酬表，并报人力资源部经理审批</td></tr>
<tr><td>审核员工的考勤及各种休假并备案</td></tr>
<tr><td>负责企业员工的奖金、津贴、补贴、登记和管理</td></tr>
<tr><td>负责员工试用转正、定级、晋级的考核登记工作和考勤统计工作</td></tr>
<tr><td rowspan="6">职责四</td><td colspan="2">职责表述：负责劳资关系和劳动合同事宜</td></tr>
<tr><td rowspan="5">工作任务</td><td>协助人力资源部经理处理劳资关系</td></tr>
<tr><td>负责公司的“劳动合同终止和解除”制度执行</td></tr>
<tr><td>为符合退休条件的职工办理退休手续</td></tr>
<tr><td>负责建立公司与员工的沟通机制，受理员工投诉并负责调查核实和协调解决</td></tr>
<tr><td>协助解决员工与公司的劳动纠纷事宜</td></tr>
<tr><td rowspan="5">职责五</td><td colspan="2">职责表述：内部档案管理</td></tr>
<tr><td rowspan="4">工作任务</td><td>及时进行档案的加工整理、分类上账、装订、建立管理卡片、编制检索目录</td></tr>
<tr><td>定期参加档案鉴定，对应销毁档案进行监销</td></tr>
<tr><td>执行档案咨询、借阅管理制度，履行借阅手续</td></tr>
<tr><td>按密级划分的有关规定，及时准确划分档案密级</td></tr>
<tr><td>职责六</td><td colspan="2">职责表述：完成人力资源部经理交付的其他任务</td></tr>
<tr><td colspan="3">权力：</td></tr>
<tr><td colspan="3">人事档案的管理权</td></tr>
<tr><td colspan="3">工资发放表的审核权</td></tr>
<tr><td colspan="3">劳动纠纷的协调权</td></tr>
<tr><td colspan="3">工作协作关系：</td></tr>
<tr><td colspan="2">内部协调关系</td><td>公司各部门</td></tr>
<tr><td colspan="2">外部协调关系</td><td>人力资源与社会保障部门、人才交流中心</td></tr>
<tr><td colspan="3">任职资格：</td></tr>
<tr><td colspan="2">教育水平</td><td>大学专科以上</td></tr>
<tr><td colspan="2">专业</td><td>人力资源专业或管理类专业</td></tr>
<tr><td colspan="2">培训经历</td><td>接受过人力资源知识培训</td></tr>
<tr><td colspan="2">经验</td><td>1 年以上工作经验</td></tr>
</table>

续 表

知识	通晓相应的人力资源管理知识，掌握有关人力资源的各项规章制度，具有行政管理知识
技能技巧	熟练使用各种办公室软件，具备基本的网络知识，具有一定的英语应用能力，具有较强的阅读能力、写作能力和表达能力
个人素质	具有一定的判断与决策能力、人际能力、沟通能力、计划与执行能力
其他：	
使用工具/设备	计算机
工作环境	办公室
工作时间特征	正常工作时间，偶尔需要加班
所需记录文档	通知、简报、汇报文件、总结、公司文件、工资表
考核指标：	
薪酬福利工作出错次数、公司人事档案的完整性、员工流失率、重要任务完成情况	
考勤、服从安排、遵守制度	
判断与决策能力、人际能力、沟通能力、计划与执行能力、专业知识技能	

方案设计

实训项目：编写图书管理员的岗位说明书。

实训目的：通过现场调研，观察等方法进行岗位分析，了解图书管理员的岗位性质，职责，要求等，进而能针对具体岗位编写岗位说明书。

项目实施：

步骤 1：学生 6 人为一组，建立学习任务小组，选出一名组长，组长要监督组员的学习和任务的进展情况，组长根据实训任务，安排组员分工合作。

步骤 2：组员自主学习岗位分析的方法和编写岗位说明书的要求步骤等知识点。

步骤 3：组员在掌握知识的基础上，确定岗位分析使用的方法并说明原因。

步骤 4：小组在对图书管理员进行岗位分析后得到相应的信息和资料，按照范例编写岗位说明书。

步骤 5：分组进行岗位说明书的成果汇报，由小组自评、组内互评和教师点评三位一体的方式进行综合评分。

实训材料：

(1) 确定岗位分析的方法并口头说明原因。

(2) 整理岗位分析后对图书管理员的认识并形成文字材料。

(3) 最后形成图书管理员的岗位说明书，在班上进行展示。

学习任务四 学会员工招聘的基本程序

案例引入

H公司的招聘程序

H公司是一家比较典型的中小型外商独资企业，它是美国纳斯达克（NASDAQ）上市公司，主要经营国外电子、电力、环保、自动化等方面的电子仪器仪表代理业务。至今已有三十多年的历史，也是较早一批进入中国内地的外资企业。如今已发展为以代理经营为主，以生产、开发、配套工程以及连锁销售为辅的多种经营型企业，并在国内设有十多家分支机构。

H公司现有员工200人，职位设为三类，即行政管理型职位、销售类及售后服务类。行政管理类职位较少，只占员工总数的10%，且相对稳定；售后服务类职位主要是售后服务工程师，占员工总数的15%；其余均为销售类，销售类职位则由销售经理和销售工程师构成。

公司管理方式采用扁平式，即总公司下设各办事处或直营店等分支机构，各分支机构由行政管理部、销售部及售后服务部三个部门组成，销售部由各产品部门组成，如环保仪器部、测试仪器部、工程部、通用仪表部、过程仪器部等，各部门均由总公司的相应部门遥控指挥。

随着经济的发展和竞争的加剧，该公司的经营状况逐渐滑坡，人员流动性大、工作不稳定等管理上的问题也逐渐暴露出来。

目前，H公司的招聘工作的流程分为以下几个步骤。

第一步，当出现职位空缺时，行政管理人员把招聘需求提交给总公司行政管理部门，总公司的行政管理人员与该职位所在的业务部门沟通、确认，如果需要招聘新人，则由该部门提出招聘要求，并提交招聘条件。行政管理部门接到业务部门的招聘条件后，可能做文字上的修改，然后下发给相应的分支机构。分支机构的行政管理人员按此招聘条件选定招聘方式，参加招聘会或者借助其他媒介发布招聘广告。由于业务经理并非人力资源专业人士，他们提供的招聘条件较为简单，只包含学历、专业、工作经历等基本内容。

第二步，等待反馈。一般情况下，招聘广告发出后都会收到应聘简历，但不同的职位、不同的时间及招聘方式等都会影响收到的简历数量。例如，销售工程师就比售后服务工程师应聘者多；销售工程师中不同的产品部门也不同，如测试仪器部比环保仪器部收到的简历多。不同时间实施招聘所获得的简历量也有所不同。如果在整个人才市场供应较充足的时期如每年高校学生毕业前夕，所收到的简历就会比平时多，如果在春节前夕发布招聘信息，获得的简历量就会较少。

收到应聘简历后，由分支机构的行政管理人员进行简历的初步筛选，挑选符合条件的求职简历，然后将这些简历发送给香港总公司的行政管理部门。总公司的行政管理部门收到简历后转交给相应的业务部门经理。

第三步，确定面试名单。业务经理对候选人简历情况做出了解、反馈后，交给总公司行政管理部门一份面试名单，并确定可进行面试的具体时间。总公司再将名单交给分支机构，分支机构的行政人员再按照业务经理安排的时间和人员名单开始通知面试。

由于业务部门经理要对该部门所属的所有分支机构负责，所以很多时间他们都在各地区间往返，很难及时处理案头工作，这样等业务经理处理完应聘简历时，已经过去很长时间，一些候选人失去耐心或者认为自己已经被淘汰，转而接受了其他单位的“橄榄枝”。

第四步，面试。主考官往往由业务经理担任。由于业务经理时间紧张，每个应聘者通常只安排 30～40 分钟的面试时间。面试地点在分支机构的办公室内。由于时间紧张，准备常常不够充分，很多时候都会出现这样的场景：一位应聘者如约而至时，前一位应聘者面试还未结束；或是当应聘者已经坐在了主考官对面时，主考官的电话突然响起，考官抱歉地说了声“不好意思”，然后接起电话，被试者只好耐心等待；或者应聘者碰巧按时入座，也无其他干扰，主考官问了一下面试者的名字，然后从一摞简历中找到该人的简历，先是让其自我介绍，然后趁这段时间赶紧浏览简历，再针对一些问题进行提问。

第五步，做出录取决定。经过前面的面试之后，业务经理对面试结果有了一个大概的印象，如有合适人选，则会马上安排复试，复试时会针对一些初试中没时间了解或了解不够的问题进一步询问，也会针对一些主考官认为非常重要或他感兴趣的问题做进一步了解，薪酬和待遇问题也要与候选人明确沟通。

最后，经过复试，如果主考官认为已经找到了合适人选，则会通知总公司行政部，再由行政部下达聘用通知，招聘工作就算结束了。如果没找到合适人选，则需重复前面的四步工作，直到找到业务经理认为满意的人员为止。

想一想：

问题 1：请评价 H 公司招聘的程序。

问题 2：招聘应该包括哪些程序步骤？

知识准备

一、制定招聘规划的原则

（一）充分考虑内外部环境变化

企业的招聘是实现企业战略目标、持续化发展的一项重要举措，企业招聘不仅要符合企业变化发展的要求，也要顺应政治、经济和社会的变化，因此，企业只有充分考虑内、外部环境的变化，才能适应企业对人力资源的需要，真正做到为企业的发展目标服务。由于企业是处在外部环境如政治、经济、市场、法律和技术等一系列因素的变化当中，使得企业的战略目标也处在不断调整中，企业的生产经营也要符合国家的政策、法规的相关规定，不得与社会伦理相违背，否则，企业发展必将受到阻碍和限制。企业的内部环境也会随着外部环境的变化而改变，为了更好适应这些变化，在制订招聘规划中要对可能出现的风险进行预测，使招聘规划适合企业的发展。

（二）掌握员工配置状况

科学、准确地掌握现有员工配置状况及预测未来员工内部供给状况，是招聘规划制订过程中最重要和最困难的环节。它包括员工的流入预测、流出预测、内部员工流动预测等。只有准确预测出人力资源的供给状况，才能有效地保证企业人力资源使用，也才能进行更深层次的人力资源开发。

（三）立足企业和员工的长远利益

企业的发展和员工的发展是相互依托、相辅相成的关系，在制订招聘规划时要兼顾企业目标和员工个人目标，才能使企业与员工得到共同的、长远的发展。制订招聘规划，企业要创造良好条件，充分发挥企业中每个员工的主观能动性，切实关心企业中每个员工在物质、精神和业务方面的需求，并帮助员工在实现企业目标的同时实现个人目标。

案例学习

某计算机公司在一家报纸上刊登招聘启事："本公司现招聘程序员10名，条件为：性别不限，有本市户口，身体健康，年龄在30岁以下，男性应聘者需具备大学本科以上学历，女性应聘者需具备硕士以上学历。"

小梅刚从某大学本科毕业，正在到处找工作。看到这则广告后，她前去应聘。

公司负责招聘的人事经理看了她的简历后，告诉她，她的学历不够硕士，不符合录用条件，劝她到别的单位去找工作。小梅却执意不走，反复央求人事经理，希望破格给她一次招聘考试机会。最后，经理答应她，先参加考试，如果成绩特别优秀，可以考虑破格录用。

考试成绩一公布，令小梅喜出望外，她的成绩居然名列第一名。小梅心想，这下自己一定能被破格录用了。但一个月过去了，她居然还没接到录取通知，找到公司一问，才知道，公司的招聘录取工作早已结束，她根本就没有被公司录取。小梅十分生气，质问人事经理，为什么说话不算数。"说实在的，你的考试成绩公司很满意。只可惜，你是女的，你要是男的，本科学历就够条件了。"人事经理一边解释，一边惋惜道，"女孩儿，得硕士毕业才能录取，这是公司规定的。"

“你们这是在搞男女不平等!”小梅显然很不服气。

“招什么样的人，录用标准怎么定，这是公司的用人自主权，不存在什么男女平等不平等的问题。难道我们企业到底录用谁，还得让你们这些应聘者们集体来个少数服从多数的表决通过，才算公平吗?!”人事经理的态度也开始强硬了起来。

讨论：该企业在招聘时违反了哪些原则？对企业有什么影响？

二、员工招聘程序的制定

(一) 人力资源规划和工作分析

企业在招聘之前，需要做两项重要的基础性工作，即人力资源规划和工作分析。企业的人力资源规划是运用科学的方法对企业人力资源需求和供应进行分析和预测，判断未来企业内部各岗位的人力资源是否达到综合平衡，即在数量、结构、层次多方面平衡。工作分析，是分析企业中的这些职位的职责是什么，这些职位的工作内容有哪些以及什么样的人能够胜任这些职位。两者的结合会使得招聘工作的科学性、准确性大大地加强。

(二) 制定招聘策略

招聘策略是为了实现招聘计划而采取的具体策略，具体包括招聘地点的选择、招聘渠道和方法的选择、招聘时间的确定、招聘宣传策略的选择、招聘预算等。

1. 招聘地点的选择

为了节省费用，企业应将其招聘的地理位置限制在最能产生效果的劳动力市场上。一般来说，高级管理人员倾向于在全国范围内招聘；中级管理人员和专业技术人员通常在跨地区的劳动力市场上招聘；操作人员和办事人员常常在企业所在地的劳动力市场上招聘。企业之所以在这样的地理范围内进行招聘，是因为在不同的范围内的市场提供的劳动力素质是不同的。

2. 招聘渠道和方法的选择

任何一种确定的招聘方案，对应聘者的来源渠道以及企业应采取的招聘方法都应做出选择，这是招聘策略中的主要部分。一般来说，招聘的渠道分为内部招聘和外部招聘两种，企业可根据自身情况和对应聘人员的要求进行选择。

3. 招聘时间的确定

选择招聘的时间可依据以下公式：

招聘日期=用人日期－准备周期=用人日期－培训周期－招聘周期

其中培训周期是指对新招员工进行上岗培训的时间，招聘周期指从开始报名、确定候选人名单、面试直到最后录用的全部时间。

4. 招聘宣传策略的选择

招聘的策略包括了对目标人才进行界定，对企业吸引人才的核心优势进行挖掘和推广宣传，以及对招聘渠道和方法的选择等。只有正确的招聘策略才能保证我们的招聘工作有的放矢，百发百中。依据招聘策略以及人力资源规划和工作分析的结果，就可以制订详尽的招聘计划了。

常用的招聘渠道有互联网、媒体广告、现场招聘会、校园招聘、人才中介机构、猎头公司、雇员推荐等，如何选择最适合企业的招聘渠道往往是困扰我们的问题，通过《招聘渠道评估表》就可以有效地选择出适合于企业的招聘渠道。

5. 招聘预算

企业招聘会涉及各项经费，企业力求花最少的钱产出最大的效果，所以在经费预算时应根据企业的需要，招聘人员的规模，招聘对象的岗位等因素，制定招聘预算，在经费预算的指导下，井然有序地开展招聘工作。

(三) 企业向外发布招聘信息

企业一旦确定了对人才的需要，就应该及时用合适的方法把这一信息发布出去，在发布信息时，招聘单位可以采用多种方法，一切根据对将要招聘的人才的要求和成本收益做出判断分析。

(四) 员工的甄选

甄选候选人是招聘过程的一个重要组成部分，其目的是将不符合职位要求的求职者排除掉，最终选拔出最符合企业要求的人员。职位说明书是甄选的基础，以职位说明书中所要求的知识、技术和能力来判断候选人的资格。招聘甄选测评的方法很多，心理测评、笔试、面试、评价中心技术、系统仿真等都可以作为测评手段。其中，心理测评、笔试、评价中心技术的应用最为普遍。在实际应用中，可以根据需要选择合适的测评方法。

(五) 员工录用与反馈

对甄选出来的合格求职者，应做出录用决策。可以通过电话或信函通知被录用者，通知时要讲清楚企业向录用者提供的职位、工作职责和月薪等，并讲清楚报到时间、报到地点以及报到应注意的事项等。

与录用员工签订劳动合同应注意正确确定试用期限，确定并告知试用期内的工作考核及考核标准，在劳动合同中明确约定薪资，约定单方解除劳动合同的违约金或赔偿金等问题。

(六) 招聘评估

一个完整的招聘过程的最后，应该有一个评估与反馈阶段。招聘评估包括以下四个方面：

(1) 招聘成本评估；

(2) 录用人员评估；

(3) 综合评估；

(4) 撰写招聘小结。

阅读材料

某企业招聘流程图如图 1-2 所示。

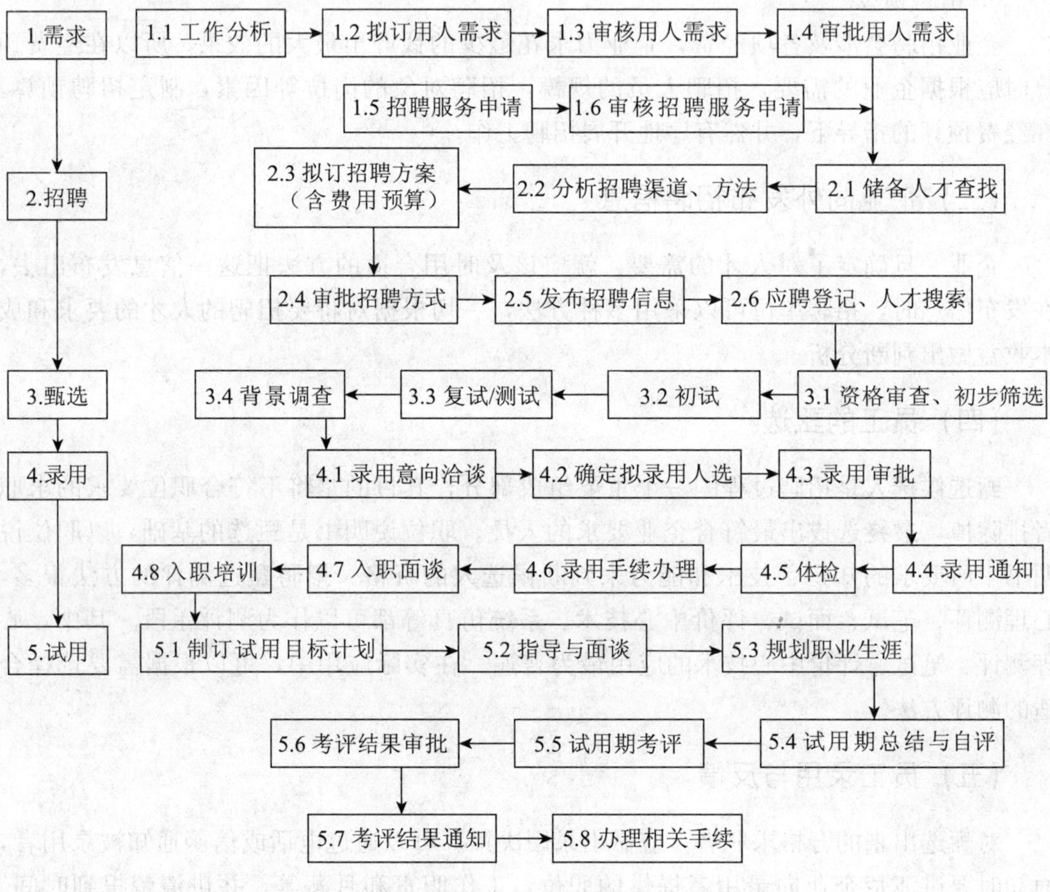

图 1-2　某企业招聘流程

方案设计

实训项目：采访学校负责的人才招聘老师。

实训目的：以小组为单位对本校的负责人才招聘的关键岗位的领导和老师进行采访，进一步加深对学校人才招聘的了解，掌握人才招聘的程序。

项目实施：

步骤 1：学生 6 人为一组，建立学习任务小组，选出一名组长，组长要监督组员的学习和任务的进展情况，组长根据实训任务，安排组员分工合作。

步骤 2：组员分角色对学校的人才招聘程序进行采访。

步骤 3：确定分工名单，一名同学作为访谈者，一名同学做记录，一名同学整理谈话内容，三名同学负责后期的整理和成果汇报。

步骤 4：小组讨论确定访谈的问题提纲，进行实地采访，并对学校的人才招聘进行点评和分析。

步骤 5：分组进行采访成果汇报，由小组自评、组内互评和教师点评三位一体的方式进行综合评分。

实训材料：

（1）收集学校招聘的相关图片，以及采访时的记录照片。

（2）通过采访，记录整理学校招聘的程序，结合相关知识对学校的招聘程序进行分析和评价，并形成汇报文字。

（3）最后形成招聘访谈汇报 PPT，在班上进行展示。

学习情境二　招聘的准备

学习目标

1. 掌握不同的招聘渠道以及各自的特点；
2. 掌握各种招聘的策略；
3. 了解胜任素质的含义以及建立胜任模型的步骤；
4. 掌握招聘计划撰写的步骤和注意事项。

技能目标

1. 能够根据企业的具体情况正确选择招聘的渠道和策略；
2. 能建立起胜任素质模型并运用到招聘中去；
3. 能按照企业需要独立撰写招聘计划。

职业情境

江涛是某高校人力资源管理专业毕业的研究生，在人力资源方面有着扎实的理论功底，凭着自己的努力考取了人力资源管理师资格证，在某外资企业担任招聘专员一职。虽然读书时非常用功，对人才招聘也有自己的独特见解，但是面对现实的招聘工作却有点力不从心。最近公司要启动2015年校园招聘的准备工作，江涛这次作为本次招聘活动的主要策划人，他应该从哪些方面开展工作呢？

情境分析

有效地招聘可以提高员工的满意度并降低员工的流失率，如果在招聘中能按照企业的需要和企业的文化要求去招聘员工，使新员工不仅在工作上符合岗位的任职资格，而且在个性特征和认知水平上，特别是自身的利益追求也符合组织的需求，将大大提高企业的绩效水平。因此，选择合适的招聘的渠道，制订行之有效的招聘计划在人才招聘中显得异常重要，可以提高企业招聘的有效性，增强员工的满意度，减少企业与员工之间的摩擦，提高企业的经济效益。

学习任务一 选择招聘的渠道和策略

案例引入

NLC 公司的人才招聘

NLC 化学有限公司是一家跨国企业，主要以研制、生产、销售医药、农药为主，耐顿公司是 NLC 化学有限公司在中国的子公司，主要生产、销售医疗药品，随着生产业务的扩大，为了对生产部门的人力资源进行更为有效的管理开发，2000 年初始，分公司总经理把生产部门的经理于欣和人力资源部门经理付建华叫到办公室，商量在生产部门设立一个处理人事事务的职位，主要是负责生产部与人力资源部的协调工作。最后，总经理希望通过外部招聘的方式寻找人才。

在走出总经理的办公室后，人力资源部经理付建华开始了一系列工作，在招聘渠道的选择上，人力资源部经理付建华设计两个方案：在本行业专业媒体中做专业人员招聘，费用为 3500 元，优势是对口的人才比例会高些，招聘成本低；不利条件是企业宣传力度小。另一个方案为在大众媒体上做招聘，费用为 8500 元；优势是企业影响力度很大；不利条件是非专业人才的比例很高，前期筛选工作量大，招聘成本高；初步选用第一种方案。总经理看过招聘计划后，认为公司在大陆地区处于初期发展阶段不应放过任何一个宣传企业的机会，于是选择了第二种方案。

其招聘广告刊登的内容如下：

您的就业机会在 NLC 化学有限公司下属的耐顿公司。

1 个职位：对于希望发展迅速的新行业的生产部人力资源主管。

主管生产部和人力资源部两部门协调性工作。

抓住机会！充满信心！

请把简历寄到耐顿公司人力资源部。

在一周内的时间里，人力资源部收到了 800 多封简历。付建华和人力资源部的人员在 800 份简历中筛出 70 封有效简历，经筛选后，留下 5 人。于是他来到生产部门经理于欣的办公室，将此 5 人的简历交给了于欣，并让于欣直接约见面试。部门经理于欣经过筛选后认为可从两人中做选择——李楚和王智勇。他们将两人资料对比如下：

姓名、性别、学历、年龄、工作时间、以前的工作表现、结果。

李楚，男，企业管理学士学位，32 岁，有 8 年一般人事管理及生产经验，在此之前的两份工作均有良好的表现，可录用。

王智勇，男，企业管理学士学位，32 岁，7 年人事管理和生产经验，以前曾在两个单位工作过，第一位主管评价很好，没有第二位主管的评价资料，可录用。

从以上的资料可以看出，李楚和王智勇的基本资料相当。但值得注意的是，王智勇在招聘过程中，没有上一个公司主管的评价。公司通知两人，一周后等待通知，在此期间，李楚在静待佳音；而王智勇打过几次电话给人力资源部经理付建华，第一次表示感谢，第二次表示非常想得到这份工作。

生产部门经理于欣在反复考虑后，来到人力资源部经理室，与付建华商谈何人可录用，付建华说："两位候选人看来似乎都不错，你认为哪一位更合适呢？"于欣："两位候选人的资格审查都合格了，唯一存在的问题是王智勇的第二家公司主管给的资料太少，但是虽然如此，我也看不出他有何不好的背景，你的意见呢？"

付建华说："很好，于经理，显然你我对王智勇的面谈表现都有很好的印象，人嘛，有点圆滑，但我想我会很容易与他共事，相信在以后的工作中不会出现大的问题。"

于欣："既然他将与你共事，当然由你做出最后的决定。"于是，最后决定录用王智勇。

王智勇来到公司工作了六个月，在工作期间，经观察发现王智勇的工作不如期望得好，指定的工作他经常不能按时完成，有时甚至表现出不胜任其工作的行为，所以引起了管理层的抱怨，显然他对此职位不适合，必须加以处理。

然而，王智勇也很委屈：在公司工作了一段时间，招聘所描述的公司环境和各方面情况与实际情况并不一样。原来谈好的薪酬待遇在进入公司后又有所减少。工作的性质和面试时所描述的也有所不同，也没有正规的工作说明书作为岗位工作的基础依据。

想一想：

问题 1：NLC 公司采用什么渠道进行招聘？

问题 2：该公司在招聘过程中存在什么问题？

知识准备

一、招聘渠道的概念

（一）招聘渠道的含义

招聘渠道的选择是指企业以招聘成本最优化为目标，为空缺岗位选拔合适人才时，根据具体岗位的特点对招聘渠道做出的一系列决策。

它主要包含两个方面的工作：

（1）在招聘时，通过合理的方法预测成本收益，从而选择合理的招聘渠道；

（2）通过以往的相关数据进行分析，为日后招聘渠道的选择提供依据。

（二）影响招聘渠道选择的因素

影响企业招聘渠道选择的因素有很多，包括国家的宏观影响因素、企业自身的影响因素和候选人自身的影响因素。招聘渠道的选择应从如何有利于提高企业招聘有效性出发。从需求部门提出招聘需求开始，人力资源部门招聘工作的基本目标是在一定的时间范围内以最少的成本将合适的人员招聘到岗。从上述目标中可以看出影响企业招聘渠道选择的因素主要有时间、数量、质量以及成本。

1. 时间因素

时间是影响企业招聘渠道选择的非常重要的因素之一，负责招聘的人员要具备一定的识人本领，将适合企业的人员从众多的候选人中筛选出来，这不仅是和众多候选人斗智的过程，同时也是同其他企业争夺人才的过程，其本质也是与时间赛跑的过程。在需求部门用人的急切性和劳动力市场有限性的共同作用下，迫使招聘人员争分夺秒的工作，直至招聘到合适该岗位的人选为止。

2. 数量因素

招聘是市场营销活动，是让目标群体对企业产生美好的联想行为，从而打动他们的内心，使双方有机会直面交流。有效地招聘，成功的基础在于获取充足的求职人员，这样才有足够的空间选拔优秀的人力，并保证面试求职者时的谈判优势。招聘方要利用一切可以利用的手段来吸引足够多的候选人，使他们产生主动应聘的行为，并愿意来公司工作。

3. 质量因素

招聘有效性的高低与不同招聘渠道的人员质量的好坏密切相关，而不同渠道人员质量的好坏又与招聘职位要求的匹配程度密切相关。由于不同的行业、不同的企业和不同职位要求不同，导致对候选人资格的要求不同，从而企业采用的招聘渠道也应不同。可见，衡量如何选择招聘渠道的一个重要因素是人职匹配。

4. 成本因素

企业选择不同的招聘渠道所需费用是各不相同的，招聘费用的有限性使得招聘人员对什么职位能花费多少的资金预算必须非常清楚，因为企业每年的招聘预算是全年人力资源开发与管理总预算的一部分，每个公司需要根据自己的实际情况，按照招聘对象的不同、招聘人数的多少等因素来具体决定采用什么招聘渠道。

二、招聘的渠道分析

企业人员的招聘渠道主要有内部和外部两个方面的来源，即通过内部和外部两个渠道招聘员工。

（一）内部招聘的特点

内部招聘是指通过内部晋升、工作调换、工作轮换、人员重聘等方法，从企业内部人力资源储备中选拔出合适的人员补充到空缺或新增的岗位上的活动。

内部招聘具有以下几方面的优点。

1. 精确性高

从招聘的有效性和可信性来看，由于对内部员工有较充足的了解，如对该员工过去的业绩评价资料是较容易获得的，管理者对内部员工的性情、工作动机，以及发展潜能等方面也有比较客观、精确的认识，使得对内部员工的全面了解更加可靠，提高了招聘的成功率。

2. 适应较快

从运作模式看，内部员工更了解本组织的运营模式，与从外部招聘的新员工比拟，他们能更快地适应新的工作。

3. 激励性强

从激励方面来分析，内部招聘能够给员工提供发展的机会，强化员工为企业工作的动机，也增强了员工对企业的义务感。尤其是各级管理层人员的招聘，这种晋升式的招聘往往会带动一批人作一系列晋升，从而能鼓舞员工士气。同时，也有利于在企业内部树立榜样。通过这种相互之间的良性互动影响，可以在企业中形成积极进取、追求成功的氛围。

4. 费用较低

内部招聘可以节约大量的费用，如广告费用、招聘人员与应聘人员的差旅费等，同时还可以省去一些不必要的培训项目，减少了企业因岗位空缺而造成的间接损失。此外，从企业文化角度来分析，员工在企业中工作了较长一段时间后，已基本融入了本企业的文化，对本企业的价值观有了一定的认同，因而对企业的忠诚度较高，离职率低，避免了招聘不当造成的间接损失。许多企业都特别重视从内部选拔人才，尤其是高层管理者。

尽管内部选拔有如上所述的许多优势，但其本身也存在着明显的不足，主要表现在以下两方面。

1. 易制造矛盾

因处置不公、方法不当或员工个人原因，可能会在组织中造成一些矛盾，产生不利的影响内部招聘需要竞争，而竞争的结果必然有成功有失败，并且失败者占多数。竞争失败的员工可能会心灰意冷、士气低下，不利于企业的内部团结。内部选拔还可能导致部门之间呈现“挖人才”的现象，不利于部门之间的团结协作。此外，如果在内部招聘过程中，按资历而非才能进行选择，将会诱发员工养成“不求有功，但求无过”的心理，也给有才能的员工的职业生涯发展设置了障碍，导致优秀人才外流或被埋没，减弱企业竞争力。

2. 容易克制创新

同一企业内的员工有相同的文化背景，可能会产生“集团思维”现象，克制了个体创新，尤其是当企业内部主要岗位主要由基层员工逐级升任，就可能会因缺少新人与新观念的输入，而逐渐产生一种趋于僵化的思维意识，这将不利于组织的长期发展。

（二）内部招聘的主要方法

1. 推举法

推举法可用于内部招聘，也可用于外部招聘。它是由本企业员工根据企业的需要推举其熟悉的合适人员，供用人部门和人力资源部门进行选择和考察。由于推举人对用人单位及被推举者的情况都比较了解，使得被推举者更容易获得企业与岗位的信息，便于其计划，也使企业更容易了解被推举者，因而这种方法较为有效，成功的概率较大。在企业内部最常见的推举法是主管推举，其长处在于主管一般比较了解潜在候选人的才能，由主管提名的人选具有一定的可靠性。而且主管们也会认为他们具有全体的决议权，满意度比较高。其缺陷在于这种推举会比较主观，容易受个人因素的影响。

2. 布告法

布告法的目的在于企业中的全体员工都了解到哪些职务空缺，需要补充人员，使员工感觉到企业在招聘人员方面的透明度与公平性，并有利于提高员工的士气。布告法是在确定了空缺岗位的性质、职责及其所请求的条件等信息后，将这些信息以布告的形式公布在企业中一切可应用的墙报、布告栏、内部报刊上，尽可能使全体员工都能获得信息，所有对此岗位感兴趣并具有此岗位任职才能的员工均可申请此岗位。目前在很多成熟的企业当中，张榜的形式由原来的海报形式改为在企业的内部网上发布，各种申请手续也在网上，从而使全部过程更加快捷、方便。布告法的长处在于让企业内更多的人员了解到此类信息，为企业员工职业生涯的发展提供了更多的机会，可以使员工脱离原来不满意的工作环境，也促使主管们更加有效地管理员工，以防本部门员工的流失。它的缺陷在于这种方法耗费的时间较长，可能导致岗位较长时期的空缺，影响企业的正常运营。而员工也可能由于盲目地变换工作而损失原有的优势。

3. 档案法

人力资源部门都有员工档案，从中可以了解到员工在受教育、培训、经验、技能、绩效等方面的信息，帮助用人部门与人力资源部门寻找合适的人员补充岗位空缺。员工档案对员工晋升、培训、发展有着重要的作用，因此员工档案应力求精确、完备，对员工在岗位、技能、教导、绩效等方面信息的变化应及时做好记录，为人员选择与配备做好准备。

（三）外部招聘的特点

相对于内部选拔而言，外部招聘成本比较大，也存在着较大的风险，但有以下几方面的优势。

1. 带来新思维和新方法

典型的内部员工已经彻底地被组织文化同化了，受惯性思维影响，既看不出组织有待改进之处，也没有进行变革、自我提高的意识和动力，全部组织缺少竞争的意识和氛围，可能呈现出一潭死水的局势。通过从外部招聘优秀的技术人才和管理专家，就可以在无形中给组织原有员工施加压力、激发斗志，从而产生“鲶鱼效应”。特别是在高层管理人员的引进上，这一长处尤为明显，因为他们才能重新塑造组织文化。例如，惠普公司的董事会，出人意料地聘请朗讯公司的一个部门经理来任首席执行官(CEO)，以重塑惠普公司的文化。

2. 有利于招聘一流人才

外部招聘的人员来源广，选择余地很大，能招聘到许多优秀人才，尤其是一些稀缺的复合型人才，这样可以节省内部培训费用。

3. 树立形象的作用

外部招聘也是一种很有效的交流方式，组织可以借此在其员工、客户和其他外界人士中树立良好的形象。

同样，外部招聘也有以下不足。

1. 筛选难度大，时间长

组织盼望能够比较精确地了解应聘者的才能、性情、态度、兴致等素质，从而预测他们在未来的工作岗位上能否达到组织所期望的请求。而研讨表明，仅仅依靠招聘时的了解来进行科学的录用计划是比较艰苦的。

2. 进入角色慢

从外部招聘来的员工需要耗费较长的时间来进行特训和定位，才能了解企业的工作流程和运作方式，增加了培训成本。

3. 招聘成本大

外部招聘需要在媒体发布信息或者通过中介机构招聘，一般需要支付一笔费用，而且由于外界应聘人员相对较多，后续的挑选过程也非常的烦琐与复杂，不仅耗费巨大的人力、财力，还占用了很多的时间，所以外部招聘的成本较大。

4. 计划风险大

外部招聘只能通过几次短时间的接触，就必须判断候选人是否符合本组织空缺岗位的请求，而不像内部招聘那样经过长期的接触和考察，所以，很可能因为一些外部的因素而做出不精确的判断，进而加大了计划的风险。

(四) 外部招聘的主要方法

1. 发布广告

发布广告是指通过广播、报纸、杂志、电视等新闻媒体面向社会大众传播招聘信息，通过详细的工作介绍和资格限制吸引潜在的应聘者。广告招聘对任何职务都适用，它是现代社会非常普遍的一种招聘方式。一般来说，广告内容要包括公司基本情况介绍、职位描述、应聘者资格要求、联系方式和应聘方式等。

现代市场最常见的广告媒体有报纸、杂志、广播、电视、网络等。在进行广告媒体的选择时，企业必须考虑以下三点：第一，选择的媒体要能够及时地将有效信息传播给目标受众。第二，要考虑应该吸引到哪些人而不是吸引多少人，因此对广告媒介的选择要注重目标性。第三，要注意所选择媒体上同类广告的数量和质量。

阅读材料

招聘广告设计技巧

1. 招聘广告原则

ATTENTION：注意——会不会引起别人注意、是否醒目？

INTEREST：兴趣——会不会产生兴趣？

DESIRE：渴望——会不会产生加入愿望？

ACTTON：行动——会不会采取具体行动？

2. 招聘广告设计注意事项

（1）发布渠道：企业选择的渠道要是目标人群比较关注和流动性大的。

（2）发布时间：招聘广告要选择最合适的时间段发布，并最好是持续性的。

（3）广告位设计：在确定的招聘渠道与发布时间范围内，优先选择既能够吸引更多的注意力，尤其是吸引目标应聘人群的注意力，又能够做好费用成本控制。对应聘人群进行一定的行为分析与预测，同时有侧重点地分析招聘渠道的广告位特色。

（4）广告版面设计：版面的设计既要符合公司整体的文化形象，又要符合目标人群的偏好。与商业广告相似的是，招聘广告的第一目的是吸引目标人群——求职者。在设计招聘广告时，除了作好发布渠道、时间、位置选择的决策外，招聘广告内容的“匹配性”同样至关重要，做得好达到事半功倍的效果，反之则可能适得其反——负面地宣传了企业形象。

（5）客观准确：招聘信息是人才资源需求的客观反映，必须忠实地反映企业人力资源需求的基本情况，反映现状和发展趋势。不能做你无法遵守的承诺来误导工作，对于晋升机会、挑战、责任等要诚实列出，给人以可信度，树立以诚待人的企业形象。

（6）引人注意：设计人才招聘广告要能抓住读者的注意力，促使他们深入阅读。招聘广告要想使人理解、领会，形成记忆，不应自作聪明或大有创意。文字要简洁、清秀易读，要避免搞成花花绿绿，使人眼花缭乱，不愿细看。标题要反复推敲，而且要运用突出的字体，激发读者细读广告的兴趣，牵动视线，深入理解广告内容。

（7）内容详细：①本企业的基本情况；②是否经过有关方面的批准；③招聘人员的基本条件；④报名的方式；⑤报名的时间、地点；⑥报名需带的证件、材料；⑦其他注意事项。

（8）条件清楚：人才招聘广告的信息具体化、鲜明化有助于增强应聘者的信心和决心。目前我国的人才招聘广告中很少直接提及工作报酬、福利等条件，而这些条件恰巧是招聘广告中的一个核心问题。许多应聘者对工资待遇都非常关注，而我们大多数的招聘广告在这个问题上却含糊其词。其后果是，一方面，许多优秀人才因不知道可能获得多少报酬而不愿意应聘；另一方面，许多应聘者一旦了解企业真实报酬后不愿意被录用，同时浪费了企业和应聘者的时间、精力和金钱。在广告中含糊其词是有百弊而无一利的。

2. 校园招聘

在校园招聘的过程中，企业可以通过举办大型专场招聘会的方式进行招聘，也可以通过选择校园广播、校园网络、公告栏或学院推荐等渠道进行招聘。常常通过赞助学校文艺活动、学术活动等方式来扩大知名度；有些则通过定向培养、委托培养等方式直接从学校获得所需要的人才；有些企业还通过设立奖学金的办法与学校建立长期稳定的关系，使学校真正成为员工的来源之地。

3. 猎头公司

所谓猎头公司就是为企业寻找高层管理人员的服务机构。猎头公司一方面为企业搜寻高级管理人才；另一方面也为各类高级管理人才寻找合适的工作。猎头公司拥有自己的人才库，他们掌握着大量的求职和招聘信息，他们熟悉各类企业对特殊人才的需求，因此利用猎头公司进行招聘一般成功率较高，但相应的费用较高。

4. 人才交流中心

在全国的各大、中城市，一般都有人才交流服务机构。这些机构常年为企事业用人单位服务。它们一般建有人才资料库，用人单位可以很方便地在资料库中查询条件基本相符的人员的资料。通过人才交流中心选择人员，针对性强、费用低廉，但对一些热门专业的人才招聘效果不太理想。

5. 招聘洽谈会

人才交流中心和其他人才机构每年都要举办多场人才招聘洽谈会。在洽谈会中，用人企业和应聘者可以直接进行接洽和交流，节省了企业和应聘者的时间。随着人才交流市场的日益发展，洽谈会呈现出向专业方向发展的趋势。例如，有中高级人才洽谈会、应届毕业生双向选择会、信息技术人才交流会，等等。由于洽谈会应聘者集中，企业的选择余地较大，但招聘高级管理人才还是比较困难。

6. 网络招聘

随着网络的普及和计算机技术的发展，利用网络进行电子化招聘已经越来越广泛地被企业所采用。这种方法传递信息快捷而准确，影响范围又十分广泛，且费用低廉，不受其他因素的影响。目前已经有许多企业在自己的网站上设立了专门的招聘专栏，这不仅为求职者带来了极大的方便，而且对公司形象的宣传也起到了非常好的效果。

阅读材料

目前，越来越多的企业借助互联网承担起公司人力资源管理与开发的多项职能。据美国一家咨询公司日前公布的一项追踪研讨报告显示，《财富》全球500强企业中应用网上招聘的已占88%。在北美地区有93%，在欧洲有83%，在亚太地区有88%的大公司都采用了网上招聘的方式。另据美国一家招聘服务公司所做的调查，绝大多数公司盼望求职者通过电子邮件而不是通过邮寄传送个人简历。对于那些与计算机打交道的技术人员，常常会应用互联网寻找工作机会，公司想要找个技术岗位的候选人，也多从网上寻找。

7. 熟人推举

通过单位的员工、客户、合作伙伴等熟人推举人选，也是单位招聘人员的主要来源。据有关资料显示，美国微软公司有大约40%的员工是通过员工推举方式招聘的。在我国珠江三角洲、长江三角洲等地区，也有大量中资或外资企业，在招聘一般员工时，采用“老乡介绍老乡”的推举方式。

熟人推举的方式，适用的范围比较广，既适用于一般人员，也适用于企业单位专业人才的招聘。采用该方式不仅可以节约招聘成本，而且也在一定程度上保证了应聘人员的专业素质和可信赖度。有些公司为了鼓励员工积极推举人才，还专门设立推举人才奖，以此嘉奖那些为企业单位推举优秀人才的员工。

阅读材料

各种内、外部招聘方法的比较如表2-1所示。

表2-1　各种内、外部招聘方法的比较分析

方法	优点	缺点	应用
推举法	可靠 满意度较高	主观，受推荐人影响 选拔亲信 得力下属被保留	可以用于内部招聘，也可以用于外部招聘
布告法	内部招聘透明度、公平性； 职业生涯机会，提高士气 有效防止人才流失	时间长，耽误工作 盲目变换工作，丧失原有优势	一般用于非管理层人员招聘，适于普通职员
档案法	可靠等优点	对档案要求高，是开发型的“活档案”，是人力资源信息系统的概念	内部应用比较广泛
发布广告	传播范围广 信息发布迅速，应聘者数量大 宣传企业形象	质量受媒体质量限制 广告设计效果影响招聘效果	选择专业性媒体 广告设计真实、简洁、醒目，不仅说明招聘职位要求
校园招聘	适用工程、财务、会计、计算机、法律及管理初级人员	不适合有经验的人员招聘	应届生、假期工都可以招聘，张贴、讲座、毕业生招聘会
猎头公司	综合计算，经济、高效 双方信息掌握，供需匹配慎重，成功率高	费用较高，年薪25%～35%	适用于高级人才
人才交流中心	人才资源检索方便 针对性强，费用低	对热门、高级人才效果不理想	人才交流中心

续 表

方法	优点	缺点	应用
招聘洽谈会	应聘者集中，选择余地大 了解当地、行业人力资源走向	很难招到合适的高级人才	专业化趋势明显
网络招聘	成本低，方便快捷，选择余地大，涉及范围广，不受地点、时间限制 申请便于储存、检索		越来越广泛
熟人推举	了解准确，可信度高 录用人员工作努力 招聘成本低	容易形成裙带关系，不利于制度执行	有的企业设置推荐人才奖

三、选择招聘渠道的主要步骤

(1) 分析单位的招聘请求。

(2) 分析潜在应聘人员的特色。

(3) 确定适合的招聘来源。按照招聘筹划中岗位需求数量和资历请求，根据对成本收益的盘算来选择一种结果最好的招聘来源，是内部还是外部，是学校还是社会等。

(4) 选择适合的招聘方法。按照招聘筹划中岗位需求数量和资历请求，根据对成本收益的盘算来选择一种后果最好的招聘方法，是发布广告还是上门招聘，借助中介等。

案例学习

英特尔聘人的独特渠道

我们的招聘渠道很多。其中包括委托专门的猎头公司帮我们物色合适的人选。另外，通过公司的网页，你可以随时浏览有哪些职位空缺，并通过网络直接发送简历。只要我们认为你的简历背景适合，你就有机会接到面试通知。

还有一个特殊的招聘渠道，就是员工推荐。它的好处首先在于，现有的员工对英特尔很熟悉，而对自己的朋友也有一定了解，基于这两方面的了解，他会有一个基本把握，那个人是否适合英特尔，在英特尔大概会不会成功。这比仅两个小时的面试要有效得多，相互的了解也要深得多。英特尔非常鼓励员工推荐优秀的人才给公司，如果推荐了非常优秀的人，这个员工还会收到公司的奖金。当然，进人的决策者是没有奖金的。如果因为人情招了不适合的人，决策者会负一定责任，所以决策者会紧紧把握招聘标准，绝不会出现裙带关系。

讨论：该企业运用什么方法进行招聘？获得了怎样的效果？

方案设计

实训项目：关于招聘渠道的辩论赛。

实训目的：通过正反双方激烈的辩论，让大家对内外部招聘的方法和特点有更深刻的理解，也有利于提高团队合作精神和口头表达能力。

项目实施：

步骤1：学生按抽签的形式分为正方双方，每一方各派出四位同学作为辩手，其余同学作为智囊团，参与辩论赛的前期准备和策划。

步骤2：确定辩题，正方辩题是内部招聘比外部招聘更重要；反方辩题是内部招聘不比外部招聘重要。

步骤3：双方确定辩手的位置，并进行辩论赛前的讨论和分析。

步骤4：正反双方按照辩论赛的赛程规则，就辩题展开激烈的辩论。

步骤5：分出胜负，并评选出最佳辩手，给予表扬和奖励，教师对本次辩论赛进行点评。

实训材料：

(1) 正反双方收集关于辩题的相关资料。

(2) 辩论赛的现场照片、计分纸、计时器等。

(3) 颁发奖状和奖品。

学习任务二　建立胜任素质模型

案例引入

华为的胜任素质模型

华为是国内企业引进素质模型比较早，并且做得比较好的一家企业。胜任素质模型是作为华为的价值评价体系中的一个重要组成环节。在人力资源管理体系中起到至关重要的连接作用。在这里我们将华为与联想的素质能力模型为例进行对比。华为按员工类别建立素质能力模型，华为公司按照工作的特性，把员工划分为研发类、中试类、营销类和管理类等序列，并针对每个序列中的岗位对员工的要求，建立员工序列素质能力模型。联想员工素质模型分为三个层次，全员核心胜任能力是公司核心价值观的反映，应在全体员工身上表现出来。目前，联想全员核心胜任能力分为“服务客户，精准求实，创业创新，合作共享，诚信正直”五个维度。

建立胜任特征模型步骤：

(1) 定义绩效标准（销售量，利润，管理风格，客户满意度），绩效标准一般采用工作分析和专家小组讨论的办法来确定。即采用工作分析的各种工具与方法明确工作的具体要求，提炼出鉴别工作优秀的员工与工作一般员工的标准。

(2) 选取分析效标样本（一般经理，优秀经理）。

(3) 获取效标样本有关胜任特征的数据资料（BEI，问卷调查，评价中心，专家评议组）。

(4) 建立胜任特征模型。

(5) 验证胜任特征模型。

想一想：

问题 1：素质与胜任素质有何区别？

问题 2：胜任素质模型对招聘具有什么作用？

知识准备

一、胜任素质概述

（一）胜任素质的含义

胜任素质（Competency）又称能力素质，在组织管理中是指驱动员工做出卓越绩效的一系列综合素质，是员工通过不同方式表现出来的知识、技能或能力、职业素养、自我认知、特质等素质的集合。

哈佛大学教授麦克里兰是将胜任素质应用于实践的第一人。20 世纪 50 年代初，麦克里兰应美国国务院邀请为之设计一种能够有效预测驻外服务信息官员能否做出优秀绩效的甄选方法。麦克里兰采用行为事件访谈法收集第一手材料，比较分析工作表现优秀和一般的驻外服务信息官员具体行为特征的各项差异，最终提炼出驻外服务信息官员胜任工作且能做出优秀绩效所应具备的能力素质。

胜任素质模型自其诞生之日起就被应用到人力资源管理的各个方面，实践证明，运用胜任素质模型可以提高企业的人力资源质量，提升组织竞争力，从而推进企业发展战略目标的实现。

（二）胜任素质识别

能否显著区分员工的工作绩效差异是判断某项胜任素质的唯一标准，即实际工作业绩卓越和业绩一般的员工在该项胜任素质上的行为表现是有明显差别的。识别员工的能力素质或岗位胜任特征可从以下三个层面进行。

1. 知识

知识层面既包括员工从事某一职业领域工作所必须具备的专业信息，例如，财务管理、人力资源管理、市场营销等学科的专业知识，也包括员工在某一组织中工作所必须掌握的相关信息，例如，公司知识、产品知识和客户信息等。

2. 技能/能力

技能是指掌握和运用某项专业知识完成具体工作的技术或能力，例如，计算机操作技能、财务分析能力等。能力是指员工天生具备或在外部环境影响下不易改变的特质，例如，人际协调能力、问题分析能力、市场拓展能力、判断推理能力等。

3. 职业素养

职业素养是指员工从事具体工作所应具备的思想道德、意识及行为习惯，例如，主动性、责任心、成就欲、忠诚度、诚信意识、团队意识等。

（三）胜任素质优化

员工所具备的素质不同，从事的工作不同，所处的组织环境不同，都会影响其工作绩效的发挥。如何优化企业员工的能力素质，使其表现出最佳工作绩效，可从以下方面或从素质集合中考虑。

1. 员工的胜任素质

员工的胜任素质是指员工个体所具备的所有综合能力素质。员工所具备的能力素质有很多，其中总有某项或某些素质使其适合或擅长从事某项工作。员工个体的胜任素质集合决定了其适合从事什么工作以及能够达到怎样的绩效标准。

2. 岗位的胜任特征

企业中具体的岗位对其任职者有不同的胜任特征要求，不同的岗位需要具有不同能力素质的员工来担任。岗位的胜任特征集合决定了其适合什么样的员工来担任。

3. 组织的环境特征

组织的企业文化及经营环境对其选择不同能力素质的员工有很大影响。组织的环境特征决定了其对具有不同素质倾向的员工做出取舍。

员工的胜任素质、岗位的胜任特征、组织的环境特征三个集合的交集决定了员工的最佳工作绩效。人力资源管理者要尽可能提高三者的契合度，使三者的交集最大，才能保证员工做出卓越绩效。

4. 胜任素质模型

根据企业中从事某岗位的员工所应具备的胜任素质，从知识、技能/能力、职业素养三个层面构建其胜任素质模型，具体内容如图 2－1 及图 2－2 所示。

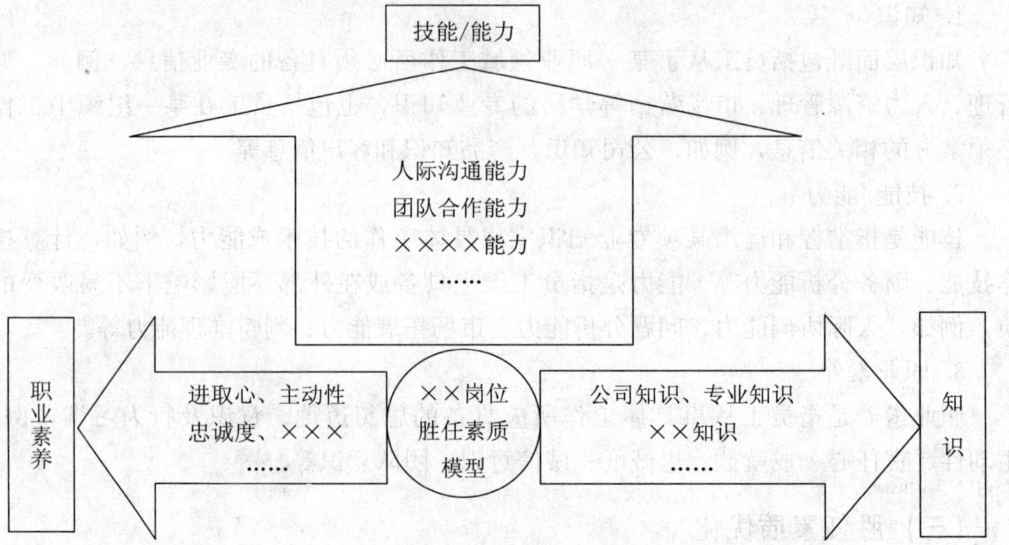

图 2-1 胜任素质模型

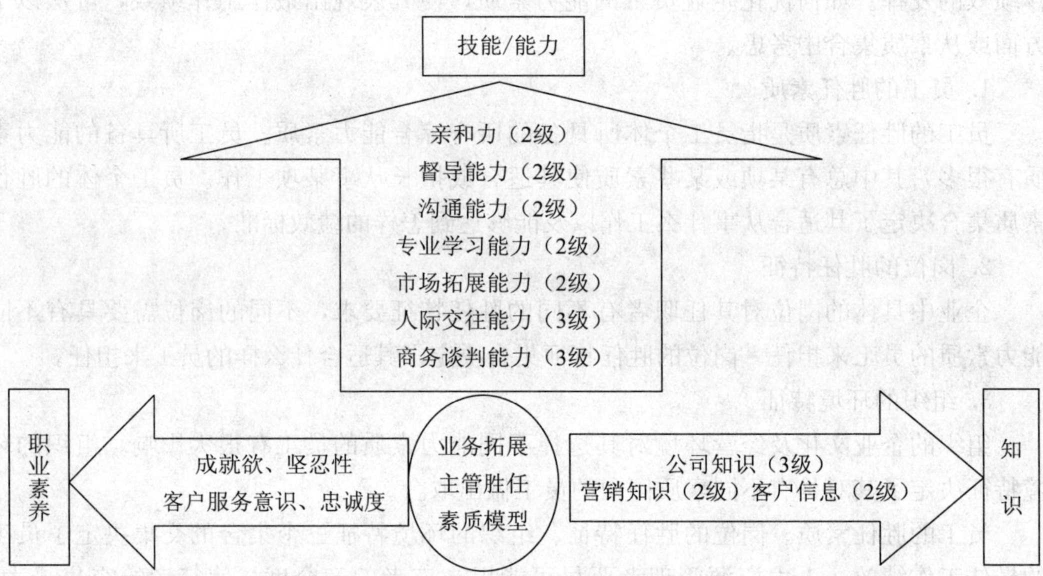

图 2-2 业务拓展主管胜任素质模型

阅读材料

销售部人员知识分级定义情况如表 2-2 所示。

表 2-2 销售部人员知识分级定义表

<table>
<tr><th>素质名称</th><th>范围</th><th>级别</th><th>行为表现</th></tr>
<tr><td rowspan="3">公司知识</td><td rowspan="3">包括行业知识、公司文化（发展历史、价值观等）、组织结构、基本规章制度和业务流程等</td><td>1级</td><td>了解员工手册与职位相关内容，了解公司发展历史，熟悉与本岗位有关的管理制度、流程</td></tr>
<tr><td>2级</td><td>了解行业状况，熟悉公司的历史、现状、未来发展方向以及相关管理制度、整体运作流程，了解公司整体战略规划以及战略步骤</td></tr>
<tr><td>3级</td><td>洞悉行业状况重大变化与趋势，能基于公司整体战略规划以及战略步骤对公司运作流程与制度提出系统、科学的建设方案，以支持、保证战略目标的实现</td></tr>
<tr><td rowspan="3">产品知识</td><td rowspan="3">包括产品的名称、性能与特点、主要优点、销售状况、与其他公司产品相比的优劣势、价格特点等</td><td>1级</td><td>了解公司产品的名称、主要特点，能向客户介绍与自己工作相关的几个产品的详细资料，并能回答客户对该类产品的询问</td></tr>
<tr><td>2级</td><td>全面掌握公司所有产品的详细资料（名称、性能与特点、主要优点、销售状况、与其他公司产品相比的优劣势、价格特点），并能解答客户对有关产品的询问</td></tr>
<tr><td>3级</td><td>精通公司所有产品的详细资料，并能对未来产品的规划与设计提出合理化建议</td></tr>
<tr><td rowspan="3">营销知识</td><td rowspan="3">主要包括三大类知识</td><td>1级</td><td>了解A类、B类、C类知识的一般概念及内容框架、一般原理和方法，对市场敏感性强，有营销意识，能运用营销的理念进行初级市场开发或客户管理工作</td></tr>
<tr><td>2级</td><td>掌握A类、B类、C类中任意两类知识的操作运用原理，了解销售工作并有一定的工作经验；
可综合利用各种营销策划知识进行部分项目的市场调研、客户调查、分析以及指导销售工作，编制简单的营销策划方案</td></tr>
<tr><td>3级</td><td>熟练掌握三类知识的操作运用原理，精通营销策划知识，编写的营销策划方案可行且有创新，能在实践中创造品牌效应、发挥品牌价值</td></tr>
<tr><td rowspan="3">客户信息</td><td rowspan="3">包括客户的注册信息、内部管理信息及外部评价等相关信息</td><td>1级</td><td>能掌握客户的地址、规模、注册资本、经营方式、组织架构、经营目标等基本信息；
了解客户主要负责人的姓名、联系方式、家庭住址等个人基本资料，快速把握其个人喜好、工作风格和性格特点</td></tr>
<tr><td>2级</td><td>了解客户所在行业的特点和发展趋势，了解其关键工作流程和赢利模式；
了解客户的诚信度（如还贷情况等）及其对竞争对手的评价；
对客户的业务和面对的问题有清楚而全面的了解</td></tr>
<tr><td>3级</td><td>通过深入了解客户本身的业务，提出有建设性、有价值的建议，并能积极地影响客户行为；
能准确地把握客户内部的权力关系结构，尤其是对业务有决策权的岗位和个人业务拓展主管胜任素质模型</td></tr>
</table>

二、胜任素质模型的建立步骤

构建胜任素质模型的步骤大致有以下内容。

1. 明确企业发展战略目标

企业的发展战略目标是建立胜任素质模型总的指导方针，人力资源管理者应首先分析影响企业战略目标实现的关键因素，研究企业面临的竞争挑战，然后提炼出企业员工应具有的胜任素质，从而构建符合企业文化及环境的胜任素质模型。

2. 确定目标岗位

企业战略规划的实施往往与组织中的关键岗位密切相关，因此在建立胜任素质模型时应首先选择那些对企业战略目标的实现起关键作用的核心岗位作为目标岗位，然后分析目标岗位要求员工所应具备的胜任力特征，从而构建符合岗位特征的胜任素质模型。

3. 界定目标岗位绩优标准

企业完善的绩效考核体系是界定绩优标准的基础。通过对目标岗位的各项构成要素进行全面评估，区分员工在目标岗位绩效优秀、绩效一般和绩效较差的行为表现，从而界定绩优标准，再将界定好的绩优标准分解细化到各项具体任务中，从而识别任职者产生优秀绩效的行为特征。

4. 选取样本组

根据目标岗位的胜任特征，在从事该岗位工作的员工中随机抽取绩效优秀员工（3～6 名）和绩效一般员工（2～4 名）作为样本组。

5. 收集、整理数据信息

收集、整理数据信息是构建胜任素质模型的核心工作，一般通过行为事件访谈法、专家数据库、问卷调查法等方法来获取样本组有关胜任特征的数据资料，并将获得的信息与资料进行整理和归类。

6. 定义岗位胜任素质

根据归纳整理的目标岗位数据资料，对实际工作中员工关键行为、特征、思想和感受有显著影响的行为过程或片段进行重点分析，发掘绩优员工与绩效一般员工在处理类似事件时的反应及行为表现之间的差异，识别导致关键行为及其结果的具有显著区分性的能力素质，并对识别出的胜任素质做出规范定义。

7. 划分胜任素质等级

定义了目标岗位胜任素质的所有项目后，应对各个素质项目进行等级划分，并对不同的素质等级做出行为描述，初步建立胜任素质模型。

8. 初步建立胜任素质模型

结合企业发展战略、经营环境及目标岗位的实际情况，将初步建立的胜任素质模型与企业、岗位、员工三者进行匹配与平衡，构建并不断完善胜任素质模型。

构建胜任素质模型的流程如图 2－3 所示。

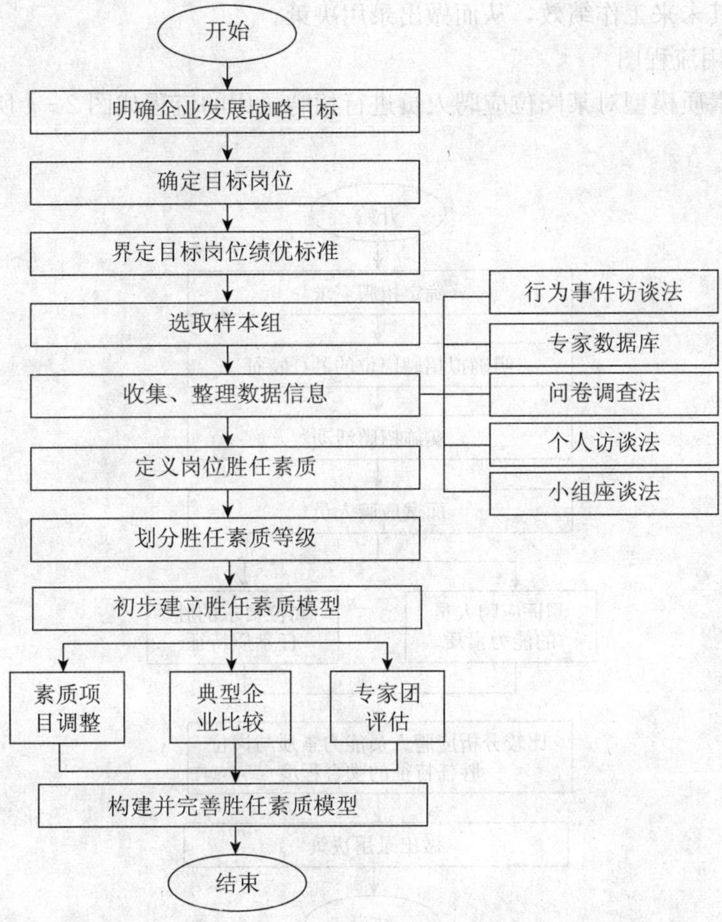

图 2－3　构建胜任素质模型的步骤

三、胜任素质模型在人员招聘管理中的应用

1. 工作分析

工作分析是企业实施招聘的基础，如果仅对岗位的组成要素，如岗位性质、特征、职责权限、劳动条件和环境进行分析，很难识别岗位的胜任特征要求。

基于胜任素质模型进行的工作分析，侧重研究岗位要求的与优秀绩效表现相关联的特征及行为，结合胜任特征及其行为表现来定义岗位的任职资格要求，使其具有更强的绩效预测性，从而为招聘与录用提供参考。

2. 录用决策

企业招聘之难在于识别应聘人员的潜在素质，即如何根据应聘人员以往的工作表现预测其未来的工作绩效。以应聘人员的知识、技能及经验背景等外在特征为依据做出录用决策缺乏对应聘人员未来绩效的科学判断与预测，将会给企业带来很大风险。

基于员工胜任素质模型的招聘与甄选，旨在从应聘人员过去经历中的行为表现发掘其潜在素质（能力素质是深层次特质，不易改变），分析其与应聘岗位胜任能力的契合度，并预测其未来工作绩效，从而做出录用决策。

3. 招聘录用流程图

基于胜任素质模型对某岗位应聘人员进行招聘录用的流程如图 2－4 所示。

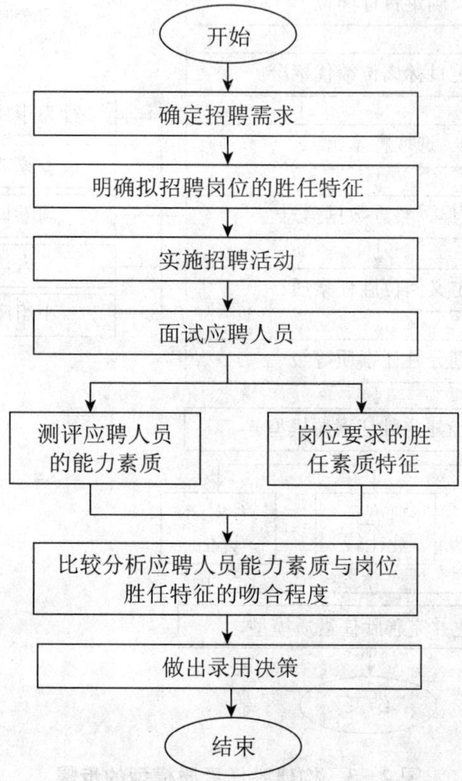

图 2－4　基于胜任素质模型的招聘录用流程

四、胜任素质模型运用的条件

1. 组织战略的指导

胜任素质模型是在组织的使命、目标明确条件下，进行探索、设计和运用的。这就要求企业在确定某一职位的胜任素质模型时，必须从上往下进行分解，即由“企业使命”确定“企业核心战略胜任素质”；由“企业核心战略胜任素质”确定“企业业务发展需要的胜任素质”；由“企业业务发展需要的胜任素质”确定“职位需要的胜任素质”，将胜任素质概念置于“人员—职位—组织”匹配的框架中。根据特定职位需要的胜任素质，招聘、选拔符合职位要求的人员，确定该职位人员的绩效考核内容、培训主题、职业生涯发展等。

2. 组织文化的包容性

市场经济环境快速变化，同一岗位对人的胜任素质要求也随之变化，一方面，构成职位胜任素质模型的要素变化了；另一方面，构成胜任素质模型的内涵也将变化。

例如，对某些东西过去属于负面评价，而现在变成正面评价；有些东西过去非常注重，现在已经是一般基础构成，不需要特别强调。而且在企业实践中，很多胜任素质特征往往是具有一定的矛盾的，每个人往往都是一种矛盾的结合体。如果组织文化没有适度的包容性，胜任素质模型就难以真正实施。

3. 组织结构与管理方式的转变

在人才主权时代，尊重知识型员工的个性、对员工进行适当授权、采取自我管理式团队的组织结构、使组织成为学习型组织、形成创新授权机制是胜任素质模型充分发挥作用的前提。高绩效的团队发展强调使群体目标与成员责任匹配，强化团队目标导向行为，增强群体的凝聚力，提高工作绩效。

4. 组织高层领导的支持

从理想的角度来说，高层领导的支持应该能让大家有目共睹，例如，他们也把胜任素质管理的反馈工具用在他们自己和直接下属身上，在他们的管理风格上采用新的、核心的行为，拥护推广胜任素质管理计划的活动等。如果没有高层领导的参与支持，胜任素质模型推广将会遇到极大的阻力，也很难取得良好的效果。

5. 高素质人力资源管理人员的实施

胜任素质模型的开发应用需要人力资源管理者对企业管理基础理论与方法，尤其是战略管理与实施、人力资源管理等基础理论和方法较为深入地掌握和了解，还需要对企业业务与技术特征具有深入的了解，并对心理学尤其是心理测量等学科有效掌握。

方案设计

项目背景：

目前我国化工行业市场营销中普遍存在以下问题：市场类人才流失率高、基本素质参差不齐、对公司没有归属感、缺乏基本服务营销技能、只能做服务或者只能做影响，同时，企业对员工的考核评价不够完善、缺乏系统化的激励和晋升机制等，这些问题导致了客户服务质量波动大、影响客户对企业的感知，同时也无法有效提升企业经营效益。

武汉某化工集团公司创建于2000年年底，投资8000余万元，致力于打造化肥行业的“百年老店”，力争在5年内把公司建设成为集硫酸、磷化工、精细化工为一体的湖北地区同行业中较大规模和较强经济实力的大型化工企业。公司现有员工1000余人，为满足企业迅猛发展过程中的市场需求，该集团公司特聘湖北中部人才交流有限公司人才测评专家提供方法指导与技术支持，通过构建市场类员工胜任力模型，招聘、培养和锻造一支既善于营销、又长于服务的新型市场类人才。

实训项目：为该企业市场类员工设计胜任素质模型。

实训目的：通过设计胜任素质模型，能灵活运用所学知识为企业解决实际问题，能够学以致用，加深对胜任素质能力模型的了解和认识。

项目实施：

步骤1：学生6人为一组，建立学习任务小组，选出一名组长，组长要监督组员的学习和任务的进展情况，组长根据实训任务，安排组员分工合作。

步骤2：组员一起阅读项目背景材料，共同分析该企业的现状和所需岗位。

步骤3：组员在阅读背景材料的基础上，按照胜任素质模型构建的步骤进行分工。

步骤4：小组成员分工完成各自任务后，进行汇总，形成该企业市场人员胜任素质模型，要求画图。

步骤5：分组进行访谈成果汇报，由小组自评、组内互评和教师点评三位一体的方式进行综合评分。

实训材料：

（1）小组成员分工的名单和各自需完成的任务。

（2）小组成员分工设计该岗位胜任素质步骤的文字材料。

（3）小组最后汇总形成的胜任素质模型。

学习任务三　撰写招聘的计划

案例引入

中能公司年度招聘计划实施方案

围绕着公司战略及发展要求，选招人才及配备人才，满足用工需求，制订了该方案。

1. 人力资源盘点工作

公司组织结构的变化，根据岗位职责和要求，需要对现有结构和人员配置进行盘点工作，盘点配备是否合理，为下一步行动提供依据。

2. 根据招聘需求制订方案

公司对所需人员的要求，包括招聘人数、性别比例、专业要求、学历要求，毕业院校要求、经验要求等，另外，还要了解为什么需要这些要求。引入点有以下几方面：

（1）制造部门：根据组织结构配置，用工需求可根据人均销售、岗位空缺（退休/辞职等）、生产率提高等手段进行预测。

（2）职能部门：根据组织结构配置、岗位要求等。

（3）经过审核、确定需求，统计并报总经理批准。根据类型确定招聘人数、招聘月份、到岗时间、招聘负责、招聘方式、序号、部门、要员、缺口、招聘时间、要求到岗时间、责任人、招聘方式。

3. 招聘实施

(1) 各类招聘要求及条件（可根据不同层面确定招聘方法方式）：①定额类招聘要求；②非定额类招聘要求。

(2) 招聘方式及流程实施：①网络招聘；②通过劳务市场，各人才市场招聘会等渠道招聘员工；③各大院校，招聘新大学生。

(3) 招聘费用预算：①网络招聘费用：0元/人；②校园招聘：可根据往年费用情况进行具体预算；③招聘会摊位费：×元/场。根据去年的基础进行预算。

(4) 工作职责：招聘主管制订年度招聘计划及每月招聘计划的具体实施，包括前期工作准备、面试、录用等一系列流程的制定，并做好归档和人员跟踪工作。

想一想：

问题1：招聘计划对招聘顺利进行起到什么作用？

问题2：怎样写好一份招聘计划书？

知识准备

俗话说："不打无准备之仗"，做任何工作都要有所准备，企业的招聘工作也不例外。在招聘开始以前，企业要完成人力资源规划和工作分析的有关工作，要确定工作人员组成招聘班子并制订周密的招聘工作计划。

一、招聘计划的含义

招聘计划是人力资源部门根据用人部门的增员申请，结合企业的人力资源规划和职务描述书，明确一定时期内需招聘的职位、人员数量、资质要求等因素，并制订具体的招聘活动的执行方案。

二、招聘计划的主要内容

一份完整的招聘计划一般包括招聘人数、招聘基准、招聘策略几大方面的内容。

（一）招聘人数

一般来说，招聘人数是需要由人力资源管理部门牵头组织，其他职能部门参与，对其现有的人力资源情况进行科学评价。根据评价结果，人力资源部门可以掌握目前人力资源的短缺程度，包括数量和结构两个方面，以确定未来的招聘需求。

确定人员需求清单，包括应招聘的员工总数、各部门的招聘人数以及性别比例、结构比例、年龄层次等。兼顾配置、晋升和退休金支付等问题。

产生人员需求的时机一般有新的企业或组织业务成立；企业或组织发展了，规模扩大；现有的岗位空缺，岗位上的人不称职；突发的雇员离职；岗位原有人员晋升；机构调整造成人员流动；使企业具有活力，需招新人；人力资源储备，等等。

（二）招聘基准

人员招聘标准有基本标准和关键标准两大类。基本标准是确定人能不能干这项工作，而关键标准是确定人能不能干好这项工作。两者相互补充，层层递进。制定好这两个标准，企业才能按锁配钥匙，找到符合要求的人员，招聘才会成功。

阅读材料

猴子与岗位

美国加利福尼亚州大学的学者做了一个实验：把六只猴子分别关在3间空房子里，每间2只，房子里分别放着一定数量的食物，但放的位置高度不一样。第一间房子的食物就放在地上，第二间房子的食物分别从易到难悬挂在不同高度的适当位置上，第三间房子的食物悬挂在房顶。数日后，他们发现第一间房子的猴子一死一伤，伤的缺了耳朵断了腿，奄奄一息。第三间房子的猴子也死了，只有第二间房子的猴子活得好好的。

究其原因，第一间房子的两只猴子一进房间就看到了地上的食物，于是为了争夺唾手可得的食物而大动干戈，结果死的死、伤的伤。第三间房子的猴子虽然做了努力，但因为食物太高，难度过大，够不着而被活活饿死了。只有第二间房子的两只猴子先是各自凭着自己的本能蹦跳取食，后来随着悬挂食物的高度增加，难度加大，两只猴子只有协作才能取得食物，于是，一只猴子托起另一只猴子跳起来取食。这样，它们每天都能取得能够吃的食物，很好地活了下来。

1. 人员的基本标准（三个匹配度）

人员的基本标准是指他能胜任应聘职位的最基本要求，主要从三个方面来定义，即人员技能与岗位职责相匹配；人员个性与岗位特点相匹配；人员价值观与企业价值观相匹配。只有人员的三个匹配度都符合企业的要求，他才有可能适应企业的工作。

（1）人员技能与岗位职责相匹配。主要是讲胜任岗位要求，人才需要具备哪些基本技能，包括学历、专业、经验等，具备这些技能，是做好一项工作的前提。要了解这些，对企业来说，就需要进行工作分析，明确岗位职责，把招聘职位的工作内容、特点和对人员的技能要求等编制成职位说明书，让应聘者知道岗位的任职条件，到岗后要干什么。这样做，也能让企业的招聘者做到心中有数。

阅读材料

高学历杀猪卖肉

某年12月6日《楚天都市报》报道："1500名研究生争抢30席'猪肉佬'，经过四轮淘汰赛，共有33人与天地食品集团签下确认书。"据说，增加的三人还是在千恩万谢中从老板大发慈悲施舍而来。

在几轮的淘汰赛中，每名研究生都要到广州金北市场的猪肉档口卖几天猪肉，以观成效。企业老板陈生对1500名研究生争夺岗位也深感惊讶，他表示："要知道，这些人上岗后基本上要从基层做起，就是从当'猪肉佬'做起啊！"记者采访一位已在国际一流刊物发表多篇IT论文的小张，声称对自己的选择很有信心。报道称："此次来应聘的多是中科院研究生院、中山大学、华南理工、华南师大等知名院校，专业范围无所不包。且应聘者大多是班干部、研究生会主席或学习成绩前五名者。"

（2）人员个性与岗位特点相匹配。人员个性也是招聘中要考虑的重要因素。随着现在专业化分工越来越细，团队合作越来越重要，如果人员是以自我为中心、合作能力不强，就不适合在团队中工作。另外就是人员与团队的互补性，团队成员个性都很强，善于协调的员工应发挥作用，死气沉沉的团队则需要性格开朗的人员活跃气氛。因此，分析团队的特点，招聘合作性和互补性强的新员工，团队才能产生"1＋1＞2"的效果。

案例学习

唐僧的团队与个性

作为团队领导人和协调者的唐僧，虽然处事缺乏果断和精明，但对于团队目标抱有坚定信念，以博爱和仁慈之心在取经途中不断地教诲和感化着众位徒弟。

队中明星员工孙悟空是一个不稳定因素：虽然能力高超，交际广阔，疾恶如仇，但桀骜不驯，喜欢单打独斗。最重要的一点是他对团队成员有着难以割舍的深厚感情，同时有一颗不屈不挠的心，为达成取经的目标愿意付出任何代价。

也许很少有人会意识到，猪八戒对于团队内部承上启下起着多么重要的作用，他的个性随和健谈，是唐僧和孙悟空这对固执师徒之间最好的"润滑剂"和沟通桥梁，虽然好吃懒做的性格经常使他成为挨骂的对象，但他从不会因此心怀怨恨。

至于沙僧，每个团队都不能缺少这类员工，脏活累活全包，并且任劳任怨，还从不争功，是领导的忠实追随者，起着保持团队稳定的基石作用。

讨论：请用人员个性与岗位特点相匹配的知识点分析唐僧的团队。

（3）人员价值观与企业价值观相匹配。许多企业在招聘人员时，往往强调工作经验和技能，而忽略了对人的职业道德考察。常言道"江山易改，本性难移"，企业很容易让员工掌握工作经验和技能，但却很难教他如何具有正直的品行。而品德不佳的人员，能力越强，带给企业的危害就越大。如携款潜逃、泄露企业机密、挖企业墙角。另外，了解应聘者的价值观也是一个重要内容。价值观支配个体行为，员工对企业忠诚度的高低与其对企业价值观的认同度有密切关系。

2. 人员的关键标准：岗位胜任能力

按照同样标准选来的人员，他们的实际绩效可能相差甚远，经验表明，会干与干好并不一定画等号。导致人员绩效差异的还有很多非技能方面的因素，如系统思考能力、决策能力、激励能力、人际交往、自我控制等。这些因素就是岗位关键胜任能力，它决定了人员能不能出色地完成某项工作。

(1) 关键胜任特性：发掘人员的潜能。通过与任职者及其关联职位访谈，对该职位典型的成功和失败事例进行分析，再加上经验积累和同行参考等，就能了解该岗位的关键胜任特性。同时，对职位胜任特性进行定义分级、明确界定。这样依据胜任特性选人员，可以有效避免人员学历、资历、名气对选拔者的影响，更容易发现人员的潜能。如办公室主任由于经常接待客人，协调各类关系、处理突发事件等，因此，沟通能力、组织协调、责任心就成了他的关键胜任能力。对设计人员来说，技术水平、逻辑思维能力、创新能力就成了他的关键胜任能力。

(2) 权重设计：突出最重要的胜任力。对一个职位来说，各项胜任力的重要性往往不同，因此对各项胜任力设定一定的权重会使选拔的结果更为合理。对办公室主任来说，组织协调能力、沟通能力、灵活性是最重要的，因此它们的权重可以加大，而冲突管理、团队合作相对不如前者高，权重可适当减少。只有对各项胜任力设定不同的权重，才能保证人员是在最重要的胜任力上表现最优秀的人。

(三) 招聘策略

企业要制订出符合实际并高效的计划，就要正确选择招聘策略，招聘策略选择是否恰当是招聘计划的制订和招聘工作顺利进行的关键一步。招聘策略一般包括时间策略、地点策略、人员策略和其他策略等。

1. 时间策略

在招聘的过程中，招聘时间不仅是制订招聘计划的要素之一，而且对招聘成本的策略选择有很大的影响。如果招聘时间长，招聘成本肯定会增加。因此。为了满足企业对人力资源的需求，保证新员工及时到岗，就需要对招聘时间做出正确的选择。

招聘时间的策略选择有两项任务：一是选择招聘开始的时点；二是确定整个招聘过程的时限。招聘开始的时点就是企业决定招聘并开始招聘准备工作的日期。选择确定招聘开始的时点应考虑以下几个因素。

(1) 对人力资源需求的缓急程度。如果企业对人力资源的需求非常迫切，尤其是当企业出现职位空缺且已影响工作的正常开展时，招聘工作就应该立即开始，可能还要缩短准备工作和招聘过程的时限。如果企业根据人员规划在半年或更长的时期才需要补充员工，则不必急于投入招聘准备工作，以免造成人力、物力和财力的浪费。

(2) 招聘过程所需时间。这段时间主要用于招聘准备工作的组织与实施。企业如果需要招聘的人数很多，招聘过程时间很长，就尽量将招聘开始的时间安排早点，以保证招聘、筛选和培训的时间。

(3) 人才市场供给的季节性变化。每年高等院校的学生毕业都会使人才市场供给情况发生季节性变化。如果企业需要从高等院校毕业生中招聘员工，则要在学生毕业前几个月就开始招聘，或抓住一定季节性的人才集市机会，招聘效果会比平时更佳。一般来说，人才市场每年有两个旺季，一是每年的1—2月，二是每年7—8月，按照企业的用人需求，抓住招聘的最佳时间段，会达到事半功倍的效果。

2. 地点策略

招聘地点的选择也是关系到企业能否招聘到合适的员工的重要因素。选择招聘地点时应对企业所需人员的类型、人才市场所在的地点及调节范围、招聘地点人才的分布、供求状况、招聘成本等因素加以综合分析。

通常招聘地点的选择应考虑以下三点。

（1）全国乃至全世界范围内招聘企业的高级管理人才或专家教授。比如美国一家企业曾在全球范围内争夺高科技人才，保证了其今后的快速发展。

（2）在跨地区市场上招聘中层管理人员和专业技术人员。比如各地区筹建的跨地区人才交流会，为招聘单位和个人在更大范围内进行双向选择创造了有利条件。

（3）在招聘单位所在地区招聘一般工作人员或技术工人。

企业之所以在这样的地理范围内进行选择，是因为在不同的范围内提供的劳动力供给是不同的，尤其是不同的市场倾向于提供不同素质的劳动力。

3. 人员策略

人员策略是招聘策略常用的策略之一。招聘人员作为企业的代表，是企业形象的外在展示，招聘人员的形象好坏与素质高低关系到企业能否吸引优秀人才。通常，形象好与素质高是大企业或有实力企业的象征。因此，招聘人员的选择也是提高招聘效果的一种策略。

招聘人员的素质要求一般包括以下内容。

（1）良好的个人品质与修养：热情、积极、公正、认真、诚实、有耐心、品德高尚、举止文雅、办事高效。

（2）具备多方面的能力：表达能力、观察能力、协调和交流能力、自我认知能力。

（3）专业领域知识技能：因专业而定，例如：IC设计、遥感技术等。

（4）广阔的知识面：心理学、社会学、法学、管理学、组织行为学、血型学、笔迹学。

（5）掌握一定的技术：人员测评技术、策略性谈话、观察的技术、设计招聘环境的技术。

4. 其他策略

（1）薪酬策略。一般包括薪酬和福利两部分，是企业招聘面试过程中不可缺少的一个环节，是企业和应聘者互相选择的重要前提。企业招聘工作人员在实施薪酬策略时，应至少考虑四方面内容：企业薪酬战略；应聘者目前的薪酬状况，期望的薪酬水平；应聘者的能力状况；市场上该职位的薪酬水平。

（2）宣传策略。宣传策略实施的科学与否将会影响招聘简历的收集量。企业宣传的途径包括企业官网、官方微信公众号、主流招聘网站、应届生网站等。其具体做法是搭建官网招聘频道，宣传招聘信息和企业文化等，吸引人才投递简历。通过以上这些渠道，基本上既可以起到宣传企业形象的作用，又能展示企业动态招聘信息。

（3）招聘备选方案。公司在从事招聘之前认真考虑它的备选方案，包括加班加点、外包、应急工和员工租赁等多种类型。每种方法都有一定的优势，也有一定的缺点，企业要根据具体情况选择最适合企业招聘的备选方案。

三、招聘计划的编写步骤

招聘计划的编写一般包括以下步骤：

（1）获取人员需求信息。人员需求一般发生在以下几种情况：

①人力资源计划中明确规定的人员需求信息；

②企业在职人员离职产生的空缺；

③部门经理递交的招聘申请，并经相关领导批准。

（2）选择招聘信息的发布时间和发布渠道。

（3）初步确定招聘小组。

（4）初步确定选择考核方案。

（5）明确招聘预算。

（6）编写招聘工作时间表。

（7）草拟招聘广告样稿。

方案设计

实训项目：撰写招聘计划书。

实训目的：通过撰写招聘计划书，让学生掌握招聘计划的内容及编写的步骤，认识到招聘计划书对招聘起到的重要作用，能灵活运用各种招聘的策略来制订计划。

项目实施：

步骤1：学生6人为一组，建立学习任务小组，选出一名组长，组长要监督组员的学习和任务的进展情况，组长根据实训任务，安排组员分工合作。

步骤2：组员自主成立公司，为公司命名，确定公司性质，确定每个成员的职位。

步骤3：组员应该根据公司的实际情况选择合适的招聘时间、地点、经费预算和人员分工等。

步骤4：分析公司的2～4个关键岗位，根据招聘计划的内容和编写步骤来撰写岗位的招聘计划书。

步骤5：分组进行招聘计划书的成果汇报，采用小组自评、组内互评和教师点评三位一体的方式进行综合评分。

实训材料：

（1）提供组建公司的基本资料和人力资源现状。

（2）形成企业的招聘计划书。

（3）把招聘计划书的文本制作成PPT形式，在班上进行展示。

学习情境三　招聘与甄选

学习目标

1. 学会筛选简历的方法和步骤；
2. 掌握笔试测评的方法和实施；
3. 了解评价中心的技术；
4. 掌握评价中心的测评方法。

技能目标

1. 能够根据企业的需要进行简历的筛选；
2. 能独立设计笔试和面试的题目，并组织进行测评；
3. 能运用评价中心的方法组织招聘面试。

职业情境

近几年来，不少企业都在抱怨招人难，用人难，留人难。为了招到合适的人才，企业都纷纷使出新招如提高工资福利，带薪年假、节日费等吸引更多应聘者前来。但是在招聘过程中，由于存在很大程度的主观意识，缺少客观的评价，导致招聘的“好人才”不为我所用，或者人才流失严重等人员管理的问题。作为一名招聘专员，最头疼的一件事莫过于筛选简历，如何在现有的招聘渠道中快速收集简历和筛选出企业所需的人才，是招聘工作的关键一步。何勇是某外资企业的人力资源主管，主要负责人员招聘方面的工作，在招聘工作中积累了丰富的经验，他认为：人才的招聘与吸引，雇主品牌的建立正日益成为企业所面临的最严峻的问题。他认为如何在大量的简历中筛选出企业所需要的人才，是招聘专员必备的技能之一。除此之外，组织笔试、面试等甄选环节也是招聘中重要的一环，必须掌握一定的技巧，提高招聘的效率。

情境分析

研究表明，同一岗位上最好的员工比最差的员工的劳动生产率要高3倍，而劳动态度和劳动积极性取决于对工作的满意度。一次高效率的人员招聘可以使企业得到高额的回报，降低员工的流失率，减少企业的损失，从而使企业的生产经营能够得到长期稳定的发展。从企业选拔人员的全过程来看，人员选拔可分为三个阶段：第一阶段是初步挑选，即粗选；第二阶段是深度筛选，即细选；第三阶段是最终甄别，即精选。整个过程包括了简历筛选、笔试、面试等重要环节。

学习任务一　学会初步筛选简历

案例引入

名校背景并未给职场机会加分

华同学，有8年以上工作经验，年龄已超过35岁，名牌大学硕士生，可是他最近却为工作而烦恼。面试了许多单位，却总不成功。给许多家单位递去简历，却总是石沉大海，自己联系猎头，却也总不了了之。为了工作的事情，他真是焦头烂额。此前，学技术的他也做过技术，还自己创过业，跳了无数家公司。如今，他又转行做销售。尽管听说市场上十分缺少销售人员，可他依然不能如愿。他真不懂，明明自己有才，究竟为什么屡屡与职位失之交臂？

猎头筛选简历的要点一般包含以下几方面：

要点一：应征者曾经任职的企业和职位

首先，看此人现在或最近在什么企业工作过。如果和空缺职位处于同一行业，而且在该行业中的领先企业有任职经历，那么获得面试的机会是十之八九。

其次，有在跨国企业、知名企业的经历会得到优先考虑。不仅外国企业，包括民营企业也希望聘用有跨国企业经验的人才，这是因为企业相信他们不仅能很快适应新的工作环境，而且会把跨国企业的先进管理方法和技术带进公司。

最后，能够进入猎头视线的通常都是在管理水平和专业技能上资质较深的优秀人才，如果你的简历没有显示出你有足够的管理者资历（比如5～7年），那么你的简历很容易被忽略。另外，猎头通过简历可以了解你的职责大小、行业深入程度，从而判断你与空缺职位的匹配程度。

要点二：候选人的过往业绩

没有业绩支撑的职位描述是没有说服力的。由于不同企业对职位的内容和职责范围设计不同，所以真正反映个人能力和资历的是工作业绩，数字、案例和奖励等比长篇的职位描述更能打动看简历的人。

此外，真实是一切的前提，如果简历中有较大水分或编造内容，那么它就会失去所有被推荐的机会。

提供给猎头公司的简历一般包含个人基本信息、教育背景、工作经历、素质能力和主要业绩等几方面内容。工作经历的介绍应包括提及公司名称、部门、职位、上下级、主要职责等。如果工作过的公司不是世界500强，最好简单介绍公司的背景、规模和主营业务。阐明真实的离职原因，并提供1～2个证明人。

自我评价是很重要的一栏内容，候选人对自己的定位、工作经验、行业优势和专业优势，都要在此集中体现。对销售而言，业绩当然是指完成业务指标的情况，而对销售管理人员，团队建设和管理也是自己的业绩之一。如在一年内，销售团队从几人发展到多少人。

如果是从事技术岗位，项目经验则是重点。应从项目内容、项目规模、开发周期、开发的软硬件环境、开发工具和语言等几方面介绍，重点介绍自己在项目中的职责。这些内容是猎头用来分辨候选人的工作经验是否符合客户需要的重要依据。

在每段工作经历里，最好用一两句话介绍一下就职的公司，尤其是对那些在专业领域里表现出色，但又不是世界500强，或不为人熟知的企业。因为猎头不可能对市场上所有的企业都了解。一般人都相信，如果你曾在一个知名大企业里工作过，那你应该见识过严格的管理体系，了解严密的工作流程，也有可能接受过系统的培训。

想一想：

问题1：猎头公司在筛选简历时侧重哪些方面？

问题2：从猎头公司筛选简历的要点来分析华同学失败的原因。

知识准备

初步筛选是对应聘者是否符合基本要求的一种资格审查，目的是筛选出那些背景和潜质都与工作说明书所列条件相当的候选人，并从合格的应聘者中选出参加后续筛选的人员。最初的资格审查和初选是人力资源部门通过审阅应聘者的求职申请表或个人简历进行的。

一、筛选简历的技巧

应聘简历是应聘者自带的个人介绍材料。在筛选简历时可注意以下技巧。

1. 分析简历的结构

简历的结构在很大程度上反映了应聘者的组织和沟通能力。结构合理的简历都比较简练，一般不超过两页。通常应聘者为了强调自己近期的工作，在书写教育背景和工作经历时，会采取从现在到过去的时间排列方式。相关经历常被突出表达。书写简历并没有一定格式，只要通俗易懂即可。

2. 查看简历的客观内容

简历的内容大体上分为两部分：主观内容和客观内容。在筛选简历时注意力应放在客观内容上。客观内容主要分为个人信息、受教育程度、工作经历和个人成绩四方面（个人信息包括姓名、性别、年龄、学历等；受教育程度包括上学经历和培训经历；

工作经历包括工作单位、起止时间、工作内容、参与项目名称等；个人成绩包括学校和工作单位各类奖励等)。

阅读材料

个人信息的筛选应注意的问题

(1) 在筛选对硬性指标（性别、年龄、工作经验、学历）要求较严格的职位时，如其中一项不符合职位要求则快速筛选掉；

(2) 在筛选对硬性指标要求不严格的职位时，结合招聘职位要求，也可以参照“人在不同的年龄阶段有着不同的特定需求”进行筛选：25 岁以前，寻求一份好工作；26～30 岁，个人定位与发展；31～35 岁，高收入工作（工资、福利、隐性收入）；36～40 岁，寻求独立发展的机会、创业；41 岁以上，一份稳定的工作。

根据这个一般规律，可以把应聘者中年龄与职业发展阶段相差太大的简历直接排除。

3. 初步判断简历是否符合职位要求

(1) 判断求职者的专业资格和工作经历是否符合职位要求。如不符要求，直接筛选掉。

(2) 分析求职者应聘职位与发展方向是否明确和一致。(作为参考)

(3) 初步判定求职者与应聘职位的适合度。如可判定求职者与应聘职位不合适时，将此简历直接筛选掉。

阅读材料

求职者工作经历是查看的重点，也是评价求职者基本能力的视点，应从以下内容做出分析与筛选：

(1) 工作时间：主要查看求职者总工作时间的长短、跳槽或转岗频率、每项工作的具体时间长短、工作时间衔接等。

①如在总的工作时间内求职者跳槽或转岗频繁，则其每项工作的具体时间就不太会长，这时应根据职位要求分析其任职的稳定性。如可判定不适合职位要求的，直接筛选掉。

②查看求职者工作时间的衔接性（作为筛选参考）。如求职者在工作时间衔接上有较长空当时，应做好记录，并在安排面试时提醒面试考官多关注求职者空当时间的情况。

(2) 工作职位：不作为简历筛选重点参考依据，重中之重的是工作内容的情况。

(3) 工作内容。

①主要查看求职者所学专业与工作的对口程度，如专业不对口，则须查看其在职

时间的长短。

②结合上述工作时间原则，查看求职者工作在专业上的深度和广度。如求职者短期内工作内容涉及较深，则要考虑简历虚假成分的存在。在安排面试时应提醒面试考官作为重点来考察，特别是细节方面的了解。

③查看求职者曾经工作的公司的大致背景（特别是对中高层管理和特殊岗位，作为参考）。

(4) 结合以上内容，分析求职者所述工作经历是否属实、有无虚假信息（作为参考），分析求职者年龄与工作经历的比例，如一个30来岁的求职者，曾做过律师、医生，现在是营销师，现来应聘销售代表卖建材，可能吗？遇到这种情况要特别注意，如可断定不符合实际情况的，直接筛选掉。

(5) 个人成绩：主要查看求职者所述个人成绩是否适度，是否与职位要求相符（作为参考，不作为简历筛选的主要标准）。

4. 全面审查简历中的逻辑性

主要是审查求职者工作经历和个人成绩方面，要特别注意描述是否条理、是否符合逻辑性、工作时间的连贯性、是否反映一个人的水平、是否有矛盾的地方，并找出相关问题。例如，一份简历在描述自己的工作经历时，列举了一些有名的单位和一些高级职位而他所应聘的却是一个普通职位，这就需引起注意，如能断定简历中的虚假成分可以直接筛选掉。如可判定求职者简历完全不符合逻辑性的，直接筛选掉。

5. 简历的整体印象

通过阅读简历，要对应聘者有一个整体的印象。主要查看求职者简历书写格式是否规范、整洁、美观，有无错别字，通过阅读简历，给招聘专员留下整体印象。另外，招聘专员可标出简历中感觉不可信的地方以及感兴趣的地方，面试时可询问应聘者。

二、筛选求职申请表

求职申请表是招聘企业编制的，用于收集应聘者背景和现在情况的信息，以评价求职者是否满足最起码的工作要求，通过对求职申请表的审核，剔除一些明显不合格者。一份好的求职申请表可以帮助组织减少招聘成本，提高招聘效率，尽快找到合适的人选，所以在人员招聘前应做好申请表，并掌握筛选申请表的方法。

阅读材料

员工求职申请表如表 3－1 所示。

表 3－1　　员工求职申请表

<table>
<tr><td>姓　名</td><td></td><td>性　别</td><td></td><td>民　族</td><td></td><td rowspan="4">贴照片</td></tr>
<tr><td>身　高</td><td></td><td>体　重</td><td></td><td>籍　贯</td><td></td></tr>
<tr><td>出生年月</td><td></td><td>婚　否</td><td></td><td>政治面貌</td><td></td></tr>
<tr><td>最高学历</td><td></td><td>所学专业</td><td></td><td>技术职称</td><td></td></tr>
<tr><td>户口所在地</td><td></td><td>身份证号码</td><td colspan="4"></td></tr>
<tr><td>现住地址</td><td colspan="2"></td><td>联系电话</td><td colspan="3"></td></tr>
<tr><td>您从何处获取的招聘信息</td><td></td><td>如是介绍，介绍人是谁</td><td></td><td>介绍人是否是我公司职员</td><td>□是 □否</td><td>你与介绍人的关系</td></tr>
<tr><td rowspan="4">教育情况</td><td>时　间</td><td colspan="2">毕业院校或培训机构</td><td>专　业</td><td>学　历</td><td>证明人</td></tr>
<tr><td></td><td colspan="2"></td><td></td><td></td><td></td></tr>
<tr><td></td><td colspan="2"></td><td></td><td></td><td></td></tr>
<tr><td></td><td colspan="2"></td><td></td><td></td><td></td></tr>
<tr><td rowspan="4">工作经历</td><td>时　间</td><td colspan="2">工作单位</td><td>职　位</td><td>离职原因</td><td>证明人及电话</td></tr>
<tr><td></td><td colspan="2"></td><td></td><td></td><td></td></tr>
<tr><td></td><td colspan="2"></td><td></td><td></td><td></td></tr>
<tr><td></td><td colspan="2"></td><td></td><td></td><td></td></tr>
<tr><td rowspan="3">家庭情况</td><td>姓　名</td><td>关　系</td><td colspan="3">服务单位、职务、地址</td><td>联系电话</td></tr>
<tr><td></td><td></td><td colspan="3"></td><td></td></tr>
<tr><td></td><td></td><td colspan="3"></td><td></td></tr>
<tr><td>爱好/特长</td><td colspan="2"></td><td>你最大的缺点</td><td></td><td>期望薪酬（必填）</td><td></td></tr>
<tr><td>工作业绩</td><td colspan="6"></td></tr>
<tr><td>本简历中未能涉及需补充说明的内容</td><td colspan="6"></td></tr>
</table>

续表

<table>
<tr><td>人力资源部</td><td>简历筛选：　□符合要求　□不符合要求
仪表仪容：　□较好　□一般
□差
行为举止与谈吐：□很好　□一般
□差
是否进入复试：　□YES　□NO
签字：　日期：</td><td>用人部门</td><td>评语：
专业技能：□优秀　□良好
□一般　□差
面试结论：□建议试用　□考虑
□不合格
签字：　日期：</td></tr>
<tr><td>人力资源部</td><td>评语：
面试结论：□建议试用　□待考虑　□不合格
签字：　日期：</td><td>总裁</td><td>审批意见：
签字：　日期：</td></tr>
<tr><td>人力资源部</td><td colspan="3">试用岗位：
试用期限：201＿年＿月＿日至 201＿年＿月＿日，共＿月
薪资：＿＿等级；
健康体检：□合格　□不合格
背景调查：□情况属实　□情况不属实
通知入职报到日期：＿＿＿＿＿＿
其他说明：
签字：　日期：201＿年＿月＿日</td></tr>
</table>

筛选求职申请表应注意以下几方面。

1. 判断应聘者的态度

在筛选求职申请表时，首先要筛选出那些填写不完整和字迹难以辨认的材料，为不认真的应聘者安排面试，纯粹是浪费时间，可以将其首先筛选掉。

2. 关注与职业相关的问题

在审查求职申请表时，要核实背景材料的可信程度，要注意应聘者以往经历中所担任职务、技能、知识与应聘岗位之间的联系。在筛选时要注意分析其离职的原因、求职的动机，对那些频繁离职人员需要加以关注。

3. 注明可疑之处

为了避免申请表的虚假成分，在筛选材料时，应该用铅笔注明可疑之处，在面试时作为重点提问内容加以询问。为了提高应聘材料的可信度，必要时应该检查应聘者的各类能证明身份及能力的证件。

三、履历分析法

对于如何筛选应聘简历，没有固定的方法，在此介绍筛选简历的一种方法，履历分析法又称资历评价技术。履历分析法是通过对评价者的个人背景、工作与生活经历进行分析，来判断其对未来岗位适应性的一种人才评估方法，是相对独立于心理测试技术、评价中心技术的一种独立的人才评估技术。使用履历分析技术，可以用于初审个人简历，迅速排除明显不符合要求的人员。

四、履历分析法的特点

1. 依据的真实性

履历分析技术是以应试者个人过去的经历作为评价依据来分析、预测其未来的职务行为倾向或成就，这种经历通常是可以核实的。即使这些经历暂时不能获得足够的证据，招聘方也可以根据履历的内容结合经验进行准确的判断。

2. 评价的普遍性

履历分析的各个维度往往存在某种相互依赖的联系，各个维度与应试者的多种行为（效标）之间往往有较大的关联性，如工作绩效、出勤率等，从而可以用履历分析的各个维度对应试者的未来行为做出多个角度的预测。例如，在以往的工作经历中，缺勤率很低并且总是提前几分钟到达的人一般比较严谨、自律，遵守企业的规章制度，绩效相对比较好。

3. 评价的准确性

履历分析方法技术是通过应试者过去的工作经历、工作表现来预测其未来的表现，履历分析的各个维度相互联系、整体体现了个人的成长和生活、工作经历，是一种全面的、系统的评价技术。例如，肯德基进入中国市场时，选择了一个在中国出生和学习，又在美国留学的人作为CEO，理由是“只有在中国成长和生活过的人，才能真正了解中国”，最后的业绩也表明这种选择是正确的。

五、履历分析表的设计

履历分析的结果和应用方式通常以履历分析表的形式体现出来，常见的履历分析表有自撰式履历分析表、加权式履历分析表和履历分析表的设计。下面以外派员工职位设计加权式履历分析表为例，说明履历分析表设计的基本流程。如表3－2所示。

表 3-2 常见履历分析表

姓名	部门	岗位/职务	学历（30%）					职/执业资格证书（10%）			工龄（60%）				合计
			高中及以下	中专	大专	本科	研究生	初级	中级	高级	1年及以下	1～3年	3～6年	6年以上	
			6	12	18	24	30	2	6	10	30	40	50	60	

说明：1. 此表用于评定、分析员工的基本素质（10%），合计分为得分×10%；

2. 后附相关人员的身份证复印件。

阅读材料

宝洁公司运用履历分析法进行校园招聘

宝洁公司在招聘在校大学生时就采用了履历分析法，其中一个重要的测试项目就是在校期间从事过的社会实践活动。在填写社会实践活动时，要求应聘者描述参加社会实践活动的具体背景、承担的任务和角色，处理的具体问题以及最后的结果。通过评价应聘者描述的实践活动的具体性、可行性判断实践活动的真假。

1. 工作分析

工作分析是人力资源管理的基础，工作分析的目的是准确说明工作内容和职责、工作程序和任职资格，为招聘提供标准。工作分析的方法有问卷法、访谈法、工作日志法、观察法等。在本案例中，要分析的对象是某企业的外派到外国的员工，主要是从事人力资源管理工作。

2. 提取胜任力特征并进行定义和分级

胜任力指的是优秀绩效的个人与绩效一般的个人在工作过程中表现出来的稳定的个人特征。因此，在设计履历分析表时，选择若干绩效优秀的员工和绩效一般的员工作为样本，统计这些员工的个人信息、学习经历和工作经历。例如，选择某企业以往外派到海外从事人力资源管理工作的绩效优秀的员工和绩效一般的员工作对比分析发现，绩效优秀的员工往往在新的环境下能够找到与陌生环境的人进行沟通和交流的机会，有效地缓解陌生环境给人带来的紧张，并能迅速地融入陌生环境，建立起新的人际关系。于是，在本研究中将这项胜任力特征定义为“环境适应能力”。

胜任力特征的分级指的是将胜任力特征按一定的规则将其数量化，形成能力大小与数字相对应的方法。数量化的方法一般可以采用李科特五点量表法，将环境适应能力分为“非常强，比较强，一般，比较弱，非常弱”，分别用0～4分表示。

3. 对胜任力特征赋予权重

权重用来表示各个胜任力特征的相对重要性大小。权重越大，表示该项胜任力特征对表现出优秀绩效的影响越大。相反，则影响越小。加权式履历分析表的权重可以用各项胜任力特征上优秀绩效员工占总样本的百分比来表示。在以上例子中“环境适应能力”得高分的员工87%以上为绩效优秀的员工，那么该项胜任力特征的权重为87%。其中，绩效优秀的员工在“环境适应能力”这项胜任力特征上得“0分”的比重为2%，得“1分”的比重为5%，得“3分”的比重为12%，得“4分”的比重为85%。这就说明“环境适应能力”的确应该占有很大的比重，不能低于87%。

4. 将胜任力特征与履历联系起来

履历可以表现为个人特征，例如，个人的性别、年龄、婚否、学历，也可以表现为个人的培训、工作经历。在以上例子中，想要测评的胜任力是“环境适应能力”，在个人成长和学习、工作经历中，或多或少地曾经经历过从熟悉的环境到陌生环境的过程。在设计履历分析表时，可以设计一个开放式问题询问在过去的工作经历中，如何熟悉陌生的工作环境，如何克服人际困难的，也可以通过情景模拟的方式，模拟一个陌生的环境，看应聘者的行为和反应。例如，某公司对一名有过外派经历的应聘者设计了这样一个开放式问题：贵公司把你派到某地，第一个夜晚你会做什么？

5. 形成履历分析表

一份完整的履历分析表一般包括：个人基本信息和公司想要测验的履历特征。考虑履历分析表管理的需要，往往将个人基本信息安排在整个履历分析表的第一部分，而其他的内容则按测验的内容和形式进行安排。一般而言，封闭式问题安排在前面，开放式问题安排在后面。

方案设计

实训背景：

公司规模：100～499人。

公司性质：外商独资、外企办事处。

公司行业：电子·微电子，通信（设备·运营·增值服务），汽车·摩托车（制造·维护·配件·销售·服务）。

招聘岗位：外销业务员。

职位性质：全职。

学历要求：不限。

招聘人数：1 人。

工作地点：昆山。

职位要求：

（1）有 1～2 年的外销工作经验及市场客户管理经验；

（2）良好的语言沟通能力及应变能力，有团队合作精神；

（3）能够经常出差并能承受一定的工作压力；

（4）专业要求为经济管理类相关专业；

（5）有汽车电子元器件销售经验优先考虑。

实训项目：设计一份加权式履历分析表。

实训目的：通过设计履历分析表，掌握履历分析法，并能根据公司的需要，高效准确地筛选简历，为企业寻找合适的人才。

项目实施：

步骤 1：学生 6 人为一组，建立学习任务小组，选出一名组长，组长要监督组员的学习和任务的进展情况，组长根据实训任务，安排组员分工合作。

步骤 2：组员一起阅读项目背景材料，共同分析该企业的人才需求。

步骤 3：组员在阅读背景材料的基础上，按照履历分表设计的步骤共同设计出加权履历分析表。

步骤 4：分组进行访谈成果汇报，采取小组自评、组内互评和教师点评三位一体的方式进行综合评分。

实训材料：

（1）小组成员分工的名单和各自需完成的任务。

（2）加权履历分析表格。

学习任务二　组织笔试测评

案例引入

中国建设银行作为四大银行之一，国企中的龙头老大，人力资源部每年都通过校园招聘，并不定期面向社会招聘。每年建设银行校园招聘都特别受同学的青睐，投递简历的数量远远超过实际录用的数量，庞大的人员竞聘，如果采用单纯的简历筛选和面试，是无法完成的，不但耗时耗力，成本高昂，而且未必能选到合适的、需要的人才，于是建设银行采用了纸笔测验的方法，通过纸笔测验删选掉大量竞聘者，并且能测验出很多需要的知识与技能，挑选到需要的合适的人才。表 3－3 是 2014 年建设银行校园招聘的人数情况。

表 3－3　2014 年校园招聘申请人数情况汇总（节选）

职位名称	申请数量（人）	首选数量（人）	笔试选拔人数（人）
总行本部	33546	24390	8562
广东分行	16556	11877	3521
北京分行	13843	4601	1086
江苏分行	13739	9805	3200
上海分行	12589	8762	2854
山东分行	10571	7916	2568
浙江分行	9516	6542	2555
四川分行	7047	4719	1123
深圳分行	6299	2178	865

通过笔试的筛选再由人力资源招聘人员进行一轮面试，相关部门经理进行第二轮面试，最后由总行和各分行经理最终面试，成功处理全国近 20 万人的竞聘者，选拔人才。

想一想：

问题 1：为什么中国建设银行要在面试之前添加笔试呢？

问题 2：笔试淘汰大部分竞聘者的做法科学合理吗？

问题 3：在什么样的情况下才适合使用笔试呢？

知识准备

一、笔试的概念

笔试又称纸笔测试，是应聘者在试卷上笔答试题或判断结果，然后由主考人根据应聘者解答的正确程度予以评定成绩的一种测试方法。它主要用于对人的基本知识、专业技术、管理技能、推理及综合分析能力、文字表达能力等进行多维度的测验。如个性与职业倾向；MBTI（迈尔斯·布里格斯类型指标）测试；认知能力：智力测验；人格测验、兴趣测验、价值量表等。在测定知识面和思维分析能力方面效度较高，评定比较客观，可以广泛地应用到人才选拔录用程序的初步筛选中。

二、笔试的优缺点

笔试作为一种人才测评的方法，具有其优缺点。

（一）优点

（1）可以有效地测量应聘者的基本知识、专业知识、管理知识、相关知识以及综合分析能力、文字表达能力等素质。

（2）应聘者的心理压力较小，较易发挥正常水平。

（3）成绩评定比较客观，且可以保存应聘者的试卷。

（二）缺点

不能全面地考察应试者的工作态度、品德修养以及组织管理能力、口头表达能力和操作技能等。笔试必须与面试或其他测评方法相结合，以补其短。一般来说，笔试往往作为应聘者的初次竞争，成绩合格者才能继续参加面试或下一轮的竞争。

三、笔试方法的应用

提高笔试的有效性应注意以下几个问题。

（一）命题是否恰当

命题是笔试的首要问题，命题恰当与否决定着笔试考核的效度如何。无论是以招聘管理人员和科技人员为目的的论文式笔试，还是以招录工人和职员为目的的测试式笔试，其命题必须既能考核应试者文化程度，又能体现出应聘岗位的工作特点和特殊要求。

（二）确定评阅计分规则

各个考题的分值，应与其考核内容的重要性及考题难度成正比。若分值分配不合理，那么总分数就不能有效地体现被试者的真正水平。

（三）阅卷及成绩复核

在阅卷和成绩复核时，关键是要做到客观、公平，不徇私情。为此，应防止阅卷人看到答卷人的姓名。阅卷人应共同讨论打分的宽严尺度，并建立严格的成绩复核制度以及考试违规处理的制度等。

四、笔试的操作流程

（一）明确笔试的目的

在笔试的试题编制前，首先要明确的就是选择测验的目的，然后才是分析测验目的的科学性、可操作性和难度适宜性，最后还要确定测验的最终目的。只有明确了测验的目的，才能根据不同的目的选择不同笔试的类型、试题的来源、测试的时间和成本、难易区分度以及试题的数量和试题的编排顺序，等等。

笔试在不同机构、领域、行业以及不同的部门中的运用都不一样，它可以用来考察员工的知识水平，也可以用来进行培训、晋升以及绩效考核，还可以作为人员招聘的工具。归纳起来有绩效考核、晋升和招聘录用的作用。

1. 绩效考核

在绩效考核中运用笔试的目的主要是考核被试者培训中的学习成果，以及测试其在已经建立的学习型组织中对共享的新知识和工作技能的掌握情况。

2. 晋升

笔试在晋升中的应用通常是在员工已经符合员工标准条件的基础上进行的，只是一种选拔手段，所以企业在晋升中运用纸笔测验的目的就不只是为了测验被试者的知识和能力水平，更主要的是测验他们是否胜任即将就任的职位的工作，更加侧重于对被试者潜在的素质水平、工作能力的测试，也就是能力层面的测试。

3. 招聘录用

人员招聘是笔试的主要运用途径。主要有校园招聘和社会招聘两种。

校园招聘有集中、应聘人员基数大的特点，适合进行大规模规范化的笔试，直接决定了进行笔试的目的：高效、低成本地甄选出组织需要的人才。社会招聘区域广泛，应聘人员分散而且数量小，一般是面向有经验的人员，主要考察应聘人员的工作经验的丰富程度和施行工作的能力，对理论知识的要求其实不高。

（二）成立笔试实施小组

笔试实施小组负责整个笔试工作的实施，包括试题的编制、阅卷、费用的预算等。具体可由人力资源招聘人员，用人部门负责人和专业人员组成。

考评人员的质量和数量对整个考评工作起着举足轻重的作用，合理的人员搭配和人数确定，能使考评的指标体系和参照标准体系发挥预计的效用。最终达到考评目的。

总体来说考评小组应具有以下素质：

（1）坚持原则，公正不偏；

（2）有主见，善于独立思考；

（3）有考评方面的工作经验；

（4）具有一定的文化水平；

（5）有事业心，不怕得罪人；

（6）作风正派，办事公道；

（7）了解被测对象的情况。

在考评小组中，人员的知识和素质参差不齐，而且各种能力素质考评的方法都具有相当的技巧和微妙性，这必须对小组成员加以培训，使之了解、熟悉并掌握各种方法和相关知识，尽量避免个人感情因素对考评工作的干扰。

（三）构建笔试的测验指标

指标体系设计方法有工作分析法、素质结构分析法、榜样分析法、培训目标概括分析法、价值分析法、历史概括法、文献查阅法等。各种方法构建的指标基本类似，主要有基本知识、专业知识、文字表达能力、逻辑思维能力以及工作经验。可以根据实际进行组合、添加和筛选。表 3－4 是各种测验指标的使用题型；表 3－5 是某公司笔试测验标度比例。

阅读材料

笔试构建的指标参考

（1）基本知识：基本知识即常识，就是我们生活中熟知的一些知识，它范围广，涉及区域广，信息量大，主要测试被试者知识的广度，例如：文、理科生知识也都要综合涉猎一些才好。但其对知识的深度要求不高。作为纸笔测试的测试指标，基础知识只是用来树立标杆或者划定一定的区域。

（2）专业知识：专业知识是指某一学科或者工作领域所涉及的专业度强的理论知识，例如：国际贸易的专业知识就包括国际贸易实务等具体操作专业知识。它作为纸笔测验的一个指标主要考察被试者对某一领域涉及的专业知识的掌握程度和运用专业知识的水平。

（3）文字表达能力：文字表达能力也就是文字水平的能力，即运用语言文字阐明自己的观点、意见或抒发思想、感情的能力，是将自己的实践经验和决策思想，运用文字表达方式，系统化、科学化、条理化的一种能力。它是我们学习和工作生活中必不可少的一种交流表达方式。

（4）逻辑思维能力：逻辑思维能力是指正确、合理思考的能力。即对事物进行观察、比较、分析、综合、抽象、概括、判断、推理的能力，采用科学的逻辑方法，准确而有条理地表达自己思维过程的能力。它主要测验被试者的推理能力、空间思维能力以及发现规律的能力水平，是工作学习的基础，能发挥很大的作用。

（5）工作经验：工作经验顾名思义就是与工作相关的经验。主要应用于社会招聘，替代理论知识的测验。

表 3－4　各种测验指标的使用题型

基本知识	选择填空问答等，比较广
专业知识	多用具体答案固定的题型
文字表达能力	主要是主观题、开放题
逻辑思维能力	通常用数学方面的知识
工作经验	管理游戏，情景模拟等

表 3-5　　某公司笔试测验标度比例（校园招聘用）　　（总共 100 题 100 分）

基本知识	14 分	14%
专业知识	25 分	25%
文字表达能力	21 分	21%
逻辑思维能力	40 分	40%
工作经验	0 分	0

（四）笔试试题的编制

编制笔试题目是整个笔试过程中最关键最核心的步骤。笔试题目的质量如何，具有多大的效度和信度，对笔试作用的发挥有着至关重要的作用。

1. 编制原则

企业在编制笔试试题时，应从难易程度、质量、实用性等方面考虑，把握以下五项原则（见阅读材料），以使人员的筛选更加客观、有针对性。

阅读材料

编制笔试试题的五项原则

（1）区分度大

区分度明显，就是要求所编制的试题，能准确地测试出应试者在德智体等素质上的差异区别，合理拉开档次，体现出好、中、差不同层次等级，以利于择优录取。

①要求整体难度适中；

②要求尽量提高题目难度的精密度，题目的难度越精密，区分度越高；

③试题中题目难度的分布以正态分布为最佳。

（2）信度高

信度是指一次笔试得出结果的可靠程度，即应试者在笔试中所获得成绩能否真实反映应试者的水平，这套试题能否作为测试的依据。一套高质量的试卷必须有较高的信度，由任何合格的评分者来评分都会得出相似的结果，同一应试者多次测试同一试卷得出的评分结果应是相近的，具体可以做到以下几点：①增加试题的数量；②题目的难度要适当；③尽量避免随机误差。

（3）效度大

试题的效度，即试题的正确性，就是企业能否通过试题，测试出岗位的执行者应具有的知识、能力和技能的差异，它是笔试结果实现“因事择人”目标的程度，效度越高，则表示“因事择人”目标程度越高，提高效度应贯穿于笔试录用的各个环节中去。

（4）实用性强

通过笔试的方式来筛选应聘者，必须从企业的实际出发，根据企业的实际条件和招聘工作的需要来安排笔试的人力、物力、时间及费用等事宜，以最少的人力和费用支出，达到较为满意的效果。同时，除了保证试题本身的质量外，还需注意其后续工作（如阅卷工作等）的顺利而有序地进行，具体应做到：①规模适当；②操作简便；③费用低廉。

（5）客观严谨

笔试试题的客观严谨，就是要保证试题题目及答案的准确性、试题结构形式设计的合理性。

2. 编制笔试题的基本要求

编制笔试题，不仅要求编题人员掌握考核的内容，深谙编制的原则，而且要求编题人员掌握一定的编题技巧。总的来说，笔试题的编制要符合下列基本要求：

（1）试卷考查的范围要尽可能广，考点要多且分布合理，考查的内容要能很好地覆盖岗位所需的知识和能力，考试的广度、难度、深度要符合考试目的要求。

（2）各道题目要保持相对独立。试题之间不可相互重复或者牵连，切忌在试题中出现暗含本题或者其他题目的正确答案的线索，这样才能较准确地测出被试者真正的知识水平。

（3）试题中的问题语言应当规范，含义要明确，切忌模棱两可，让考生难以理解或产生误解。文字既要简明扼要，又不能缺少必要的答题条件，同时试题还要考虑到实施和阅卷方便。

（4）试题应当新颖、不落俗套，要综合考查应试者的记忆、表述、应用、想象、构思水平。问题的正确答案要有定论，但不要生搬硬套。试题形式灵活多变，不出生题和怪题。

（5）对于主观试题，应按试题答案文字量多少（应试者解答费时的长短），由少到多排列。试卷上各题间的空白要能容纳下正确答案，并适当留有余地。空白的大小不要给应试者猜测答案造成暗示，同一类型并占分量相等的试题后的空白，应尽量安排在同一页卷纸上，以免应试者在答题过程中翻动卷纸扰乱思绪，也便于阅卷和统计分数。

（6）试卷中考查的项目和试题类型的比例要合理分布。为提高笔试内容效度，通常按知识、认识能力的内容和考试目标制作“二维”试题分布蓝图表，再对各部分知识和认知能力的试题量、比例、题型和时限进行综合设计，如表 3－6 所示。

表 3－6　　试卷设计蓝图格式

题型	1类题（%）	2类题（%）	3类题（%）	4类题（%）	5类题（%）	6类题（%）	合计（%）	比例（%）
知识	3	1	3	3	3	1	14	28
理解	2	2	3	4	2	2	15	30

续 表

题型	1类题（%）	2类题（%）	3类题（%）	4类题（%）	5类题（%）	6类题（%）	合计（%）	比例（%）
应用	0	1	1	1	2	1	6	12
分析	0	1	1	1	2	2	7	14
综合	0	1	0	1	1	1	4	8
评价	0	0	0	2	1	1	4	8
内容比例	5	6	8	12	11	8	50	100
合计	10	12	18	24	20	16	100	
时限（分）	25	25	20	15	20	15	120	

3. 常见题型的编制

笔试的题型有很多，常见的题型有选择题、填空题、简答题、计算题、论述题、案例分析题等。这些试题，按照其正确答案是否唯一，批卷给分是否客观，可以将它们分为两大类，一类是主观性试题，另一类是客观性试题。下面我们分别简单地介绍每种常见题型。

（1）选择题

选择题是运用最广泛、最灵活的一种客观性试题。选择题由一个题干和若干个子选项组成，题干或是一个问句，或是一个不完整的陈述句，选项是对题干问题的若干个回答或补充，其中正确的选项为正答，其余为诱答。包括单项选择题（即正确答案只有一个）、多项选择题（即在选项中至少有两个正确答案）、不定项选择题（即在选项中有一个或多个正确答案）等。

阅读材料

选择题类型例题

问句式的题干：

工作分析的方法不包括下列哪一种（D）。

A. 工作日志法　　B. 问卷调查法　　C. 观察法　　D. 职业倾向测试

不完整的叙述句的题干：

《中华人民共和国劳动法》中对试用期的规定：劳动合同期限在一年以上，两年以下的，试用期不得超过（C）。

A. 15 天　　B. 30 天　　C. 60 天　　D. 6 个月

多项选择题：

根据人员来源渠道不同，招聘分为（AC）。

A. 内部招聘　　B. 员工推荐　　C. 外部招聘　　D. 猎头公司

选择题的优点一是适应范围广，从一般知识到复杂的能力测评均可使用；二是评分的客观性强，受猜测的影响小；三是选择题的题量可以较大，考查的范围更广，采样代表性更高；四是有利于标准化测验。其不足之处是诱答难以编制，诱答不仅量大，而且应显得似是而非，编好它并非轻而易举，而且难以避免猜疑答案。

（2）填空题

填空题就是一个命题或句子里空出一个或几个关键词或字，要求被测者填写的一种题型。

例如：交通肇事后逃逸现场，因而致人死亡的行为属于＿＿＿＿＿＿＿＿（交通肇事罪）。

填空题可以考查被试者对知识的理解程度，适用于对术语知识、特定事实、原理中的关键词、方法和工作程序中的特定步骤、简单的数学知识等其他自然科学问题的测评，是一种变相的选择题。它具有较为广泛的适用性，答案明确、评分客观、编制容易，容易发现被测试者在学习过程中存在的具体问题。但是其考查应试者的能力目标范围较窄，且容易鼓励被测试者进行机械记忆，不能检测更为复杂的知识和能力。

（3）简答题

简答题是要求被测试者对直接提问的问题用简短的语言或文字来回答的一种题型。主要包括直接回答题、列举题、简要说明题和简要叙述题等。简答题可以考查应试者对知识的识记、理解，也可考查应试者较初步的分析问题、解决问题的能力。

例如：

①什么是销售？广义的销售和狭义的销售区别是什么？

②在促销力度不强的情况下，你如何销售品牌知名度不高而价位又与知名度品牌同类竞争品相差无几的中高档新产品？

简答题自身题目形式比较简单，因此编写的方法也相对简单，适用的范围广，完全由应试者自己提供答案，克服了客观题易发生猜答的现象。但又因应试者所提供的答案的不确定性，使评分无法计算机化，受人为主观因素的影响，降低了测评的可信度。此外，简答题对较复杂问题的深入分析、评价等功能的测评也难以达到目的。

（4）计算题

计算题是以计算作为答题方式的试题，可以检测出被试者的基础知识，运算能力和逻辑思维能力，分析能力等具有重要作用，是经济、会计、财务等相关专业的不可或缺的测试试题题型。

阅读材料

计算题：

某企业于2006年年初向银行借款150000元，规定在2010年年底一次还清借款的本息（复利计息）。该企业拟从2006年至2010年，每年年末存入银行一笔等额存款，以便在2010年年末还清借款本息。借款年利率为15%，存款年利率为12%，计算每年的存款额。

计算题可以在很大程度上避免被试者猜测作答，评分的客观性高。但是其编制较为困难，而且考查的范围较为狭窄，还容易导致被试者大量做题，运用“题海战术”，产生不必要的紧张和压力。

(5) 论述题

论述题是一种典型的主观性试题，它要求被试者对一些问句或一些叙述句，用自己的语言写成比较长的答案。在答题过程中，应试者分析处理问题的方法、组织运用材料的方式，语言表述的风格等方面有较大的自主权。论述题相对于简答题的主要区别之处在于测评知识的层次目标不同。简答题主要测评知识的识记、理解及简单分析。而论述题测评的是概念、原理的综合运用，相对应的是分析、综合、评价目标及创造力的测评。

根据对题目作答要求的不同，论述题可分为限制型论述题与扩张型论述题。限制型论述题对答案涉及的范围、答题的方式及长度做了具体的要求，而扩张型论述题则没有过多的限制，给了应试者更大自由发挥的空间。

例如：

①试论述改革、发展、稳定三者之间的关系。这是一道限制型论述题。

②试论述“科学技术是第一生产力”的思想内涵。这是一道扩展型论述题。

论述题可以较全面深入地考查被试者的知识水平和能力，降低被试者猜测的成功率，题目不要求很多，也不需要准备很多选项，因此无须花费很多时间，较容易准备。论述题也存在一些明显的缺陷。首先，题目不多，知识的覆盖面不广且不均衡。其次，论述题的评分主观且不一致。再次，评分还容易受到卷面整洁与否、书法优劣等一些无关因素的影响。最后，论述题的答卷和阅卷都很耗时耗力。

(6) 案例分析题

案例分析题是由一段背景材料与若干问题构成。要求应试者通过阅读并分析背景材料，依据一定的理论知识原理，围绕题目所提出的问题，或给予评价，做出决策或者提出解决问题的方法。案例分析题与论述题相似，但前者在编制过程中应注意的是将背景材料与知识点和时代热点联系起来，与时俱进。

案例分析考查的目标层次高，综合性能强，具有很高的区分度，非常适合人员选拔测评。但其不足之处也是非常明显的。一是评分受主观因素影响大，信度难以提高。二是题量小，占用分值高，影响了知识测评的广度。三是对背景材料的要求较高，编制难度大。

阅读材料

某公司案例分析题：

王婷应聘到一家制鞋公司的人事部工作，开始工作挺顺利，可是慢慢地她发现人事部的经理和副经理之间的关系微妙，存在一些矛盾。一次，公司销售部的小李上班路上遇到一位受伤的老太太，便将其送往医院，结果上班迟到了，使得公司错过了一笔生意。按照公司严格的制度应将小李开除，可当王婷将这一建议提交上级时，经理和副经理却产生了分歧。副经理同意将小李开除，可经理却不同意。王婷十分为难。请问：您认为王婷该如何处理这一事件?

通过该案例分析，可以考查考试者是否具有公关意识，处世能力和应急能力如何，能否妥善处理这一事件。

4. 测试试卷的组织

编写完测评题目之后，需要根据测评的目的选择试题，将试题按照一定的规则编排成一份或几份等值的试卷。接下来还要对试卷进行审查和检验，确定无误后，还应编写标准答案和评分标准。这样，测评试卷编制过程才算完成。

(1) 题目的选择

测评题目的选择主要依据题目自身的性质及其实际测评到的与计划测评的目标一致性程度。要根据测评对各部分内容所要求的比例选择适当数量的试题，也要考虑试题的难易、重要程度以及试题的类型。

(2) 题目的编排

题目选完之后就应决定试题如何进行最佳安排。一般来说，试题编排不外乎三种思路：一是将题型相同的题目编排在一起；二是按题目的难度不同，按由易到难的顺序编排；三是按题目所测评的内容编排，即把测评同一内容的各个题目编排在一起。在试题的实际编排过程中，通常是将上述方法组合使用。

为防止相邻座位的应试者互通信息、相互抄袭，可通过编制 A、B 卷的方式。组成 A、B 两卷的题目不变，只是使两份试卷的试题顺序交错排列，或对选择题的正答变换位置。目前，越来越多的笔试都采用了 A、B 卷形式，并取得了积极的效果。

(3) 编制试卷复本

有时同一测评需要在不同情况下多次使用，或者在不同时间对同一类型测试者进行测评，或者为了防止泄密以及被测者可能出现的作弊行为，在组织试卷正本的同时，需要编制试卷复本。

(4) 试卷的检验

以上三个环节只是完成了试卷的初步编制工作，在用于实际测评前，还必须对试卷进行检验。小的检验主要是对整个试卷的文字、指导语、正确答案在不同选项中出现的频率、格式进行审查。大的检验是对试卷的题目是不是较好地反映了测评指标，复本是不是等值，试卷的难度是否恰当等进行审查。

(5) 编写答案与评分标准

答案的编制主要是对于客观题的标准答案和对于主观题的参考答案两大类。对于参考答案的编制主要是给出试题涉及的相关的关键知识点，然后为每一个知识点分配计分权重。而对于标准答案的编制则需要确保答案的标准性、唯一性、无可争议性及对应性。

评分标准的编制主要是指确定测试的总分值以及每道试题的分值和计分标准的一个过程。要做好这一方面的工作必须先确定测验的总分值，然后根据指标体系的权重赋分值，接着对每一种题型进行赋分值，最后再制定得分标准。

五、笔试的实施与管理

测验试题编制完成后，就要进行测验的实施环节了。笔试的实施是保证测评准确、公平的重要环节，因为准确性和公平性的前提条件是控制误差，这就要求在测验实施的过程中能排除无关因素的干扰。

（一）确定考试时限

笔试中速度是需要考虑的重要因素之一，大多数测验既要考虑反应速度，也要考察解决有较大难度试题的能力。一般来说，考试时限大约为能使 90%的被试者完成试题的时间。

（二）考场的编排和布置

考场的编排和布置应以方便被试者答卷、方便监考人员检查、方便考试秩序和考试纪律维持为原则。一般来讲，考场应设置在交通便利且安静、设备齐全、光线充足的地方，要做到单人、单桌、单行、应试者前后左右之间距离一米以上，并且每个考场门口应贴上考场考生信息，便于考生对号入座。

（三）编制《组考手册》

在施测前编制《组考手册》，明确测验的组织分工、考务安排、监考执行程序方面的要求。考务安排是确定考试日期、时间、总试场数、考生总人数等。监考执行程序就是明确各类考试工作人员的报到时间、监考执行程序要求等方面的内容。除上述要求外，还应明确规定考点主考、考点人员分配、考场具体安排等。

（四）考务人员培训

组考手册编制完成后，主考应根据《组考手册》对考务人员进行培训，学习《组考手册》上有关考试要求，让每个考务人员明确自己的职责，学习测验有关纪律规定，掌握试卷整理、密封的要求和方法，以及对测验期间可能出现的突发事件的处理方法。

（五）考场考前检查

测验前，必须按照考场的设置要求对各个考场进行检查。检查的主要内容有考场地点的选择是否符合要求，各考点的设置是否齐全等。一旦检查出有不符合要求的应立即进行更换，以确保考试的顺利进行。

（六）巡视队伍的组织

为了监督和检查测验实施的过程中考试工作人员对测验规章制度的执行情况，在测验期间委派巡视员到各个考场巡视，对考生较多或者考纪较差的考场，要加派巡视员进行指导和监督。

（七）宣读测试指导语

指导语是在测试实施时说明测试进行方式以及如何回答问题的指导性语言，它通常分为对主试的和对被试的。这里我们重点说的是后者，即对被试的指导语。同一测验内容的实施过程中应该使用统一的指导语，指导语可以放在试卷开头由被试者自行阅读，也可以由考官口头说明，也可以播放指导语录音，以保证被试者明确考试的要求。

（八）正式实施笔试

笔试的正式实施阶段，可分为施测前、测试开始、测试结束等环节进行合理安排工作，如果在考场中出现突发情况要灵活应对、及时解决，不能影响测试的时间。

（九）试卷的回收和保存

考试施测结束后，各考场主考人员负责对密封试卷的检查、清点工作，核对无误后，送往指定试卷存放地点。纸笔测验的试卷可以作为档案保存，因为其有重要的参考价值。因此我们测试机构除了提高笔试测验的编制水平，还应该做好每次试题的存档工作，把试卷当作一种历史资料保存下来。

六、评卷

试卷的评阅是整个测验的尾声，也是十分重要的环节。只有客观公正地评阅试卷，才能保证测验的有效性和可靠性。随着现代科技的发展，笔试阅卷的方式也发生了较大的改变，机器评阅客观题已被广泛应用。

方案设计

实训项目：编制一份笔试试题。

实训目的：通过编写笔试试题，了解笔试在招聘中的运用，掌握笔试的组织和实施，掌握笔试试题的编写方法等。

项目实施：

步骤 1：学生 6 人为一组，建立学习任务小组，选出一名组长，组长要监督组员的学习和任务的进展情况，组长根据实训任务，安排组员分工合作。

步骤 2：学生以小组为单位组建公司，确定公司规模，经营范围，发展战略等。

步骤 3：确定招聘的岗位和要求，并按照笔试的组织实施步骤来编写一份适合公司招聘的笔试题目。

步骤 4：小组成员可分岗位编写笔试题目，而后进行分析汇总，形成公司的招聘笔试题目。

步骤 5：分组进行访谈成果汇报，由小组自评、组内互评和教师点评三位一体的方式进行综合评分。

实训材料：

(1) 小组成员分工的名单和各自需完成的任务；

(2) 提交公司的基本信息资料；

(3) 编写公司的招聘笔试题目。

学习任务三 掌握评价中心技术

案例引入

典型评价中心的时间和内容安排如表 3-7 所示。

表 3-7 典型评价中心的时间和内容安排

时 间	活 动 内 容
7 月 25 日（星期日）	
17：30	6 名评价者和 12 名候选人在某宾馆集合。评价中心的所有活动都在这个宾馆中进行。在此期间他们将在该宾馆入住
18：00—19：00	晚餐
19：15—19：30	开会、致辞
19：30—19：50	介绍活动的日程安排
19：50—20：30	个人进行自我介绍
20：30—22：00	自由活动
7 月 26 日（星期一）	
7：30—8：30	早餐
8：45—11：45	管理游戏 首先将候选人分成 4 个小组，参加管理游戏。管理游戏的内容是提供给每个小组一笔有限的资金用于采购原材料，制造成产品并销售出去。原材料是玩具的零件，这些零件可以装配成不同种类的产品，每种产品都有规定的市场价格

续　表

时　间	活　动　内　容
8：45—11：45	候选人的任务是首先决定如何来投资以得到最高利润，然后组织采购、制造和销售。评价者也会给候选人安排一些突发的事件。例如，让候选人突然接到一个通知，说原材料与产品的价格都突然改变了，这就需要候选人果断地做出决策，重新安排资金和组织工作。当大家刚刚安排完新的工作，忽然价格又一次发生了变化。候选人在这些突发的事件中做出的决策行为和处理方法，使得评价者能够从中对他们的适应能力做出评价 在游戏结束的时候，评价者要求每一位候选人写出一份报告，对自己和其他候选人的执行效果做出评价
12：00—13：00	午餐
13：00—15：30	心理测验与面试
15：30—15：45	候选人接受纸笔的心理测验，在此过程中，评价者会对候选人进行个别谈话。每个候选人的详细的背景资料已经事先提供给评价者。通过这些资料可以审查候选人的过去的工作经历、求职动机以及自我发展的意识等。这些谈话的评价过程是考察候选人过去行为的一个措施
15：45—17：30	无领导小组讨论：在两个没有组长的 6 人小组中，候选人进行提升决策的讨论。在这里，候选人扮演的是主管人的角色，他们将会从上级那里接到一个简短的通知，要求 6 人小组中选出一个人给予提升。每个候选人接到一份作为“选拔对象”的档案资料。当每个候选人读完了手中的这份材料后，他们将有一个小时的时间展开讨论，并决定推荐谁给予提升。评价员可以观察候选人在讨论中表现出来的主动性、自信心、灵活性、说服本领、表达技巧、人际交往能力等
17：30—18：45	晚餐
19：00—21：30	每个候选人接到一份怎样才能更好地选用员工的材料以及一份求职者的履历表。他要阅读这些材料，因为这些材料将在第二天的一个练习中使用。当他们在自己房间里阅读这些材料时，他会接到一个特殊的“骚扰”电话。这个电话是由被评价者安排的，目的是考察候选人的灵活反应能力和情绪的稳定性（候选人事先并不知道这个电话，而且这个电话伪装得足够好，以至于候选人几乎不能发现这项内容也在对自己的评价范围内）
7 月 27 日（星期二）	
7：30—8：30	早餐
8：45—11：45	文件筐练习 假设候选人处于总经理的职位，在他的文件筐中装满了他所要处理的各种各样的文件。他要回答被查询的事件，可以索取他所要进一步了解的信息，也可以适当地授权给下级。他要像真正处于那个职位的人那样组织和开展工作

续 表

时 间	活 动 内 容
12：00—13：00	午餐
13：00—14：30	模拟面谈 第一单元：候选人按照前一天准备好的材料接待求职者的来访，评价者在场观察。申请人由受过这方面专门训练的大学生来扮演。访谈持续约一个小时，等申请人离开以后，评价者会询问候选人对申请人了解到了一些什么
14：30—14：45	休息
14：45—15：30	模拟面谈 第二单元：评价者提供给候选人一份资料，材料的内容是关于一个员工违反公司纪律的问题。由候选人与这个员工进行一次面谈。通过本练习，评价者可以评价候选人对人事问题的鉴别和判断能力，以及他在处理下级人员的事件时的敏感性，同时，还能深入了解他在集体中的行为表现
15：45—17：30	无领导小组讨论：某城市决定在海边的一个小岛上开发一个休闲度假村，候选人组成一个项目小组向投资委员会提供设计方案，并接受投资委员会的质疑
17：30—18：45	晚餐
19：00—21：30	将一个公司的详细资料和数据提供给全体的候选人。要求每一个候选人站在顾问的立场上审阅财务和市场销售情况，并准备一份关于发展一种产品的书面建议呈交给董事会。与此同时，评价者要准备第二天的活动。并详细阅读候选人的文件筐测验结果
7月28日（星期三）	
7：30—8：30	早餐
8：45—9：30	演讲。分成4个小组，每个小组由一个评价者和3名候选人组成。每个候选人轮流用口头介绍他前一天晚上准备好的对公司材料的分析并提出书面的建议
9：30—11：45	书面的案例分析。3个候选人集中在一起用2个小时的时间统一意见写出一份综合性的建议书
12：00—13：00	午餐
13：00—14：30	候选人向评价者提出自己关心的问题

续 表

时　间	活　动　内　容
14：30—14：45	候选人离开宾馆。评价者对候选人进行讨论，并准备对候选人的评价做出汇报 在整个练习的过程中，每一个评价者都争取尽可能多的机会密切观察每一个候选人。因此，在评价者对候选人进行评价的过程中，例如，在对候选人进行评价的时候，由接待候选人 A 个别谈话的评价者总结他的背景以及他自己对该候选人在谈话中的行为的评价，然后，另外一个对 A 的文件筐练习进行评价的评价者会向大家说明 A 在文件筐练习中的表现，依次类推，每个评价者都介绍自己所观察到的对候选人 A 的印象。每个评价者尽可能使这些评价保持客观 当所有的观察过候选人 A 的评价者都对其发表意见后，他们才开始从候选人 A 在管理方面的潜在能力的角度出发，判断他的能力对拟任职位的适宜性以及今后的培训及发展的方向的建议。然后将大家统一的意见写成总结性的报告

想一想：

问题 1：以上招聘内容安排跟常规的招聘有何不同?

问题 2：什么是评价中心技术?

知识准备

评价中心技术是现代人事测评理论最近三十多年来的主要发展领域之一，工业和组织心理学家对此颇感兴趣，进行了大量的研究和实验。随着人力资源管理在各种形态的组织发展中日益得到重视，评价中心也越来越在人才评价、个人发展指导、人员培训等人力资源管理领域得到更为广泛的实际应用。目前，评价中心在工业、教育、政府、军队和其他组织形式中都被广泛地加以应用。

一、评价中心的内涵

(一) 评价中心的含义

评价中心是一种包含多种测评方法和技术的综合测评系统。一般而言，它总是针对特定的岗位来设计、实施相应的测评方法与技术。通过对目标岗位的工作分析作业，在了解岗位的工作内容与职务素质要求的基础上，事先创设一系列与工作高度相关的模拟情景，然后将被试人员纳入到该模拟情景中，要求其完成该情景下多种典型的管理工作，如主持会议、处理公文、商务谈判、处理突发事件等。在被试人员按照情景角色要求处理或解决问题的过程中，主要按照各种方法或技术的要求，观察和分析被试人员在模拟的各种情境压力下的心理、行为表现，测量和评价被试的能力、性格等素质特征。

阅读材料

评价中心的最早起源可追溯到1928年德国心理学家哈茨霍恩（Hartshorn）和梅（May）进行人的个性研究时所采用的模拟测验技术。1929年德国心理学家建立了一套用于挑选军官的多项评价程序（Assessment Centers and Managerial Performance），实际上就是评价中心的前身。第二次世界大战期间，美国的战略情报局（OSS）使用小组讨论和情景模拟练习来选拔情报人员，并获得了成功。促使评价中心技术成熟和发展的是美国电报电话公司（AT&T）。它在1956年启动了"管理进步研究计划"，成为当时对管理者的职业开发进行的规模最大、最全面的研究。测评结果证明在被提升到中级管理岗位的员工中，有78%与评价中心的评价鉴定是一致的。自从1964年Bray在《*American Psychologist*》上发表第一篇关于评价中心的论文以来，评价中心一直是国内外心理学家研究的热点。

（二）评价中心的特点

评价中心技术同其他的测评方法不同，它不是一个单一的测评方法，而是一组测评方法的综合。它结合各种测评方法的特点，为了更有效地选拔出所需要的人才，发挥各种测评方法的优势，选出合适的人才。它具有以下六个方面的特点。

1. 针对性

评价中心技术的一个突出特点就是针对性很强。每次可以根据测评的目的和岗位的要求，进行有针对性的设计，在测评的过程中尽可能真实地模拟特定的工作条件和工作环境，并在特定的工作环境和压力下进行测评。这样做的结果是尽最大的可能保证选拔出来的人员在今后的工作中能够同他们在测验中的表现保持一致性，以此来预测应聘者在今后的工作中可能的表现水平。

2. 综合性

与其他的人才测评方法相比，评价中心技术最为突出的特点是它的综合性，即把各种人才测评的方法综合起来加以运用，吸纳各种测评技术的长处，使各种测评技术在这里得到相互补充和验证，因而也在效果上有所保证。

3. 动态性

评价中心技术的另一个显著的特点是它的动态性，即表现形式的运动变化性。它是将应聘者在测验的过程中置身于一个动态的模拟工作中，不断地对其发出该环境下各种变化的信息，要求其在一定的时限和情景压力下做出决策和相应的行为表现。在评价中心的测验中，应聘者始终处于兴奋的状态，通过一系列的活动及情境来激发应聘者内在的素质，让其有足够的时间和条件进行表现，而这正是我们测评的目的所在，而评委也同样在这样一个动态的环境中对应聘者的表现和内在的一些特点做出相应的评价。

4. 标准化

标准化是一切测验的要求，同行为观察和面试相比，评价中心更具标准化的特点。评价中心技术虽然活动比较多，并且形式多样化，时间持续比较长，有的时候是几个小时到一周左右不等，但是每个活动都是按照统一的测评需要设计的。一般来说，内容不是随意而定的，而是通过工作分析来确定每个活动。整个活动测评活动安排，所有的评委和参与测试的应聘者的活动都是事先安排好的，是以工作分析所确定的测评目标来进行的。

5. 高效性

很多的研究表明，评价中心在预测管理绩效时其预测结果与事实的吻合程度远远高于其他测评方法。由于评价中心技术不是个别人评定就说了算数，也不像面试那样仅仅以谈话的方式就决定了这个人的素质的高低，而是采取多种活动的综合全面地运用，能够从多方面来了解一个人的素质和特质，因此也具有全面性和有效性。

由于评价中心所考察的内容与实际工作情境有着高度的相似性，使得测验的情境十分逼真，这样能更好地反映出受试者今后在真实的工作环境中是如何处理和解决面临的各种问题的。在评价中心中所测试的各种素质，诸如一个人的知识与技能、能力、个性特点、品德素质以及各种特殊的能力，都能在这种逼真的情境中得到充分的体现，因此测验的效果非常好，是所有测验中效度最高的。这是国内外的研究都已经证实评价中心的一个突出的特点。

6. 高费用

同其他的人才测验方法比较，评价中心技术明显存在着高费用的特点。由于它本身的综合性、复杂性、费时性，它是一个多兵种的合作，因此花费的费用也相对于其他的测验要明显的高些。这里有投入与产出的比较，如果这种高投入与选拔出来的人才创造出来的效益成正相关，那么这种高投入是值得的，同时也是必要的。

(三) 评价中心的优缺点

1. 优点

(1) 突破了传统测评方法的局限，开创了人才测评技术的新局面。

(2) 测评的效度以及测评带来的效益较高。

(3) 集测评与培训为一体，扩大了测评的功能和用途。

2. 缺点

(1) 与其他素质测评方法比较，评价中心的测评费用较高。

(2) 操作难度大，对主试人的要求很高，必须有相当的管理经验并受过专门训练。

(3) 当模拟工作的内容与实际工作有误差时，测评中的能力表现与实际工作能力存在差距。

(4) 测评的内容主要是管理技能和某些方面的心理素质，难以全面真实反映被试人的思想品德等内容。

二、评价中心技术的主要构成

1. 工作分析

工作分析是评价中心程序的开始，也是评价中心开展的基点。工作分析必须进行，从而确定从事该职位需要的能力与特质，并最终确定评价中心中到底应该考察些什么。工作分析有战略性工作分析和常规工作分析之分。战略性工作分析适用于工作可能会变化，或者具体职位现在并不存在的情况。它是一个思考组织未来发展目标以及确定某一项具体工作会受到哪些影响的过程，是一个从更大的组织目标出发来考虑工作要求的演绎过程，是面向未来的，有利于理解未来工作的要求。而常规工作分析则从评价中心的具体目标出发，通过访谈、问卷施测、收集关键事件等方法制定出维度列表，以便于测评维度的确定。

2. 测评维度

测评维度是评分者观察、记录被试行为的依据。它是各种模拟作业和真实工作情景所需要的共有的特征。一个定义规范的维度应该包括构成维度的行为的表述、行为发生的情景以及目标工作要求在维度上应达到什么样的有效性水平等内容。一种作业或真实工作情景包括多个维度，一个维度也可适用于多个作业或情景。作为一种语义标签，不同的人可能会使用不同的分类，或者本质上是同一个维度的可能被用以形容不同类型的行为。因此，测评维度需要标准化，需要用清晰的语言进行定义。针对多少个维度才最有利于评分者对被试的评定这一问题，不同的研究给出了不同的答案。但大多数研究都倾向于采用较少的维度。

阅读材料

拉赫曼（Lanchman）和巴特菲尔德（Butterfield）（1979）认为人类信息加工容量的限制规定了只有一定数量的目标能在人的记忆中得到加工。高格勒（Gaugler）和桑顿（Thornton）曾总结，评分者评价较少维度的准确性高于评价较多维度的准确性。Paul Jansen 等人总结了维度发展的最新趋势：第一，评价维度会减少，因为维度太多难免语义重复或矛盾，并且评价者也难以在众多的维度中选择；第二，来源于特定组织本身的评价维度会流行；第三，有的组织甚至会摒弃维度，只是针对观察到的行为进行讨论。

3. 情景作业

情景作业是评价中心突出的测评特色，同时也是其具体的测评环境。情景评价是一种通过将被试置于某种模拟环境中，采用多种测评技术来观察被试，并对其行为做出判断的方法。它的最大优势是能创拟动态的和可相互比较的情景来揭示人的心理特征，使评价结果更趋于客观、真实。目前，评价中心最常用的情景作业有文件筐测验、无领导小组讨论、管理游戏、角色扮演、事实发现、口头陈述等。不同的作业情景都有其最适合与不太适合进行测评的能力或人格维度，但各种作业情景的整合就构成了评价中心趋于完善的测评体系。

三、评价中心常用的方法

评价中心是多方法、多技术的综合体，实际应用领域特别是研究领域中的评价中心主要是指以情景模拟为核心的系列测评技术。因此，根据被试应聘的或在职的工作岗位设计的各类相关情景模拟技术也就被认为是评价中心最主要的技术与方法。比较经典的情景模拟技术包括文件筐测验、无领导小组讨论、管理游戏、角色扮演等；其他的技术如案例分析、演讲、事实搜寻、情景面谈等也常常结合具体的实际需求加以应用。下面简单介绍四种经典情景模拟技术的基本概念与操作思想。

（一）文件筐测验

文件筐测验被认为是评价中心中应用最广且最为有效的一种测评形式。文件筐测验，也叫公文处理、公文包测验，是一种情景模拟测验，是对实际工作中管理人员掌握和分析资料、处理各种信息以及做出决策的工作活动的一种抽象和集中。测验一般在假定情景下实施，该情景模拟一个组织所发生的实际业务、管理环境，提供给受测人员的信息包括涉及财务、人事备忘录、市场信息、政府的法令公文、客户关系等十几份甚至更多的材料。这些材料通常是放在公文筐中的，公文筐测验因此而得名。

在评价中心施测过程中采用文件筐测验的一般程序是，主试事先根据被评价者所应聘的岗位设计好各种公文，这些公文是指与目标岗位工作有关的各种材料，它们是根据该岗位经常会遇到的，分别来自上级和下级、组织内部与组织外部的各种典型问题而设计的，包括日常琐事和重大事件的处理，如电话记录、请示报告、上级主管的指示、待审批签发的文件、统计材料和报表、备忘录、商业函件、建议、投诉等；接着把设计好的公文（一般有十多份）装入一个公文筐中，交给受测被试，并向被试提供有关组织及其相关岗位等背景资料；测验过程就是要求被试以该岗位的负责人（如经理）身份，全权负责处理文件筐里的所有公文材料。处理完毕后，一般还要求受测被试填写行为理由问卷，说明处理的理由、原则或依据，对于不清楚的地方或想深入了解受测被试时，主考官还可以与被试进行深入面谈，以澄清模糊之处。通过观察受测被试在规定条件下处理公文过程中的行为表现以及分析被试的处理理由说明，评估其计划、组织、授权、决策和问题解决能力等多方面的管理潜质。

（二）无领导小组讨论

无领导小组讨论（Leaderless Group Discussion，简称 LGD），是指将数名被评价者集中起来组成小组，要求他们就某一问题开展不指定角色的自由讨论，主试（评价者）通过对被评价者在讨论中的言语及非言语行为的观察来对他们作出评价的一种测评形式。所谓“无领导”就是说参加讨论的这一组被评价者，他们在讨论问题的情境中的地位是平等的，其中并没有哪一个人被指定充当小组的领导者。LGD 可以用来考察被评价者的语言表达能力、组织协调能力、决策能力、沟通能力、应变能力等多方面的能力特质。

该技术的实际操作要求一般是这样的：将被评价者按一定人数编成小组（一般为6～8人），要求他们按照便于交流讨论的形式坐好；主试事先设计准备好讨论的背景材料，测评时主试通过清晰的指导语指示被试以小组为单位就指定的主题进行小组内的自由讨论，要求小组能在规定的时间内（一般1小时）达成解决问题的一致性意见。背景材料一般是与工作情境相关的，用于讨论的主题应该富于讨论空间，保证被试能够在给定的时间内进行充分的交流讨论，在指导语中一般不确定讨论会的主持人，不指定发言的先后，也不提出诸如积极主动、观点清晰之类的其他具体要求，只是强调指出要求被试以小组为单位进行讨论，通过讨论来解决问题。在这个过程中，主试及评价员按照事先拟定的测评因素及其评分标准对被试的行为表现进行观察评价。

（三）管理游戏

管理游戏是一种以完成某项或某些“实际工作任务”为基础的标准化模拟活动，通过活动观察和测评被试实际的管理能力。因为模拟的活动大多要求被试通过游戏的形式进行，并且侧重评价被试的管理潜质，管理游戏因此得名。

在管理游戏测评中，受测被试置身于一个模拟的工作情境中，面临着一些管理中常常遇到的各种现实问题，要求想方设法加以解决。同文件筐测验类似，管理游戏中涉及的管理活动范围也相当广泛，可以是市场营销管理、财务管理，也可以是人事管理、生产管理等。在测评过程中，主试常常会以各种角色身份参与游戏，给被试施加工作压力和难度，使矛盾激化、冲突加剧，目的是全面评价被试的应变能力、人际交往能力等素质特征。

（四）角色扮演

角色扮演是一种主要用以测评被试人际关系处理能力的情景模拟活动。在这种活动中，主考官设置一系列尖锐的人际矛盾与人际冲突，要求受测被试扮演某一角色并进入角色情景去处理各种问题和矛盾。主考官通过对被试在不同人员角色的情景中表现出来的行为进行观察和记录，测评其相关素质。

在角色扮演中，主试对受测被试的行为表现一般从以下几个方面进行评价。第一，角色适应性。被试是否能迅速地判断形势并进入角色情景，按照角色规范的要求采取相应的对策行为。第二，角色扮演的表现。包括被试在角色扮演过程中所表现出来的行为风格、人际交往技巧、对突发事件的应变能力、思维的敏捷性等。第三，其他，包括被试在扮演指定的角色处理问题的过程中所表现出来的决策、问题解决、指挥、控制、协调等管理能力。

案例学习

广东省在一次公开选拔领导干部的面试中，无领导小组面试的题目是一种模拟工作会议。10名考生参加面试，不设领导，但10个考生都是领导。他们畅所欲言、各抒己见地讨论一个命题，由此考察考生的综合分析、综合驾驭、统筹协调、思维创新及言语表达等多种能力。

讨论的题目是这样的：一些新闻单位片面追求轰动效应，不适当炒作新闻，刊登品格低下、黄色及灰暗的作品。产生这种现象的原因归纳起来有六个方面。

(1) 法规不健全；

(2) 片面追求经济效益；

(3) 上级管理不力；

(4) 报业市场竞争激烈；

(5) 不坚持马列主义新闻观；

(6) 忽视新闻从业人员的思想政治教育。

讨论的整个过程大致分三个阶段。首先由主任评委宣读讨论试题，要求考生用10分钟根据要求填写“理由重要性排序表”，并阐明自己的观点。其次进入自由交叉辩论阶段，用40分钟进行自由辩论，尽量达成共识，讨论中可插话。最后考生根据抽签顺序依次发言，完善、充实自己的观点或提出自己新的看法，每人3分钟。

考生们在自由辩论中不自觉地分成了两派，针锋相对，互不相让，在某些问题上甚至抢着发言。考生们出来后说：“辩论得很过瘾，基本上把想表达的观点都说出来了，只怪时间还短了点。”

讨论：你对无领导小组讨论面试有何认识？这种面试方法适合哪些岗位？

四、评价中心的实施步骤

(一) 岗位分析，确定考核项目

评价中心实施的第一步是岗位分析，针对具体企业的目标岗位进行工作分析，明确该岗位的能力、知识和动机等素质要求，找到6～8个指标。例如，销售人员的素质要求指标可以是人际敏感度、说服力、客户服务意识、分析能力、成就动机等。

(二) 精心设计考核方案

设计素质评价矩阵。评价矩阵包括测试工具和素质维度两部分内容，每个素质维度必须通过多个测试手段进行观察，以保证测试的效度。例如，“影响力”，该素质可通过无领导小组讨论、角色扮演和演讲三种不同的测试工具进行评估。

(三) 成立评估小组

测试效果的好坏在一定程度上依赖于测评师的技术水平，测评师要从专业人士中挑选，保证挑选出的测评师具有丰富的测评实践经验。

（四）实施测评

测评师依照考核项目，选择合适的测评方法进行测评，在测评过程中测评师要尽量克服主观倾向，以考核项目和指标为依据，客观公平公正地进行测评，使评价中心的效用实现最大化。

（五）评估反馈

测试结束后，每位测评师要将观察记录进行归类、评估，写出评语，然后一起对每位候选人在不同测试中的表现分析整合，逐一对每一项素质维度出具分数，并按照严格的格式撰写测评报告。

方案设计

实训项目：无领导小组讨论。

实训题目：

现在发生海难，一游艇上有八名游客等待救援，但是现在直升飞机每次只能够救一个人。游艇已坏，不停漏水。寒冷的冬天，刺骨的海水。游客情况：如下。

（1）将军，男，69 岁，身经百战；

（2）外科医生，女，41 岁，医术高明，医德高尚；

（3）大学生，男，19 岁，家境贫寒，参加国际奥数竞赛获奖；

（4）大学教授，男，50 岁，正主持一个科学领域的项目研究；

（5）运动员，女，23 岁，奥运会金牌获得者；

（6）经理人，男，35 岁，擅长管理，曾将一家大型企业扭亏为盈；

（7）小学校长，男，53 岁，劳动模范，“五一奖章”获得者；

（8）中学教师，女，47 岁，桃李满天下，教学经验丰富。

请将这八名游客按照营救的先后顺序排序（3 分钟的阅题时间，1 分钟的自我观点陈述，15 分钟的小组讨论，1 分钟的总结陈词）。

实训目的：通过在学生间进行无领导小组讨论，让学生能够身同感受，切身体会到评价中心的测试方法，加深对知识的理解和运用。

项目实施：

步骤 1：学生 6 人为一组，组员地位平等，都是参加面试的应聘者。

步骤 2：组员阅读题目，展开讨论。

步骤 3：组员派一名代表进行观点陈述。

步骤 4：学生谈谈感想。

实训材料：

（1）讨论题目。

（2）分组进行观点陈述。

学习情境四　面试的组织与实施

学习目标

1. 了解面试的含义与目标；
2. 掌握面试的组织步骤；
3. 掌握面试题目设计的技巧；
4. 掌握几种面试的评价方式。

技能目标

1. 能够根据企业的需要组织面试；
2. 能独立设计不同类型的面试的题目，并组织进行测评；
3. 能运用不同的评价方式组织面试。

职业情境

杨勇是一位资深的人力资源经理，从事员工招聘工作已经十几年，经常参加各种招聘会，他认为一次成功的招聘并不是以最低的成本招到更多的人才，而是招到合适的人才。目前，企业对于人才的筛选主要是通过笔试和面试等手段，而面试则更为直接和形象，能从应聘者的语言、肢体动作、眼神交流来对其做出判断。同时，他认为面试的成功与否跟面试官、面试题目的设计、面试的组织程序和面试的评价标准和方式都有密不可分的关系，所以，任何一位从事招聘的专员都应该系统地学习面试的相关内容，以此提高面试的效率。

情境分析

在现实的招聘中，99%的企业需要对应聘者进行面试。从理论上看，面试只要精心设计、时间充足、手段到位，可以测评出应试者的任何素质，如果说心理测试中的许多问卷是测评应试者的智力、心理、品德等的有效工具，那么把这些心理测试中的问题以口头回答的形式表现出来，也能达到与笔试同样的效果。由于信息量利用频率高的特点，其测评的质量可能还会更好。因此，精心组织一场高效的面试是成功招聘的重要环节。

学习任务一　了解面试的组织程序

案例引入

原来这也是面试

一家公司的策划部要招聘两名白领职员，不少人前去应聘，经过初步筛选，最后留下十人角逐那两个岗位。

测试开始了，主考官把大家带到一排房子前面，对大家说："每个房间里面都有一个很重的木箱，你们可以运用各种方法，包括使用房间里的所有工具，把箱子移到指定的区域。测试时间为十分钟，最先完成任务的两个人将留在公司。"

十个竞聘者迅速跑进各自的房间。他们发现，房间里除了一个大木箱外，还有木棍、绳子、锤子等很多工具；那个木箱的确很重，怎么也推不动，想搬起一个角都很困难。

测试结束了，除两个人提前把木箱推到指定区域外，其余八人都没能完成任务，有的甚至没有把木箱移动一点距离。

主考官问那两个提前完成任务的人："你们是怎么推动木箱的?"

他们回答："我们两人合推一个木箱，推完一个再合推另一个。"

主考官微笑着说："恭喜两位正式成为我公司的职员。这次测试的本意就是要告诉大家，只有善于合作的人才能获得成功，尤其是策划部更需要具有合作精神的人。"

想一想：

问题 1：公司为什么录取了那两位应聘者？

问题 2：公司是通过什么方式进行筛选？这种方式有什么特点？

知识准备

面试是最古老而又最重要的一种人才测评选拔方法，从有文字的记载来看，其历史可以追溯到西周天子的"试射"人才测评选拔方法。在现代企业的人员的招聘中，几乎所有的企业都使用面试方法，有的兼有笔试，多数只使用面试一种方法来决定取舍。在国外一次调查中，56%的被调查者认为在人才的选拔过程中面试是最重要的，90%的企业在人员选拔中使用了面试的方法。

一、面试的概念

(一) 面试的定义

在我国的测评界，对面试的定义有如下几种观点。一种观点认为，面试就是面对面的考试；另一种观点认为，面试是通过面试官与应聘者双方面对面观察、交谈等双向沟通方式，了解应聘者的素质状况、能力特征及求职应聘动机的一种人员测评技术；还有一种观点认为，面试是面试官通过与应聘者直接交谈或者置应聘者于某种特定情景中进行观察，从而完成对其适应职位要求的某些能力、素质和资格条件等方面的一种测评方法。

这里我们认为，所谓面试，是一种通过精心设计，以交流和观察为主要手段，以了解应聘者素质及相关信息为目的的测试方式。

面试是用人单位选聘录用人才的重要方法和必不可少的步骤，是供需双方相互加深了解的必要途径。面试不仅可以考核求职者的知识水平，而且可以面对面地观察求职者的仪态、气质、口才、应变能力和某些特殊技能等，择业过程中的面试是相当关键的一步。面试既是应试者的第一个机会，也是用人单位对应聘者的第一次评估，是双方能否一拍即合的最佳机会，因此，应对面试予以足够的重视，做好充分准备。

(二) 面试的内容

面试测评的主要内容有以下几个方面。

1. 仪表风度

仪表风度是指求职者的体型、外貌、气色、衣着举止、精神状态等。

2. 专业知识

作为对专业知识考试的补充，招聘者通过面试了解求职者掌握专业知识的深度和广度；其专业知识是否符合用人单位的要求。

3. 口头表达能力

面试求职者是否能够将自己的思想、观点、意见和建议顺畅地用语言表达出来，考察其表达的逻辑、准确性、感染力、音质、音色、音量、音调等。

4. 反应能力与应变能力

反应能力和应变能力主要看求职者对招聘者所提问的理解是否准确贴切，回答是否迅速、准确等，对突发问题的反应是否机智敏捷、回答恰当；对于意外的处理是否得当、妥善等。

5. 自我控制能力与情绪稳定性

在遇到上司批评指责、工作有压力，或者当个人利益受到冲击时，能够克制、容忍、理智地对待，不至于因情绪波动而影响工作。

6. 工作态度

招聘者往往要了解两点，一是了解求职者对过去学习、工作的态度；二是了解其对求职职位的态度。一般认为，在过去学习或工作中态度不认真，做好做坏无所谓的人，在新的工作岗位也很难做到勤勤恳恳、认真负责。

7. 上进心、进取心

上进心、进取心强烈的人，一般都会确立自己事业上的奋斗目标，并为之而积极努力。上进心强烈者，表现在努力把现有工作做好，且不安于现状，工作中常有创新；上进心不强的人，一般都是安于现状，无所事事，不求有功，但求能敷衍了事，因此，对什么事都不热心。

8. 求职动机

了解求职者为何希望来本单位工作，对哪类工作最感受兴趣，在工作中追求什么，从而判断本单位所提供的职位或工作条件等能否满足其工作要求和期望。

9. 业余爱好

招聘者往往会询问求职者休闲时间爱好哪些运动，喜欢阅读哪些书籍，以及喜欢什么样的电视节目，有什么样的嗜好等。了解一个人的兴趣爱好，这对录用后的工作安排有好处。此外，面试时招聘者还会向求职者介绍本单位及拟聘单位的情况与要求，讨论有关工薪、福利等应聘者关心的问题，以及回答求职者可能要问到的其他一些问题。

阅读材料

特殊面试

1. 日产公司——请你吃饭

日产公司认为，那些吃饭迅速快捷的人，一方面说明其肠胃功能好，身强力壮，另一方面说明他们往往干事风风火火，富有魄力，而这正是公司所需要的。因此对每位来应聘的员工，日产公司都要进行一项专门的“用餐速度”考试——招待应聘者一顿难以下咽的饭菜，一般主考官会“好心”叮嘱你慢慢吃，吃好后再到办公室接受面试，那些慢腾腾吃完饭者得到的都是离开通知单。

2. 壳牌石油——开鸡尾酒会

壳牌公司组织应聘者参加一个鸡尾酒会，公司高级员工都来参加，酒会上由这些应聘者与公司员工自由交谈，酒会后，由公司高级员工根据自己的观察和判断，推荐合适的应聘者参加下一轮面试。一般那些现场表现抢眼、气度不凡、有组织能力者会得到下一轮面试机会。

3. 假日酒店——你会打篮球吗

假日酒店认为，那些喜爱打篮球的人，性格外向，身体健康，而且充满活力，富于激情，假日酒店作为以服务至上的公司，员工要有亲和力、饱满的干劲，朝气蓬勃，一个兴趣缺乏、死气沉沉的员工既是对公司的不负责，也是对客人的不尊重。

4. 美国电报电话公司——整理文件筐

先给应聘者一个文件筐，要求应聘者将所有杂乱无章的文件存放于文件筐中，规定在10分钟内完成，一般情况下不可能完成，公司只是借此观察员工是否具有应变处理能力，是否分得清轻重缓急，以及在办理具体事务时是否条理分明，那些临危不乱、作风干练者自然能获高分。

5. 统一公司——先去扫厕所

统一公司要求员工有吃苦精神以及脚踏实地的作风，凡来公司应聘者公司会先给你一个拖把叫你去扫厕所，不接受此项工作或只把表面洗干净者均不予录用。他们认为一切利润都是从艰苦劳动中得来的，不敬业，就是隐藏在公司内部的“敌人”。

二、面试的分类

面试的形式和方法很多，按照不同的标准可以将面试进行分类，具体来说有以下几种分类方式。

（一）根据面试的结构化程度来分

根据面试的结构化程度来分，可以分为结构化面试、半结构化面试和非结构化面试三种。所谓结构化面试就是面试题目、面试实施程序、面试评价、考官构成等方面都有统一明确的规范进行的面试；半结构化面试是指只对面试的部分因素有统一要求的面试，如规定有统一的程序和评价标准，但面试题目可以根据面试对象而随意变化；非结构化面试则是对与面试有关的因素不做任何限定的面试，也就是通常没有任何规范的随意性面试。

（二）根据面试对象的数量来分

根据面试对象的数量可分为单独面试和小组面试。单独面试是一次只有一个应考者的面试，现实中的面试大都属于此类。单独面试的优点是能够给应考者提供更多的时间和机会，使面试能进行得比较深入。单独面试又分为两种类型，一种类型是只有一位考官负责整个面试过程，这种面试方式大多在较小的单位录用较低职位的人员时采用；另一种类型是多个考官面试一位应考者，这种形式在国家公务员录用面试和大型企业的招聘面试中被广泛采用。

小组面试则是多名应考者同时面对考官的面试，如小组讨论就是一种小组面试，考官同时要对多名应考者进行评价。小组面试的优点是效率比较高，而且便于同时对不同的应考者进行比较，不足之处是一位应考者的表现会受到其他应考者行为的影响。

（三）根据面试目的的不同来分

根据面试目的的不同，可以将面试区分为压力性面试和非压力性面试。压力性面试是将应考者置于一种人为的紧张气氛中，让应考者接受诸如挑衅性的、非议性的、刁难性的刺激，以考察其应变能力、压力承受能力、情绪稳定性等。典型的压力性面试是以考官穷究不舍的方式连续就某事向应考者发问，且问题刁钻棘手，甚至逼得应考者穷于应付，考官以此种“压力发问”方式逼迫应考者充分表现出对待难题的机智灵活性、应变能力、思考判断能力、气质性格和修养等方面的素质。非压力性面试是在没有压力的情境下考察应考者有关方面的素质。

(四) 根据面试内容设计的重点不同来分

根据面试内容涉及的重点不同，可将面试分为行为性、情境性和综合性三类面试。行为性面试的内容侧重于应考者过去的行为；情境性面试是通过给应考者创设一种假定的情境，考察应考者在情境中如何考虑问题、做出何种行为反应；综合性的面试则兼有前两种面试的特点，而且是结构化的，内容主要集中在与工作职位相关的知识技能和其他素质上。

(五) 根据面试的功能来分

根据面试的功能，可以将面试分为鉴别性面试、评价性面试和预测性面试。所谓鉴别性面试，就是依据面试结果把应考者按相关素质水平进行区分的面试；评价性面试则是对应考者的素质做出客观评价的面试；而预测性面试是指对应考者的发展潜力和未来成就等方面进行预测的面试。

(六) 根据面试结果的使用方式来分

根据面试结果的使用方式，可以将面试区分为目标参照性面试和常模参照性面试。所谓目标参照性面试，就是面试结果须明确应考者的素质水平是否达到某一既定的目标水平，通常分为合格与不合格两种；而常模参照性面试，则是根据面试结果对应考者按素质水平高低进行排序，从而进行优胜劣汰决策的面试，结果往往分为若干档次。

(七) 根据面试的进程来分

根据面试的进程，可以将面试分为一次性面试和分阶段面试。所谓一次性面试，即指用人单位对应考者的面试集中在一次进行。在一次性面试中，考官通常由用人单位人事部门负责人、业务部门的负责人以及人事测评专家构成。而分阶段面试是指分为几次进行的面试，一般先由人事部门对应考者进行面试，主要是考察一些一般性的问题，将明显不合适的人选剔除。然后再由用人部门的主管人员进行面试，此次面试主要考察应考者的专业知识和业务技能，衡量应考者对拟任的工作岗位是否合适。最后，人事咨询顾问会对应考者进行面试，其目的是对应考者与拟任职位有关的心理方面的特质，如情绪稳定性、进取心与成就动机、自信心等进行测试。

案例学习

去年年底的一天，梁先生精神抖擞地去一家跨国通信公司面试。考官是个 30 多岁的香港人，看上去很精干。他先从桌上拿起一张纸，拎在手里抖得哗啦哗啦响，然后有些傲慢地拖起了长腔："这就是你的简历吗?"梁先生一愣，礼貌地回答："是的。您觉得还有什么需要说明的问题吗?"他松开手，让简历飘落到桌上，很凶地盯着梁先生："很有问题。你不是上海人吧? 不会说上海话，你在上海怎样开展工作?""说不定他是想先给我个下马威，看我扛不扛得住压力呢!"想到这里，梁先生冷静地回答："上海是个国际大都市，我想会不会说方言应该不会对工作造成实质性的影响。如果工作确实需要，我会马上去学上海话。"

考官无从发作，又拿起他的简历，看了一会突然发问："你是和母亲单独住吗? 现在公司有项紧急任务，但你又接到电话说母亲住院了，你准备怎么办?"梁先生沉默了一会，镇定地说："我想先找个同事帮忙把工作处理一下，自己马上赶到医院，如果情况不严重的话，再立刻赶回来。"谁知考官步步紧逼："工作是没有办法找人代的，你考虑好怎么办了吗?"梁先生一咬牙："对不起，我只能先赶回去。事业再重要，也没有生我养我的母亲重要!"

考官扬扬得意地往椅背上一靠，"我对你的表现非常失望。"梁先生还是按下怒气，三言两语答完几个常规问题后便起身告辞。走到门口，梁先生想了想，回头说："我觉得您今天有一些问题问得不太礼貌。""是吗? 你要那么想我也没办法啦!"他歪在椅子上，一边抖腿一边挑衅地盯着梁先生。梁先生不愿再和他啰嗦，昂首推门而出。

不久，梁先生居然接到了这家公司的 Offer（录用通知）。据说那个香港考官很赞赏他，因为他"面对强大的压力"，还"能充分保持冷静和克制，是块干客户经理的好材料"。

讨论：以上案例按照面试的目的来分属于哪种类型? 这种面试方式有什么特点? 应该如何应对?

三、面试的基本程序

(一) 面试的准备阶段

1. 确定面试人员

建立起该职位必须具备的条件与要求后，通过简历筛选、笔试测试或心理测试等环节，对照岗位说明书以及岗位的具体的招聘要求，确定进入面试的人员名单。

2. 确定面试方式

面试方式的选择可根据不同岗位的特点和需求，从而确定面试采取的具体形式，从结构化程度、组织形式、目的、经济、效率等因素出发，确定面试的具体方式。

3. 确定面试官

目前常见的有三种面试官组织形式：一种是由人事部门负责组织，面试官由人事部门工作人员和有关专家组成；另一种是由人事部门和用人部门联合组成，面试官由两家分别按一定比例指派；还有一种是用人部门自行组织，面试官由本部门选派。无论采取哪种组织方式，面试官都是主角。面试前必须对面试官进行全员培训，提高他们的操作水平。

阅读材料

面试官应具备的素质

1. 正直的品格和良好的修养；
2. 具有丰富的工作经验；
3. 具有丰富的专业知识；
4. 熟练运用不同的面试技巧；
5. 具备较强的把握人际关系的能力；
6. 良好的自我认知能力；
7. 能自如地面对各种面试者；
8. 能客观、公正进行评价；
9. 明确空缺岗位的要求；
10. 掌握人事测评技术。

4. 发出面试通知

确定面试的时间地点和方式后，一般提前一周通知应聘者前来面试，通知的方式包括电话通知、书面通知、邮件通知等渠道。

5. 面试的场地、场景布置

面试的环境应该舒适、适宜，利于营造宽松气氛。握手、微笑、简单地寒暄、轻松幽默的开场白、舒适的座位、适宜的照射光线和温度，以及安静的环境（小型会议室或洽谈室）。面试的位置排列一般选择围桌会议的形式。

（二）面试的实施阶段

1. 面试开始阶段

（1）面试官向应聘者介绍自己及公司，语言要简洁易懂。

（2）应聘者自我介绍，3～5 分钟的时间。

（3）面试官应从应聘者可预料的问题开始发问，然后过渡到其他问题，以消除紧张情绪。

（4）全面客观地了解应聘者。

（5）面试官营造和谐的面谈气氛。

（6）面试问题分为两部分，一部分为面试官指定问题，由面试者一一回答；另一部分为随机问答。

（7）面试提问的技巧：面试官及主持者，其提问的方式以及问题决定了从应聘者那里可以得到什么资料或多少资料。在面试中，“问”“听”“观”“评”是几项重要且关键的基本功。

2. 正式面试阶段

（1）采用灵活的提问和多样化的形式，交流信息，进一步观察和了解应聘者。

（2）察言观色，密切注意应聘者的反应。

（3）应从应聘者的个人简历着手，找出其中疑点，并进行发问。

（4）注意气氛的变化，尽量保持和谐自然的气氛。

3. 结束面试

（1）由考官进行应聘者的综合评价。

（2）询问应聘者是否有问题发问，如无问题，请应聘者退场。

（3）对于面试记录表进行整理，并汇总。

（4）考官对于应聘者的表现进行评比，如果对某一对象是否录用存在分歧意见时，可与用人部门讨论沟通后做最终决定。

（三）面试的总结阶段

1. 面试的评价

（1）面试结束后，应根据面试记录表对应聘人员进行具体的评分和评价。

（2）确定是否录用或进入下一轮面试，把面试结果告知用人部门及应聘者。

2. 资料存档

（1）面试合格人员（确定录用的人员）资料，建立员工档案，存入档案库。

（2）面试不合格的人员资料，归总存档，存入公司人才库。

方案设计

实训项目：人人争当面试官。

实训目的：通过进行面试官的竞选，加深学生对面试官的要求和理解，为后续的招聘面试阶段做好准备。

项目实施：

步骤1：学生6人为一组，建立学习任务小组，选出一名组长，组长要监督组员的学习和任务的进展情况，组长根据实训任务，安排组员分工合作。

步骤2：每个小组成立公司，确定公司要招聘的岗位以及岗位的要求。

步骤3：每个小组提出对面试官的具体要求和竞选的方式。

步骤4：每位学生都可以参加面试官的竞选，最后由老师和小组确定面试官的名单。

实训材料：

(1) 各小组对面试官的要求。

(2) 组织竞选应准备的材料。

学习任务二 设计面试试题及技巧

案例引入

小王到一家大型集团公司应聘招聘主管一职，下面是主考官和小王的一段对话，并根据对话分析面试的技巧。

一、关系建立阶段

目的是创造自然、轻松、友好的氛围；一般采用简短回答的封闭式问题，约占面试过程的2%。

主考官："你是看到广告还是朋友推荐来的?"

小王："我一直敬仰贵公司，这次是从广告上看到而来的。"

分析：这是封闭性问题。它要求应聘者用非常简单的语言，对有限可选的几个答案做出选择。封闭性问题主要用来引出后面的探索性问题，以得出更多的信息。

二、导入阶段

这一阶段主要问一些应聘者有所准备、比较熟悉的题目，最好方式是开放性问题。约占面试的8%。

主考官："请你介绍一下你的经历，好吗?"

小王："好的……"

分析：这是一个开放性问题。它让应聘者在回答中提供较多信息的面试问题，这种题目不是让应聘者简单地回答"是"或"否"，而是要求应聘者用相对较多的语言做出回答。在它的基础上可构建许多行为性问题，而行为性问题能够让我们得到对应聘者进行判断的重要证据。

三、核心阶段

这一阶段主要收集关于应聘者核心胜任能力（岗位胜任特征、素质模型）的信息。

主考官："请问当你与用人部门的主管对某一职位的用人要求有不同意见时，你是怎样处理的?"（开放性问题）

小王："我想我会尽量与用人部门的主管沟通，把我的想法和理由告诉他，并且询问他的想法和理由，双方来求同存异，争取达成一致意见。"

主考官："那么你能不能举出一个你所遇到的实例?"

小王："好吧。有一次保安部门有一个保安人员的职位空缺，用人部门的经理要求找到的人必须身高在1米8以上，体重在80公斤以上。”

分析：这是一个行为性问题。它要求针对过去曾经发生的关键事件提问，根据应聘者的回答，探测应聘者对事件的行为、心理反应（行为样本），从而判断应聘者与关键胜任能力（素质模型）拟合程度。

主考官：“为什么？”

小王：“因为他认为身材强壮的保安人员对坏人具有威慑力。”

分析：这是一个探索性问题。它通常是在主考官希望进一步挖掘某些信息时使用，一般是在其他类型的问题后做继续追问。

主考官：“那后来怎么样了呢？”（探索性问题）

小王：“我向那个部门经理解释这并不是必要的条件。因为对于保安人员来说，忠于职守、负责任、反应敏捷、良好的自控能力这些才是最重要的，而身高和体重则不必非得提出那么高的要求。”

主考官：“那么你是怎么做的呢？”（探索性问题）

小王：“我对他说，如果你能够拿出一些统计数据表明保安人员的身高和体重确实可以阻止坏人的犯罪企图，那么我就接受这条要求，否则的话，提出这种要求就是没有道理的。”

主考官：“那接下去情况怎么样了？”（探索性问题）

小王：“接下去那位部门经理收回了他的意见，到现在为止，那个职位还处于空缺的状态。”

主考官：“那么你和那位部门经理这次意见不一致是否影响了你们之间的关系？”（封闭式问题）

小王：“没有。”

四、确认阶段

主考官进一步对核心阶段所获得的对应聘者关键胜任的判断进行确认。约占面试过程的5%。这一阶段最好用开放性问题。

主考官：“刚才我们已经讨论了一个具体的实例，那么现在你能不能谈谈招聘的程序是怎样的？”

小王：“可以……”

五、结束阶段

结束阶段是主考官检查自己是否遗漏了关于那些关键胜任能力的问题并加以追问的最后机会，约占面试过程的5%。可以适当采用一些基于关键胜任能力的行为性问题或开放性问题。

主考官：“你能再举一些例子证明你在招聘方面的专业技能吗？”（探索性问题）

小王：“可以……”

一次良好的面试不但要有相当的准备工作，而且在面试过程要充分发挥面试的技巧，一次成功的面试不但是对应聘者的考验，更是对主考官如何选择合适的人到合适的岗位的能力考验。

想一想：

问题 1：面试题目有哪些类型？

问题 2：应该怎样设计面试题目？

知识准备

面试是企业招聘工作中的关键质量控制环节，而面试题目的设计和选择对面试质量的把关有着决定性的影响，面试试题设计的成功与否直接决定了录取人员的素质与能力的高低，最终会影响企业人才素质的整体把控。

一、面试试题设计的基本要求

（一）通用问题与个性问题互补

目前有很多面试的经典问题，这些问题企业需要根据经营特征进行有效提炼而不能生搬硬套，特别是针对岗位的个性化问题要深入研究并及早准备。

（二）面试问题要有针对性

针对岗位类别不同，设计的面试题目数量也不同，面试内容要求能直接体现出面试的目的和目标。

（三）面试问题要有差异性

面试问题不能所有岗位都千篇一律，问题也不能过于冗杂，缺乏章法，针对特别关键的岗位问题设计务必要突出重点。

（四）笔试和面试相结合

笔试作为招聘的一个环节，只局限于考查应聘者的知识水平是否能满足岗位的最低知识要求，而面试则是要进一步考查应聘者的能力、经验以及素质潜力等方面的情况，有效地面试可以弥补笔试的不足。

（五）面试试题要重点突出

面试题目设计必须围绕面试的重点内容来设计，并且要体现出考查的共性和个性，要防止面试题目内容千篇一律、缺乏重点。

（六）面试试题必须具有可评价性

面试题目在采用过程中，要通过面试试题准确判断出应聘者素质和能力，包括应聘者分析能力、思维能力以及语言表达的逻辑性。好的面试试题必须做到清晰评价，而不是无法评价甚至评价结果模棱两可。

二、编制面试试题的程序

（一）制订试题编制计划

制订“试题编制计划”，就是对整个试题编制工作做通盘的总体构思，把最基本的东西先确定下来，使后面的工作有所遵循。事实证明，制订好“试题编制计划”，是使编题工作按部就班、顺利完成的保证。

试题编制计划应该明确以下问题：

（1）测评目的。明确为何测评及测评结果的用途。

（2）测评项目。明确对哪些素质项目进行测评以及测评结果的质量要求。

（3）测评对象。对考生的总体情况，如学历、专业、工作经历等构成有所了解，明确针对性。

（4）测评模式。明确是口试类的模式还是模拟操作类的模式，口试中是采用哪一种或几种？模拟操作试中是采用哪一种或几种，只有具体确定后，才能考虑拟题。

（5）题型。明确采用哪些试题题型。

（6）取材范围。明确选用哪些素材。

（7）对拟题工作的质量与数量要求。

（8）工作程序与工作进度。

（二）编制题卡

对于比较规范化的面试，为了适应考官临场选择、组合试题的需要，最好编制面试题卡或试题本。

面试题卡，应包括下列几项内容。

（1）试题。即题面，包括“给定条件”和“作答要求”两部分。有时候，当“给定条件”不言而喻，或考生能想出时，也可省略。

（2）答案。面试题的答案，情况比较复杂。有的是有唯一正确答案的，如知识测验；有的是没有统一答案的，但有“可接受答案”“允许答案”；有的是既没有统一答案，也没有“可接受答案”“允许答案”，只需考生做出答案就行。题卡中，要针对这些情况分别载明答案的类型：如正确答案、参考答案、答案要点、允许答案、可接受答案、无统一且不需统一的答案等。

（3）用途。即该试题的测评意图、可测评的项目或预订效果等。

（4）标准。分别答案情况，提出做测评结论的指标及水平刻度，以便评定等级，给出分数或评语。

（5）使用方法。对各种注意事项予以说明。

（三）试测分析

试题编制好以后，要对其质量进行鉴别，即对该题的鉴别力、难度、形式等问题进行判断。最好的鉴别方法是先选择一些“考生”进行测评，通过使用来验证试题的质量。

（四）试题组合

结构化面试的基本试题，要在事先根据测评项目、测评时间、测评模式等进行组合，编配成试题本。面试考场上，在基本试题的基础上，考官应该可以针对考生的作答提出关联性、展开性试题。

三、面试题目的提问方式

（一）封闭型问题

封闭型问题是要求应试者做出简单回答的问题。这是一种只要求应试者做“是”“否”一个词或一个简单句的回答。

例如，你是什么时候参加工作的？你在大学学的是管理专业吗？

阅读材料

封闭型问题：

假如今天你遇到一件极不顺心的事，心情十分郁闷，现在你得知晚上一个朋友将组织一个生日晚会，不知什么原因，他并未通知你，你准备怎么办，请从下列备选答案中选择。

A. 打电话问朋友，主动提出要求参加晚会

B. 怀疑自己是不是哪里得罪他了，向另外的朋友打听他为什么不请自己

C. 什么都不干，自己烦着呢

D. 自己去看电影唱卡拉 OK，喝酒

（二）开放型问题

开放型问题是要求应试者不能只用简单的一个词或一句话来回答提出的问题，而必须另加解释、论述，才能圆满回答问题。面试中的提问一般都应该用“开放型”问题，以启发应试者的思路，激发其沉睡的潜能与素质，从大量输出的信息中进行测评，真实地考察其素质水平。

例如，你在原单位的工作，要求经常与哪些部门的人打交道？有些什么体会？

（三）假设型问题

假设型问题是以虚拟式的提问了解应试者的反应能力与应变能力、解决问题能力和思维能力等。有时为了委婉地表达某种意思，也可用此提问方式。

例如，假如我现在告诉你因为某种原因，你可能难以被录用，你如何看待呢？

（四）连串型问题

连串型问题提问一般用于压力面试中，主要考察应试者的反应能力、思维的逻辑性和条理性等，但也可以用于考察应试者的注意力、瞬时记忆力、情绪稳定性、分析判断力、综合概括能力等。

例如，我想问三个问题，第一，你为什么想到我们单位来？第二，到我们单位后有何打算？第三，你报到工作几天后，发现实际情况与你原来想象不一致，你怎么办？

（五）压迫型问题

这种提问方式带有某种挑战性，其目的在于创造情景压力，以此考查应试者的应变力与忍耐性。一般用于压力面试中。这种提问多是“踏应试者的痛处”或从应试者的谈话中引出问题。

例如，应试者表示如被录用愿服务一辈子，却知道他工作五年已换了四个单位的情况，此时可向他提问：“据说你工作五年已换了四个单位，有什么可以证明你能在我们单位服务一辈子呢？”

（六）引导型问题

这类提问主要用于征询应试者的某些意向、需求或获得一些较为肯定的回答。如涉及薪资、福利、待遇、工作安排等问题，宜采取此种提问方式。

例如，到单位两年以后才能定职，你觉得怎么样？

（七）反衬型问题

当主试者觉察应试者不太愿意回答某个问题而又想有所了解时，可以采取声东击西的策略。

例如，对于“政治问题”许多人不愿真正表白自己的观点，此时可以迂回地提问：“你的伙伴们对这个问题或这件事是怎么看的？”应试者因此会认为说的不是自己的意见，说出来不会暴露自己的观点，因而心情放松地说了一大通，其实其中许多都是他自己的观点。

（八）背景型问题

背景型题目是用于初步了解应试者的志向、学习、工作等基本背景，并为以后提问收集话题的问题类型。问题特点是让每位应试者都有话可讲，且能自由发挥，使应试者轻松、自然地进入面试情景；同时也考查应试者能否在短短的几分钟内尽可能多地展现自己的优势，能做到简明扼要，重点突出，能考察应试者的言语表达和思维的逻辑性。

例如，你对自己将来要达到的事业目标有什么设想吗？为此你做过哪些准备？已具备了哪些条件，或者已取得了什么成绩呢？请你用 3～4 分钟谈一谈。

（九）情景型问题

情景型问题是通过情景性试题考察应试者的应变能力、情绪稳定性、计划能力、组织能力、协调能力等个性及能力的试题形式。

例如，假设这样一个情况，本来你的工作负担已经很重了，可上级却给你安排了另一项任务。你觉得已没有精力再承担更多的工作，但又不想与领导发生冲突，你会怎样对待这个问题？

（十）行为型问题

行为型问题是用于考察应试者行为性技巧和能力的试题形式，如考察人际交往的意义和技巧，组织协调能力，人际交往能力，特别是解决平级组织间矛盾问题的能力，以及着重考察其人际沟通以及与同事建立信任关系等行为性技巧和能力。

例如，在你的工作经历中可能出现过这样的情况，你所在的组织（如单位、科室、班级、工作组等）与另一兄弟组织之间产生了矛盾或冲突，要由你来参与解决，如果有，请你举例谈谈整个情况。

（十一）智能型问题

智能型问题是通过对比较复杂的社会热点问题的讨论，考察应试者的综合分析能力，也在一定程度上考察应试者对社会的关心程度。这类题一般不是要应试者发表专业性的观点，也不是对观点本身正确与否做评价，而主要是看应试者是否能言之成理。

例如，北京市现有数万名下岗职工，他们的再就业是一个很大的难题。然而，每年却有上百万外地人在北京打工，挣走了上百亿元的人民币。请分析一下造成下岗职工再就业难的原因，并简单谈谈你认为合适的解决办法。

（十二）意愿型问题

意愿型问题是考察应试者的求职动机与拟任职位的匹配性、应试者的价值取向和生活态度。

例如，根据专业和能力情况看，你可选择的职业范围很广，为什么选择国家机关而且特别选择了这个部门呢？

（十三）知识型问题

知识型问题是通过应试者的回答，可了解其知识面、个性倾向和思维方式等情况的问题。

例如，唐诗宋词是我国巨大的文学遗产，你能背一首你最喜欢的诗词吗？（追问）请你谈谈为什么最欣赏它？

方案设计

实训项目：设计一份面试题目。

实训目的：通过设计面试题目，了解面试题目设计的技巧，掌握面试题目的编写要求，更好地实施面试。

项目实施：

步骤 1：学生 6 人为一组，建立学习任务小组，选出一名组长，组长要监督组员的学习和任务的进展情况，组长根据实训任务，安排组员分工合作。

步骤 2：以小组成立的公司为背景，以企业招聘的岗位要求为依据，确定面试的方式。

步骤 3：根据招聘的岗位和要求，并按照面试题目设计的方法和技巧编写一份适合公司招聘的面试题目。

步骤 4：小组成员可分岗位编写面试题目，而后进行分析汇总，形成公司的招聘面试题目。

步骤 5：分组进行访谈成果汇报，由小组自评、组内互评和教师点评三位一体的方式进行综合评分。

实训材料：

（1）小组成员分工的名单和各自需完成的任务；

（2）提交公司的基本信息资料；

（3）编写公司的招聘面试题目。

学习任务三　掌握面试的评价方式

案例引入

宝洁公司的标准化面试

宝洁的面试分两轮。第一轮为初试，一位面试经理对一个求职者面试，一般都用中文进行。面试人通常是有一定经验并受过专门面试技能培训的公司部门高级经理。一般这位经理是被面试者所报部门的经理，面试时间大概在 30～45 分钟。通过第一轮面试的学生，宝洁公司将出资请应聘学生来广州宝洁中国公司总部参加第二轮面试，也是最后一轮面试。为了表示宝洁对应聘学生的诚意，除免费往返机票外，面试全过程在广州最好的酒店或宝洁中国总部进行。第二轮面试大约需要 60 分钟，面试官至少是 3 人，为确保招聘到的人才真正是用人单位（部门）所需要和经过亲自审核的，复试都是由各部门高层经理来亲自面试。如果面试官是外方经理，宝洁还会提供翻译。

一、宝洁的面试过程

主要可以分为以下四大部分。

第一，相互介绍并创造轻松交流气氛，为面试的实质阶段进行铺垫。

第二，交流信息。这是面试中的核心部分。一般面试人会按照既定8个问题提问，要求每一位应试者能够对他们所提出的问题作出一个实例的分析，而实例必须是在过去亲自经历过的。这8个题由宝洁公司的高级人力资源专家设计，无论应聘者如实或编造回答，都能反映应聘者某一方面的能力。宝洁希望得到每个问题回答的细节，高度的细节要求让个别应聘者感到不能适应，没有丰富实践经验的应聘者很难很好地回答这些问题。

第三，讨论的问题逐步减少或合适的时间一到，面试就引向结尾。这时面试官会给应聘者一定时间，由应聘者向主考人员提几个自己关心的问题。

第四，面试评价。面试结束后，面试人立即整理记录，根据求职者回答问题的情况及总体印象作评定。

二、宝洁的面试评价体系

宝洁公司在中国高校招聘采用的面试评价测试方法主要是经历背景面谈法，即根据一些既定考察方面和问题来收集应聘者所提供的事例，从而来考核该应聘者的综合素质和能力。

宝洁的面试由8个核心问题组成：

第一，请你举1个具体的例子，说明你是如何设定1个目标然后达到它。

第二，请举例说明你在一项团队活动中如何采取主动性，并且起到领导者的作用，最终获得你所希望的结果。

第三，请你描述一种情形，在这种情形中你必须去寻找相关的信息，发现关键的问题并且自己决定依照一些步骤来获得期望的结果。

第四，请你举一个例子说明你是怎样通过事实来履行你对他人的承诺的。

第五，请你举一个例子，说明在完成1项重要任务时，你是怎样和他人进行有效合作的。

第六，请你举一个例子，说明你的1个有创意的建议曾经对1项计划的成功起到了重要的作用。

第七，请你举一个具体的例子，说明你是怎样对你所处的环境进行一个评估，并且能将注意力集中于最重要的事情上以便获得你所期望的结果。

第八，请你举一个具体的例子，说明你是怎样学习一门技术并且怎样将它用于实际工作中的。

根据以上几个问题，面试时每一位面试官当场在各自的“面试评估表”上打分：打分分为3等：1～2（能力不足，不符合职位要求；缺乏技巧，能力及知识），3～5（普通至超乎一般水准；符合职位要求；技巧、能力及知识水平良好），6～8（杰出应聘者，超乎职位要求；技巧、能力及知识水平出众）。具体项目评分包括说服力/毅力评分、组织/计划能力评分、群体合作能力评分等项目评分。在“面试评估表”的最后1页有1项“是否推荐栏”，有三个结论供面试官选择：拒绝、待选、接纳。在宝洁公司的招聘体制下，聘用1个人，须经所有面试经理一致通过方可。若是几位面试经理一起面试应聘人，在集体讨论之后，最后的评估多采取一票否决制。任何一位面试官选择了“拒绝”，该生都将从面试程序中被淘汰。

想一想：

问题1：宝洁公司采取什么方式对应聘者进行评价？

问题2：你认为这种评价方式有什么好处？

知识准备

一、面试测评的标准

（一）面试测评的标准

面试评价项目在考生身上以一定的特征存在着，对这些项目做出评价，必须借助于一些指标，有一定的标准。面试测评标准是对考生素质的数量水平做出评定的参照系。考官将应试者的表现与职位的要求相对照，并对两者相一致的程度给出一个数量化的描述，这就是面试评价的基本思路。

（二）测评指标及表达形式

测评指标是测评标准的基本组成部分之一，通常把反映和体现面试内容或测评项目的行为称为测评指标。测评指标是测评项目的行为表现或标志，比如“口头表达能力”，可以由“用词”“思路与逻辑”“语音”“节奏感”等语言行为来反映和体现。

例如，某市1989年出台的《政府机关考试补充工作人员实施细则》中的“正确掌握口试评分标准”部分只规定了五个测评项目及其主要测评指标。综合分析能力：主要从应试者分析问题是否客观中肯、概括程度怎样、认识有无独立见解等方面进行评价。思维反应能力：主要从应试者回答问题的思路是否有条理、周密，反应是否敏捷等方面进行评价。表述能力：主要从应试者的语言措辞是否准确、口述是否流利等方面进行评价。专业（业务）经验：主要从应试者的从事业务年限、熟悉程度、有无工作成果等方面进行评价。举止仪表：主要从应试者的气质风度、五官仪表、谈吐举止是否稳重、大方，是否成熟等方面进行评价。

（三）水平刻度及表现形式

水平刻度，是体现测评标准“尺度功能”的组成部分。反映的是测评指标或测评项目的数量水平的连续分布顺序及刻度。简单说，就是从数量上区分的档次、等级。如反映语言表达能力的指标“用词准确性”，就有“准确”“较准确”“一般准确”“不准确”的数量水平变化的逻辑分布顺序。人群总体中“用词准确性”的数量水平存在一个由“准确”到“不准确”的连续分布体，“准确”“较准确”“一般准确”“不准确”就是这个数量水平的连续分布体上的四个刻度。

（四）测评标准的结构形式

从一般的形式看，广义测评标准的完整结构形式是：

测评标准＝测评项目＋测评指标＋水平刻度

测评项目，是面试所要测评的素质项目。

测评指标，是能够反映测评项目的行为表现，如对于“语言表达能力”这个测评项目，可以叙述、描写、议论三种典型的语言行为表现为指标来加以反映。

水平刻度，是指测评指标或测评项目的数量水平的连续分布顺序及刻度。简言之，就是数量上的分档、分级、分等。

“测评项目＋测评指标＋水平刻度”构成测评标准的一般结构形式。对于一个测评项目来说，“测评指标＋水平刻度”就可以构成它的测评标准的完整结构形式。

狭义上的测评标准，一是指“测评指标＋水平刻度”；二是仅指“水平刻度”。

阅读材料

范例1

表4－1　逻辑思维能力测评标准

测评项目	测评指标	水平刻度		
逻辑思维能力	（1）回答问题层次是否清楚	清楚	一般	混乱
	（2）论述问题是否周密	周密	一般	不周密
	（3）论点论据照应是否连贯	连贯	一般	不连贯

范例2

表4－2　阅读理解能力测评标准

测评项目	测评指标	水平刻度			
		等级	甲	乙	丙
		分数	10	5	1
阅读理解能力	（1）能否明白文章的内容		能	多半能	不能
	（2）能否抓住文章的主题		能	多半能	不能
	（3）能否分清文章的结构层次		能	多半能	不能
	（4）能否评析文章内容或写作技巧		能	多半能	不能

范例 3

表 4－3　　问答式面试测评表

测评项目	测评指标及评定等次、得分幅度		
	甲等（4～5 分）	乙等（2～4 分）	丙等（0～2 分）
思想内容	观点正确，主题突出 理论充足，符合政策 结合实际，解决问题	观点正确，主题明显 理论不足，符合政策 结合实际，水平一般	观点模糊，主题不明 理论较差，违背政策 脱离实际，水平亦差
逻辑思维	术语准确，概念清楚 逻辑严谨，层次分明 概括全面，条理清晰	术语准确，概念较清楚 有逻辑性，层次分明 概括一般，条理尚清	术语欠准，概念欠清 逻辑较乱，层次分明 概括较差，条理不清
综合分析	抓住实质，分析透彻 素材突出，综合得力 整体性强，创新合理	接触实质，分析较好 素材一般，综合尚可 有整体性，建议合理	未见实质，分析一般 素材零散，综合不力 整体性差，无可用性
语言	语言流畅，表达清晰 富于感染，应变力强	语言流利，表达清楚 宣读一般，有应变力	语言欠畅，表达不清 宣读较差，应变亦差
仪表	仪表端庄，举止得体	仪表端庄，举止尚可	仪表一般，举止一般

表 4－3 中，测评项目有思想内容、逻辑思维、综合分析、语言与仪表；每个测评项目列举了若干个测评指标，如思想内容项目的测评指标就有观点正确性、主题突出性、理论充足性、符合政策性、结合实际的水平五个。按照每个指标的水平程度，划分为甲、乙、丙三个等次，并规定了相应的评分幅度。这是一份综合的测评标准表，但仔细分析每条具体标准的结构仍然符合一般结构形式。

（五）设计测评标准的程序

设计测评标准，主要任务有两项：一是选择每个测评项目的测评指标；二是拟定测评项目或测评指标的数量水平刻度。设计测评标准，按照“选择测评指标——寻找连续分布体——刻度处理——确定等次或分数——表述五个步骤进行。

（六）面试测评标准的基本要求

（1）测评标准不应包含与职位无关的内容和要求；
（2）评分标准明确、具体，便于掌握和操作；
（3）表述清楚，并且内容是可观察的，便于考官之间取得一致的理解；
（4）能体现招聘职位对应聘者的能力、个性品质和资格条件等的要求；
（5）水平刻度要符合一般的模糊评价习惯。

二、面试评分表

（一）面试评分表的构成

面试评分表的构成主要包括以下几个方面的项目。

（1）姓名、考号、性别、年龄；

（2）报考的类别与职位；

（3）面试考查的重点内容及考核要素；

（4）面试评价的标准与等级；

（5）评语栏（包括录用建议或录用决策）；

（6）面试评委签字栏；

（7）面试时间等。

（二）面试评分表的格式

面试评分表的格式主要有以下几种。

1. 问卷式评分表

运用问卷形式，将所要评价的项目列举出来，由主考官根据应试者在面试中的行为表现对其进行评定。如某公司拟定的面试测评标准中，测评指标就是以问题的形式提出，如表 4－4 所示。

表 4－4　　问卷式评分表

评价项目	评价等级		
	3	2	1
A. 应聘者的仪表和姿态是否符合本项工作所要求的条件	非常符合	一般	不符合
B. 应聘者的自我表现能力，包括表情、言语、自信，是否符合要求	非常符合	一般	不符合
C. 应聘者的专业知识与岗位要求是否一致	一致	一般	不一致
D. 应聘者的沟通能力是否符合岗位要求	非常符合	一般	不符合
E. 应聘者是否具有工作主动性	具备	一般	不具备
F. 应聘者是否具有良好的适应能力	具备	一般	不具备
G. 应聘者是否具有良好的团队意识	具备	一般	不具备
H. 应聘者是否有良好的抗压能力	具备	一般	不具备
I. 应聘者所具有的解决问题的能力是否符合本岗位要求	符合	一般	不符合

续　表

评价项目	评价等级		
	3	2	1
J. 应聘者的口头表达力如何	较强	一般	较弱
K. 应聘者的综合分析力如何	较强	一般	较弱
L. 应聘者所表现出来的综合素质是否足以担当所要应聘的工作职务	足够	一般	不够
综合评语及录用建议： 面试评价者签字： 年　月　日			

2. 等级标准评价表

确定面试评价的基本要求是，将每一要素划分为若干标准等级，主考官根据应试者在面试过程中的行为表现及回答问题的状况，选择一个符合应试者客观实际情况的等级予以评分。如表 4－5 所示。

表 4－5　　**等级标准面试评价表**

维度	等级				
1. 仪表（礼貌态度及衣着等）	极佳	甚佳	佳	尚佳	欠佳
2. 健康与精神状态	健壮	良好	一般	尚好	体弱
	充沛	充足	良好	尚好	不足
3. 表达能力	极有条理	较有条理	一般	不太有条理	缺乏条理
4. 机智灵敏	极为机敏	较为机敏	一般	反应迟钝	领悟能力差
5. 情绪稳定与自信	稳定坚强	较为稳定	一般	稍欠稳定	易于激动
	非常自信	比较自信	一般	不太自信	缺乏自信

续 表

维度	等级				
6. 对本公司的了解	相当了解	了解	一般	部分了解	了解很少
7. 对专业知识的掌握程度	相当了解	了解	一般	部分了解	了解很少
8. 所具有的经验与本公司业务的对应程度	非常对应	较为对应	一般	部分对应	未能对应
9. 前来本公司工作的意愿	非常愿意	较为愿意	一般	不太愿意	非常不愿意
总评分	录用建议	是		否	
补充说明	面试评价者签字： 年 月 日				

3. 提问题项综合评价表

按提问顺序记分，每一评价要素对应若干题项，最后将各题项平均得分综合统计在一张评价表上。这种评价表一般由三部分构成：①面试提问单；②提问记分表；③综合计分评价表。

三、面试评价中注意的问题

面试是在企业员工招聘中用得最多也是争议最大的一种方法。原因是，许多企业在面试的过程中或多或少地犯一些错误，这些错误直接影响招聘工作的质量。要避免其发生，必须首先要弄清楚到底有哪些常见错误，常见的问题有以下几方面。

（一）晕轮效应

对应试者进行面试，按理应该从多个角度、全方位加以考核、测试。但是，在实际的面试中，许多面试人员并不总是这样，他们往往仅看到应试者一个或几个方面，而忽视了其他方面。换句话说，如果一个人在某一方面特别优秀或特别糟糕，面试人员对其的评价，就可能特别高或特别差，从而疏于对其他方面的了解。

（二）首因效应

首因效应是指人与人之间第一次见面留给对方的印象。许多面试考官在刚刚开始面试的时候就对应试者形成了第一印象，甚至对应试者下了定论。考官的这种轻易判断是面试中普遍存在的一种错误倾向，它使得面试过程成为应试者验证自己的判断过程，考官在后续面试中会不自觉地寻找信息来支持自己的判断。因此，考官在面试中应保持一种开放的思想，摒弃一切成见，做到公正、公平地对待每一位应聘者。

（三）过分强调应试者的负面信息

对于面试人员来说，从应试者那里获得的负面信息产生的影响往往大于正面信息的影响。通常，面试人员总是寻找应试者身上负面的东西。如果没有发现，或发现这类信息较少，应试者就可能被选中，反之，就会被淘汰出去。原因是，许多面试人员都不愿自己选来的人在用人单位被刷掉，这样于他们是很没面子的事。

（四）理想员工的固定模式

不少面试人员就某个职位所需人员进行面试时，在潜意识中大多存在着一个参照物。这个参照物多半是一个“理想人物”，或者是现在该部门中较出色的员工，或者是该职位上原工作人员，又或者是面试人员自己主观上构想的理想人物。他们常常拿“理想人物”这个模子去与应试者对号入座，合者被录用，不合者遭淘汰。

（五）期望值

面试人员对应试者都存在着一个期望值。期望值越高，受聘的可能性就越大。面试人员的期望值主要建立在应试者过去和现在所受教育、工作成功或失败的经历上。成功的经历，给面试人员心中建立的信度自然就高，面试人员对其的期望值就更大。

（六）高压力测试

不分招聘对象，滥用压力式面谈，测试应试者面对失败、面对高压力表现出来的应变能力。其实，压力式面谈对于中高层管理人员的招聘非常必要，但是，对于一般管理人员的招聘就显得过于苛刻，因为他们在工作中遇到的压力相比于中层管理人员要少得多、小得多。

（七）前后对比

如果前一个应试者各方面的能力较强，给面试人员的影响较深，那么后来的应试者就会受到影响。因为此时面试人员心中已把前一个优秀应试者作为了参照物，只有能力大大超过前者的人，才可能推翻面试人员心中的参照物。

案例学习

一个新闻系的毕业生正急于找工作。一天，他到某报社对总编说：

“你们需要一个编辑吗？”“不需要！”

“那么记者呢？”“不需要！”

“那么排版工人、校对呢?”“不，我们现在什么空缺也没有了。”

“那么，你们一定需要这个东西。”说着他从公文包中拿出一块精致的小牌子，上面写着“额满，暂不雇用”。总编看了看牌子，微笑着点了点头，说：“如果你愿意，可以到我们广告部工作。”

讨论：这位应聘者为什么能成功获得工作?

方案设计

实训项目：模拟一次面试。

实训目的：通过在学生间进行模拟面试，让学生对面试的流程，问题的设计，评价方式的选择等有更深刻的理解，通过不同角色的扮演亲身体验，有所感悟。

项目实施：

步骤 1：学生 6 人为一组，建立学习任务小组，选出一名组长，组长要监督组员的学习和任务的进展情况，组长根据实训任务，安排组员分工合作。

步骤 2：每组在各自成立的公司前提下，根据原先设计的面试题目，在班上模拟一次面试。

步骤 3：每组各派两名同学当考官，一名同学当计分员，其他同学当应聘者，要求应聘者不能到本组的公司面试，只能到其他公司进行面试。

步骤 4：考官根据应聘者面试的岗位有针对性地进行提问，并填写面试评分表。

步骤 5：最后由考官确定录用名单。

实训材料：

(1) 面试的题目。

(2) 面试评分表。

(3) 应聘者简历。

(4) 确定录用的名单。

学习情境五　员工录用与入职培训

学习目标

1. 了解员工录用的概念和作用；
2. 掌握录用员工的原则；
3. 掌握入职培训的内容；
4. 认识员工培训的重要性。

技能目标

1. 能够根据企业的实际情况选出合适的应聘人员；
2. 能结合企业所需岗位，并在此基础上设计入职培训方案；

职业情境

马玉是一家外贸公司的招聘专员，近期公司需要招聘一位销售部经理。经过了部门申报、设定岗位、发布招聘信息、筛选简历、面试等环节。最终有 3 人列入了可供录用的名单中。但是究竟最终录用哪位，难倒了马玉。一位面试非常优秀，学历很高，但是试用了一个月后，发现这位成功的应聘者并不能胜任上司交给他的工作，现在经理正想着换人。

一个月后当给第二位候选人打电话通知上班时，对方回答道："对不起，我可能无法接受贵公司的 Offer。"马玉很震惊："我们公司的薪酬福利待遇都不错，为什么呢?"应聘者说："另一家公司已经在一周前为我提供较好的职业发展空间，所以我已经接受了他们的 Offer。"这下所有的努力和功夫白费了！

第三位候选人是通过企业内竞聘上岗的员工，马玉认为他已经熟悉公司业务了，不要培训，可以直接上岗了。虽然其在原先的岗位上表现得非常出色，但是在销售部岗位上的工作状况很糟，此时的马玉不知道这是为什么？难道刚开始看错人了？

情境分析

招聘决策是员工招聘的最后一环，也是非常重要的一环。如果前几个步骤准确无误，而在最终人事决策上面失策，只能是前功尽弃。在招聘录用环节中，人力资源部门应当本着对公司和应聘者负责的态度认真对录用信息，进行核实，及早确认。做出正确的录用决策，并与决定录用人员确定劳动关系，通过入职引导帮助新员工适应新的工作。

学习任务一　做出录用决策

案例引入

通用电气公司（GE）招聘不重学历重潜力

帮助每一位员工成长并实现梦想，是GE百年不变的价值核心。GE公司对职位进行公开招聘，是想找到最适合这个职位的候选人，而不一定是最资深、最高学历或是一定要名校出身。所以，一般来说，机会是均等的，高学历并不会得到加分。

GE选拔人才的方式主要通过学校招聘、市场招聘、猎头和员工推荐等。从2004年开始GE的校园招聘人数，从以前近100名，增加到215名，这是一个非常大的变化，也可以看到GE在中国对人力资源投资的一种承诺。GE会做一些很好的宣传，同时在GE内部建立了一套运行体制。GE还要求每个业务部门的CEO都必须参与校园招聘活动，给学生们介绍GE在中国的发展前景，需要什么样的人才，或者介绍某一个GE业务集团的情况。GE常常请出以前很多从这些学校毕业的同事回到母校，向毕业生们现身说法。另外，GE积极推行假期学生实习项目，以便GE能够在早期挑选到好的人才，从而使GE的校园招聘更加成功。

GE的纳新原则可以从三个方面来讲。第一，从技术专业方面来讲，要看这个人的专业素质和专业标准是不是符合对这个位置的基本要求。第二，从这个人的道德品质来看，主要是从GE的价值观来看，这个人是不是拥有GE的价值观坚持诚信，渴望变革，注重业绩。第三，要看这个人有没有潜力，GE在招聘人员的时候会把眼光看得稍微远一些，看这个人除了做这个工作以外，将来他会不会还有潜能来做更高一点位置的工作，或者做范围更宽方面的工作。

GE很看重人才的潜力，而潜力最重要的表现就是业绩，业绩又包括价值观和他的专业业绩。每个人刚进GE的时候，公司只能预计他在某方面可能做得很好，但是工作一年以后，GE就会根据实际表现，利用详细、严密、公正、透明度很强的手段，评估出到底谁是最好的。对于业绩好并有潜力的员工，会根据他的职业目标，通过包括升职在内的各种形式，让他向上发展。GE公司对人才的基本要求除了对专业技能的硬件要求，同时也看重应聘者的软件素质，包括团队合作能力、沟通能力（足够的中、英文工作语言能力）、逻辑思维和分析能力、创造能力（对工作的前瞻性把握、自身激励能力）。对一些领导培养项目，GE还希望应聘者积极参加社会活动，具有担任领导、组织工作的经验。此外，诚信在GE非常重要，诚信是公司衡量员工的首要条件。

想一想：

问题1：通用电气公司选人具有什么特点？

问题2：选择了合适的人对企业来说有什么重要意义？

知识准备

录用决策是人力资源形成和配置过程的一个重要组成部分，是招聘工作的最后阶段。录用决策过程不能依据个人的主观臆断，有其科学的原则和策略。

一、录用决策的含义及策略

录用决策是指人事任免决策，也就是最终决定雇佣的应聘者，以及分配给他们岗位的过程。

日常工作中，许多公司的录用决策比较简单，就是用人部门和人事专员看完后凭其双方个人经验判断决定是否录用，有的甚至只要用人部门或人事专员一方看了合适就定了，这种方式效率高但难免会有风险，严格来说是不够科学规范的。录用决策要避免主观武断和不正之风的干扰，把选拔阶段多种考核和测验结果组合起来，进行综合测评，从中择优确定录用名单。

录用员工是很严肃的事，一是应充分考虑是否符合公司企业文化和职位要求，能否为业绩提升带来贡献；二是对员工负责，能否满足其起码要求，能够给员工带来什么，包括能力提升等；三是录用过程是否符合法规要求，是否存在一定法律风险；四是录用员工是否会打乱内部公平性。要做到以上这些，凭个人经验简单判断录用与否是比较轻率的事，应当有相对科学规范和符合公司要求的录用流程，才能保证公司、员工“双赢”，而且又能减少录用的法律风险。

人员选拔环节中的所有方法都可以用来选择潜在的雇员，但决定使用哪些选拔方法，一般要综合考虑时间限制、信息与工作的相关性、费用等因素。对相对简单或无须特殊技能的工作采用一种方法选拔，例如，招聘打字员，根据应聘者打字测试成绩就足以做出录用决定。但是对于管理职位或是重要的职位，必须采用群体决策法，至少需要三个人一起做出录用决策，这三个人一般应该包括待聘岗位的直接上司、人力资源部的工作人员、负责人事工作的高层管理人员，有时还包括待聘者将来的同事。

阅读材料

当候选人在素质差不多时，该如何取舍

一位优秀的人力资源管理者知道企业需要什么样的人，选中的人可能不是最优秀的，但一定是最合适的。当候选人很多，且素质差不多时，一般取舍的方法有：

(1) 主要考察候选人的核心技能和潜在工作能力；

(2) 在候选人工作能力基本相同时，要优先考虑其工作动机；

(3) 不用超过任职资格条件过高的人；

(4) 当对候选人缺乏足够信心时，不能将就；

(5) 尽量减少做出录用决策的人，以避免难以协调不同意见；

(6) 如经上述步骤仍然无法确定人选，可再做一次测验。

二、录用决策的程序

进行最终人事录用决策的步骤一般包括做出初步录用决定、查阅档案资料（背景调查）、面谈薪酬待遇、录用与未被录用通知，办理入职手续（体格检查），最终确定最终人选。

（一）做出初步录用决策

结合笔试、面试成绩以及人力资源部提供的背景资料确定最终录用人员名单。在做出录用决策的时候，基于公司的企业文化以及管理方式做出最终的录用决策。最好的不一定是最合适的。可以通过不同候选人之间的比较得出决定，也可以通过候选人与招聘标准之间的比较来做出决定。决策者要注意的是既要全面衡量候选人的各个方面，又不能够吹毛求疵，而且要注意候选人背景资料的调查，减少企业的风险。

员工录用是从应聘者中挑选最适合特定岗位要求的人员的过程。企业的招聘过程对录用过程的质量影响很大。大多数管理者认为员工选择录用是最困难、也是最重要的决策之一。在招聘录用过程中组织往往需要将多种测评工具结合在一起使用，在使用多元选择方法时一般有三种原则。

1. 补偿原则

所谓的补偿原则是指工作申请人在招聘测试中成绩高的项目可以补偿成绩低的项目，最后根据应聘者在所有测试中的总成绩做出录用决策。因此在评价时可以对不同项目设置不同的权重。例如，未来工作业绩预测值＝0.6＋0.4×工龄＋0.3×IQ成绩＋0.5×学历分。

这种补偿原则适用于对申请人没有某种最低要求，而是要强调申请人综合素质的情况。

2. 多元最低限制原则

所谓的多元最低限制原则是指申请人在测评的每个方面都必须达到某个最低的标准才不会被淘汰。在应用这种方法时，申请人依次经过各种测试，只有在测试中没有被淘汰的才有资格参加下一轮测试。为了进一步降低成本，在测试手段的安排上，应该首先选择成本较低的测试手段，成本越高的手段越要安排在后面。

3. 混合原则

组织在招聘员工时经常遇到这样的问题，即在某几个方面对员工有最低的要求，但是在其他几个方面对员工没有最低的要求，这时就可以运用混合原则。具体的步骤是首先对申请人运用多元限制原则淘汰一部分，然后运用补偿性原则对申请人进行综合评价。

阅读材料

做出录用决策注意事项

在做出录用决策时需要注意以下几个问题。

（1）尽量使用全面衡量的方法。企业要录用的人员必须是能够满足单位需要，符合应聘岗位素质要求的人才。因此，必须根据单位和岗位的实际需要，针对不同的能力素质要求给予不同的权重，然后录用那些得分最高的应聘者。

（2）减少做出录用决策的人员。做出录用决策的人员必须少而精，并选择那些直接负责考察应聘者工作表现的人，以及那些会与应聘者共事的人进行决策。如果参与决策的人太多，会增加录用决策的困难，造成争论不休或浪费时间和精力。

（3）不能求全责备。在录用决策时不要吹毛求疵，专挑小毛病，总是对应聘者不满意。必须分辨哪些能力对于完成工作是不可缺少的，这样才能录用到合适的人选。

（二）背景调查

在做出最终的录用决策之前，需要人力资源部对初步选中的应聘者进行背景调查。

1. 背景调查及原因

背景调查是用人单位通过“第三者”对对应聘者的情况进行了解和验证。这里的“第三者”主要是指应聘者原来的雇主、同事以及其他了解应聘者的人员，或者是能够验证应聘者提供材料准确性的机构和个人。

在录用决策过程中对应聘者做背景调查的主要原因有如下几方面。

（1）为了企业成功地找到能为自己创造价值的人才。如果应聘者伪造了自己的学历以及工作经验，那么他们完全可以被排除。如果不作背景调查，企业很可能会付出高成本却没有回报。

（2）避免被追究法律责任。设想一位酒店的服务人员因为道德问题而丢掉了他的上一份工作，那么你雇用了他就会面临大的风险。

2. 背景调查的内容

背景调查通常主要包括应聘者的教育情况、工作经历、档案资料三方面。

（1）学历水平具体包括文凭、普通高等教育的文凭或其他学位证书、执照、证明或其他证书等内容。

（2）工作经历具体包括之前聘用时间、所任职务、基本职责、主管的姓名和职务、离职后的补偿等。

（3）档案资料具体包括被录用者申请工作岗位时填写的申请表格、个人人事档案等。

背景调查的方法包括打电话、发电子邮件、传真、访谈、要求提供推荐信等。

3. 背景调查遵循原则

（1）只调查与工作有关的情况，并以书面形式记录下来，作为对应聘录用与否的依据。

（2）重视客观内容的调查核实，淡化应聘者性格等方面的主观评价内容。

（3）慎重选择“第三者”，要求对方尽可能使用公开记录来评价员工的工作情况，避免偏见的影响。

（4）估计调查的可靠程度。一般来说，应聘者的直接上司要比人力资源管理人员的评价更加可信。

（5）利用结构化表格，确保不会遗漏重要问题。

4. 背景调查的流程

（1）在雇佣前应聘者需详细填写人事档案（内容至少应包括姓名、性别、年龄、身份证号码、个人近照、家庭地址、主要家庭成员、教育经历及工作经历等），并提交有效身份证件作为安全调查的凭证。人事部门在收到申请人的上述资料后，指派特定行政部文员进行背景调查（当然也需对调查人进行调查），先通过资料了解应聘者的背景资料。

（2）约见应聘者，通过观察应聘人员相貌特征与身份证相貌特征方面鉴别身份证是否为应聘者本人的（对比应聘者与身份证上的照片，有些身份证制作时间可能比较早，应聘者与身份证上的照片会有变化，但一些主要的面貌特点是不会改变的；询问人事档案上的一些资料，如家庭住址等，如是借用他人的身份证，就有可能答错），防止有人用别人的身份证混进企业内部；通过与其面谈了解相关信息，核对相关资料；通过身份证识别仪、网络及当地公安部门等对个人身份证进行真假核实。

（3）以电话、信函或登门拜访等方式查询前雇用单位此人是否曾贪污受贿、私挪公款受到处罚，是否曾有严重渎职行为，是否曾有因品格不良被开除，是否曾有违法犯罪行为等；或者经过问询申请人的同乡或介绍人等方法，以获得所需数据。

（4）做出结论，调查如发现应聘者背景有问题，将不予录用。

阅读材料

假文凭的识别

文凭代表一个人的受教育程度，与文凭对应的是持有者的学识和能力。假文凭的出现使这种信息传递机制受阻，应聘者占据着不为用人单位所知的关于自身真实水平的信息，容易造成“逆向选择”。而实际上，企业招聘最看重的是应聘者的学识和能力，而文凭可作为参考，因此识别假文凭非常必要。以下方法可以帮助识别假文凭。

1. 观察法

有些假文凭做工低劣，如纸质硬度不够、学校公章模糊、钢印不清等，通过肉眼可以识别出来。但有些假文凭制作比较逼真，简单凭肉眼很难识别。

2. 提问法

根据文凭中的学校、院系、专业，可以提一些与之相关的问题，根据应聘者的反应判断文凭的真实性。

3. 核实法

招聘单位可以与文凭发放学校的学籍管理部门取得联系，让学校协助调查文凭的真伪。

4. 网上查询

登录文凭发放学校的网站进行查询；还可以登录公共的高等教育学历查询网站查询。国家教育部唯一指定的高等教育学历查询网站网址是：http：//www.chsi.com.cn/xlcx/。输入证书编号＋姓名＋查询码＋验证码在线查询。

也可以登录上述网站就业频道，注册成为会员，购买学信卡充值后在线查询学历，就业频道的会员可查询 1991 年以来的学历数据。

（三）面谈薪酬待遇

当经过背景调查之后，被录用人员基本确定下来，此时需要找拟录用人员面谈。面谈的主要内容涉及薪酬的期望和待遇问题。薪酬谈判是招聘过程中必不可少的一个环节。薪酬待遇包括薪酬和福利构成。薪酬包括工资、奖金、各类津贴等；福利包括养老保险、失业保险、工伤保险、医疗保险、住房公积金、国家规定的法定节假日、带薪休假、餐费补贴及交通补贴等。不同企业不同福利待遇，但是《中华人民共和国劳动法》规定的相关项目，如劳动保险、法定假日等，则必须保留。

1. 薪酬待遇面谈的时机

对可替代性强的基层岗位，企业会在面试时明确告知薪酬，而对其他岗位，通常在企业得出初步录用决策后进行薪酬谈判。

一般情况下企业提供的薪酬待遇和应聘者需求的待遇能够完全吻合的较少，大部分情况是应聘者提出过低或过高的薪酬要求。所以在面谈的过程中，对于应聘者提出的薪酬期望，人事专员要学会分析，并给出适当的引导和答复。

2. 候选人提出过低的薪酬要求

候选人提出过低薪酬要求时（超过本企业下限的20%）时，可能是候选人对要加入的行业、企业的薪酬情况不了解，或不熟悉地域的薪酬差异。企业应把握一个基本原则，即应该给候选人强烈的信息，暗示其只要真正展现出工作实力和热情，薪酬会有比较大的上升空间。

但如果排除以上原因，候选人的薪酬要求较之以往大幅度降低，则可能是因为其在工作或其他方面遭遇到挫折。此时，谈判者不要当即答应，而是应当尽量多地收集信息，了解其真实原因，以免出现用人风险。在一些高科技企业，一些优秀人才往往会为了事业的前景而放弃优厚的待遇。遇到这种情况，企业谈判者应当确定本公司是否能满足其发展的需要。

3. 候选人提出过高的薪酬要求

候选人提出过高薪酬要求时（超过本企业上限的20%）时，一方面可能是候选人对地域、行业、企业的薪酬情况不熟悉，另一个方面可能是候选人对自己的能力有一些过高的估计。此外，一些具有欧美文化背景的候选人，往往个性张扬，企业切莫立刻挂出“免战牌”，这其中有很多人不乏“真材实料”。

当遇到这种情况时，企业可以尝试以下几步。

（1）描绘愿景目标。越优秀的人才，越看重工作乃至事业的意义。公司所处的行业前景如何，公司的愿景是什么，对成就动机强烈的人员，这些因素的吸引力不可低估。

（2）展示发展机会。详细展示公司的工作价值、学习机会、提升机会、团队气氛、挑战性、未来发展、品牌效应等，与候选人的现有环境进行比较，引导其看到个人发展的空间。

（3）明确未来增长。详细介绍公司的经营情况、公司薪酬调整的频率或幅度、公司的各项福利等。例如，“虽然现在工资不高，但每年都会有涨工资的机会，过几年工资水平有可能达到……”引导其看到未来薪酬的增长空间。

（4）突然反向出击。暗示候选人如果薪酬要求过高，也许会使公司重新权衡。该方法需要分辨候选人的具体情况，慎重使用。

（5）善于转换方式。表明公司看重的是员工的真正实力——候选人在证明自己本身的实力之前，公司承担着一定的风险。探明候选人的心理底线，如果无法满足其工资要求，看是否可以采用“固定＋浮动”的方式，灵活发放。这样也可以为企业降低用人风险。

（6）建立情感基础。坦诚表达对获选人的欣赏与肯定。真诚的欣赏与肯定更能打动候选人。

（7）保留“还价”余地。到了这一步，就要让候选人亮出底牌，询问其能接受的薪酬水平。在这一环节取得候选人的明确答复，并应当表示会尽力争取公司破例（不超过预算的前提下）。这样既可以有效地阻止候选人再次讨价还价，还可以使企业保留还价的主动权。

（四）录用与未被录用通知

经过了前几步的准备，合适的人选几乎都确定，这时就要将最终的录用结果通知所有应聘者。在通知被录用者方面，最重要的原则是及时。实践表明，决定录用后没有及时通知而使得录用者失去机会的例子很多，同时也影响了企业的外在形象。因此，录用决策一旦做出，应该马上通知被录用者。

通知被录用者可以通过电话或者电子邮件等形式。在通知同一批被录用者时，应注意用同样的方式通知，平等一致地对待所有被录用者，能够给他们留下好的印象。

拟订人员录用通知要注意以下几点（如表 5-1 所示）。

（1）用语贴切、得体，反映企业的良好形象。

（2）明确企业向被录用者提供的职位、工作职责和薪酬等。

（3）注明员工报到的时间、地点、程序。

（4）注明如何到达地点和其他一些需要说明的信息。

（5）欢迎新员工加入企业。

表 5-1　　录用通知示例

××公司录用通知
尊敬的________先生/女士： 感谢您应聘本公司________职位，经初审合格，现根据本公司员工录用规定给予录取，欢迎您加入本公司行列。有关报到事项如下，请参照办理。 一、报到时间： 报到日期：20　年　月　日　时　分。地点： 二、携带资料： 1. 居民身份证（原件及复印件）。 2. 毕业证、学位证（原件及复印件），其他与工作相关的工作证明。 3. 近期一寸彩色照片二张。 以上事项若有疑问或困难，请与本公司人力资源部联系。电话：010-××××××

对于不合格或决定不予录用的应聘者的拒聘，贯穿于人员甄选的每个阶段。及时通知未被录用者对于招聘者而言可以让其抓紧时间申请其他工作；对于企业招聘来说，可以减少下一步甄选的工作量，节约经费开支。因此，及时拒聘未被录用者，既是对企业负责，也是对应聘者负责的做法。

通知未被录用者可以采取电话或电子邮件的方式，在拒聘信或电话中应给被拒聘者一定的安慰，并感谢他们对企业的支持。如果被拒聘者是由员工或熟人推荐来的，还应向推荐人申明原委并致歉，必要时还可赠送一些小礼物以联络感情。

拟订辞谢通知书要注意以下几点（如表 5-2 所示）。

（1）尽量用书面的方式通知，并有统一的表达方式。

（2）注意辞谢信的内容和措辞。

表 5-2　　辞谢通知示例

××公司辞谢通知
尊敬的________先生/女士： 十分感谢您应聘本公司________职位。我们仔细讨论了每位应聘者的资料，你的学识、资历、修养和气质均给我们留下了良好的印象；可惜本次名额有限，暂时不能借以重用，但我们已将你的资料列入人才储备档案，期待有机会再合作。 最后对您应征本单位的热诚，再次致谢，也希望你能继续关注我们公司的发展。 预祝事业顺利！ ××公司人力资源部（公章）

（五）办理入职手续

拟录用人员接到录用通知书后，于规定的时间来到单位报到，提交健康体检证明、与原单位办理的交接手续等材料。只有完成这些方可正式办理入职手续。办理入职手续的第一步是及时与新员工签订劳动合同，这也是录用决策的最后环节。

签订劳动合同是指劳动者与用人单位之间为确立劳动关系，依法协商达成的明确双方权利和义务的协议。根据《中华人民共和国劳动合同法》（以下简称《劳动合同法》）的规定：建立劳动关系，应当订立书面劳动合同。订立劳动合同，应当遵循合法、公平、平等自愿、协商一致、诚实信用的原则。

《劳动合同法》第十七条规定劳动合同应当具备以下条款：

（1）用人单位的名称、住所和法定代表人或者主要负责人；

（2）劳动者的姓名、住址和居民身份证或者其他有效身份证件号码；

（3）劳动合同期限；

（4）工作内容和工作地点；

（5）工作时间和休息休假；

（6）劳动报酬；

（7）社会保险；

（8）劳动保护、劳动条件和职业危害防护；

（9）法律法规规定应当纳入劳动合同的其他事项。

劳动合同除前款规定的必备条款外，用人单位与劳动者可以约定试用期、培训、保守秘密、补充保险和福利待遇等其他事项。

劳动合同期限分为固定期限、无固定期限和以完成一定工作任务为期限三种。劳动合同期满后，如果任何一方不满意，除《劳动合同法》规定的特殊情况外，都可以不再续签合同，双方都有解除劳动合同的权利。上述三种期限的劳动合同各有特点，应互相并用，区别对待。有的企业的劳动合同千篇一律，没有对生产经营计划中劳动用工的数量、质量做出科学的安排。有的企业干脆把劳动合同都签成3年或5年，这样合同一旦到期，对企业发展极为不利。总体来说，订立劳动合同时要注意合理拉开期限档次，保证企业既有相对稳定的职工队伍，又有合理流动的劳动人员。

被录用人员签订劳动合同以后正式进入企业，成为新员工。一方面，人事部门要求新员工填写个人档案登记表，便于需要时查询有关信息。另一方面，企业招用员工，应向当地行政主管部门办理录用手续，证明录用职工具有合法性，受到国家有关部门承认，并且使招聘工作接受劳动人事部门的监督。企业办理招聘录用手续应向劳动行政主管部门报送员工登记表，填写内容包括：员工姓名、年龄、性别、种族、籍贯、文化程度、政治面貌、个人简历、考核结果、企业同意录用意见等。报经劳动行政主管部门审查同意，在登记表上加盖同意录用的印章，录用手续即办理完毕。

案例学习

某公司招聘一名人事经理，经过多轮选拔，最后确定了两名候选人：小王和小李。但是招聘小组对两名候选人的最终人选意见不一。面试中，两人表现旗鼓相当。招聘小组两方各执一词，一方观点：小王踏实、稳重，有多年的管理经验；另一方观点：小李擅长人际沟通技巧，专业基础扎实，有多年的工作经验。双方争执不下，最后依据定量化考评要素分析的结果，做出录用决策。

候选人基本资料表如表5-3所示。

表5-3　**候选人基本资料表**

姓名	性别	学历	年龄（岁）	本职工作经验（年）	以前的工作表现	录用决定
小王	男	企业管理学士	30	6	良	可录用
小李	男	人力资源管理学士	30	5	良好	可录用

两人的综合评价要素得分表如表5-4所示。

表5-4　**综合评价要素得分表**

考评要素	权重（%）	小王得分		小李得分	
		要素得分（满分：120分）	加权得分	要素得分（满分：120分）	加权得分
专业知识	12	10	1.2	14	1.68

续 表

考评要素	权重（%）	小王得分		小李得分	
		要素得分（满分：120 分）	加权得分	要素得分（满分：120 分）	加权得分
人际沟通技巧	15	12	1.8	14	2.1
计划组织能力	15	14	2.1	10	1.5
决策领导能力	16	15	2.4	13	2.08
分析判断能力	12	12	1.44	13	1.56
语言表达能力	10	13	1.3	14	1.4
责任心	10	10	1	10	1
团队合作	10	13	1.3	12	1.2
加权得分			12.54		12.52

最终的录用决策：录用小王。

讨论：该案例中采用了什么形式的决策方式？这样的招聘方式对企业起到什么作用？

方案设计

实训项目：分组解决问题。

实训目的：通过预设案例问题的解决，让学生掌握做决策的方法及技巧，加深学生对招聘的认识。

项目实施：

步骤 1：学生 6 人为一组，建立学习任务小组，选出一名组长，组长要监督组员的学习和任务的进展情况，组长根据实训任务，安排组员分工合作。

步骤 2：组员分工对于案例中出现的问题进行分析并找出问题的原因。

步骤 3：结合本节所学内容，总结招聘录用环节中应该注意什么？

步骤 4：小组讨论后确定一名同学做记录，其他同学负责后期的整理和成果汇报。

步骤 5：分组进行成果汇报，由小组自评、组内互评和教师点评三位一体的方式进行综合评分。

实训材料：

露秋公司主要生产、销售医疗药品，随着生产业务的扩大，为了对生产部门的人力资源进行更为有效的管理、开发，他们希望在生产部建立一个处理人事事务的职位，工作主要是生产部与人力资源部的协调，人力资源部经理王量对应聘者做了初步的筛选，留下了 5 人交由生产部经理李初再次进行筛选，李初对其进行选择，留下了两人，决定由生产部经理与人力资源部经理两人协商决定人选。这两个人的简历及具体情况如下：

赵安：男，32 岁，有企业管理硕士学位，有 8 年一般人事管理及生产经验，在此之前的两份工作均有良好的表现。

钱力：男，32 岁，有企业管理学士学位，有 7 年的人事管理和生产经验，以前曾在两个单位工作过，第--位主管评价很好。没有第二位主管的评价资料。

看过上述的资料和进行面谈后，生产部经理李初来到人力资源部经理室，与王量商谈何人可录用。

王量："两位候选人，看来似乎都不错，你认为哪一位更合适呢。"

李初："两位候选人的资格审查都合格了，唯一存在的问题是，钱力的第二位主管给的资料太少，但是虽然如此，我也看不出他有什么不好的背景，你的意见呢？"

王量："很好，李经理，显然你我对钱力的面谈表现都有很好的印象，人吗，有点圆滑，但我想我会很容易与他共事，相信在以后的工作中不会出现大的问题。"

李初："既然他将与你共事，当然由你做出决定更好，明天就可以通知他来工作。"

于是，钱力被公司录用了，进入公司工作 6 个月以后，他的工作不如期望做得好。指定的工作，他经常不能按时完成，有时甚至表现出不胜任其工作的行为，所以引起了管理层的抱怨，显然，钱力对此职位不适合，必须加以处理。

分小组讨论：

（1）为什么会错选钱力？

（2）王量是如何影响李初做决定的？运用什么样的方法可以发现钱力的缺点？

（3）如果你是人力资源部经理，你该如何处理这件事情？

（4）从本案例中，你发现了什么问题？在实际工作中应如何避免？

学习任务二　了解新员工培训

案例引入

IBM 新员工培训

所有的 IBM（国际商用机器公司）新员工都是"新蓝"，包括大学刚毕业就加入 IBM 的"纯蓝"。IBM 的新员工培训一般都在本土进行。IBM 的新员工培训按照新员工的职属不同被分为两类。一类是针对业务支持的员工，主要指行政管理人员，即 Back-Office（后勤办公室）；另一类则是针对销售、市场和服务人员，占公司员工的大多数，称为 Front-Office（前办公室）。社会招聘的新员工培训因为有工作经验，进行的培训要比校园招聘的新员工精简一些。

对新进入 IBM 公司的行政管理人员，要经过两个星期的培训，目的是了解 IBM 的企业文化、政策等公司概况。之后回到自己的岗位上跟着一名指定的“师傅”（tutor）边工作边学习，这也就是常说的IBM“师傅徒弟制”，以便于新员工边干边学、尽快熟悉工作。

对新进入IBM公司的销售、市场和服务人员，则需要先经过3个月的集中强化培训，回到自己的工作岗位之后还要接受6～9个月的业务学习。

进入IBM的“纯蓝”们不会像一个迷茫无助、不受重视的个体。IBM首先会对他们进行4个月的全面培训，之后，会按照职位需要和个人能力分配到IBM相关的部门。接着，针对新员工的指导计划会展开，以帮助新员工分享老员工的知识和经验。

不仅如此，以“培养IBM的未来之星”为目标的“个人发展链（EDC）”将伴随着新员工在IBM成长、成熟乃至担当大任。

想一想：

问题1：IBM公司新人培训具有什么特点?

问题2：这种培训方式对于企业来说有什么重要意义?

知识准备

一、新员工培训及其作用

新员工培训是指给企业的新雇员提供有关企业的基本背景情况，使员工了解所从事的工作的基本内容与方法，使他们明确自己工作的职责、程序、标准，并向他们初步灌输企业及其部门所期望的态度、规范、价值观和行为模式，等等，从而帮助他们顺利地适应企业环境和新的工作岗位，使他们尽快进入角色。

新员工培训对企业和个人都有重要的作用。

（一）使新员工较快适应工作环境

新员工培训对于个人来说是对企业进一步了解和熟悉的过程。通过对企业的企业文化、发展历程、管理组织结构发展目标等内容的了解，可以缓解新员工对新环境的陌生感和由此产生的心理压力，另一方面，可以降低新员工对企业不切合实际的想法，正确看待企业的工作标准、工作要求和待遇，顺利通过磨合期，实现自我管理，节约管理成本。

（二）使新员工较快胜任工作岗位

通过岗位要求的培训，员工手册、职务说明书以及相关技能的培训，使新员工明确工作职责及职业操作流程，让新员工能够很快胜任岗位，提高工作效率，取得较好的工作业绩，起到事半功倍的作用。

（三）利于新员工建立良好人际关系，逐渐被团队接纳

新员工培训中经常会引入沟通游戏，团队协作课题等内容，使新员工树立团队意

识，与老员工和新同事充分接触，互相交流，形成良好人际关系，并逐渐被团队接纳。

（四）为招聘、甄选、录用和职业生涯管理等提供信息反馈

通过岗位培训，新员工在招聘与甄选活动中制造的假象会暴露，招聘负责人的错误认知和主观偏见会得到检验，而且新员工也会充分地表现自己的全面形象，从而加深企业对员工的了解，这些都能给招聘、甄选、录用和职业生涯管理等提供信息反馈，为后续的招聘工作积累经验。

阅读材料

认识“员工手册”

“员工手册”是企业规章制度、企业文化与企业战略的浓缩，是企业内的“法律法规”，同时还起到了展示企业形象、传播企业文化的作用。它既覆盖了企业人力资源管理的各个方面规章制度的主要内容，又因适应企业独特个性的经营发展需要而弥补了规章制度制定上的一些疏漏。站在企业的角度，合法的“员工手册”可以成为企业有效管理的“武器”；站在劳动者的角度，它是员工了解企业形象、认同企业文化的渠道，也是自己工作规范、行为规范的指南。特别是在企业单方面解聘员工时，合法的“员工手册”往往会成为有力的依据之一。

新《中华人民共和国劳动法》第二十五条规定的用人单位可以随时解除劳动合同的情形中包括“严重违反劳动纪律或者用人单位规章制度的”，但是如果用人单位没有规定，或者规定不明确，在因此引发劳动争议时，就会因没有依据或依据不明确而陷入被动。制定一本合法的“员工手册”是法律赋予企业的权利，也是企业在管理上的必需品。

《中华人民共和国劳动合同法》和《中华人民共和国劳动争议调解仲裁法》相继颁布，出于保护劳动者的立法宗旨，对企业的人力资源管理提出了更高的要求。因此，从调整企业人力资源管理理念，提升员工关系管理水平，避免劳资冲突，建立和谐的劳动关系等各方面来讲，根据企业规模、经营管理特点、行业特点、用工方式及种类，量身打造精品员工手册对于企业的成长和发展至关重要。

二、新员工培训内容

针对不同的聘用人员培训内容是可以变动的，但整体而言，无论形式如何变化，新员工培训都包括以下内容。

（1）介绍企业的经营历史、宗旨、规模和发展前景，激励员工积极工作，为企业的繁荣做贡献。

（2）介绍公司的规章制度和岗位职责，使员工们在工作中自觉地遵守公司的规章，

一切工作按公司制定出来的规则、标准、程序、制度办理。包括工资、奖金、津贴、保险、休假、医疗、晋升与调动、交通、事故、申诉等人事规定；福利方案、工作描述、职务说明、劳动条件、作业规范、绩效标准、工作考评机制、劳动秩序等工作要求。

（3）介绍企业内部的组织结构、权力系统，各部门之间的服务协调网络及流程，有关部门的处理反馈机制。使新员工明确在企业中进行信息沟通、提交建议的渠道、使新员工们了解和熟悉各个部门的职能，以便在今后工作中能准确地与各个有关部门进行联系，并随时能够就工作中的问题提出建议或申诉。

（4）业务培训，使新员工熟悉并掌握完成各自本职工作所需的主要技能和相关信息，从而迅速胜任工作。

（5）介绍企业的经营范围、主要产品、市场定位、目标顾客、竞争环境等，增强新员工的市场意识。

（6）介绍企业的安全措施，让员工了解安全工作包括哪些内容，如何做好安全工作，如何发现和处理安全工作中发生的一般问题，提高他们的安全意识。

（7）企业的文化、价值观和目标的传达。让新员工知道企业反对什么、鼓励什么、追求什么。

（8）介绍企业对员工行为和举止的规范。如关于职业道德、环境秩序、作息制度、开支规定、接洽和服务用语、仪表仪容、精神面貌、谈吐、着装等的要求。

（9）企业的规章制度和相关的法律文件。包括有效劳动合同的签订、辞职的流程规定、请假制度等各项规章制度的运作程序等。

阅读材料

新员工培训中的科技手段

在“互联网+”发展的今天，新员工培训也要学会利用各种各样的科技手段。

例如，一些公司会为新来的管理人员提供预装好的个人数字助手。这些数字助手中包括与其有工作联系的关键人物，甚至这些关键员工的数码图像。

还有些企业则把公司的全部或部分新员工入职引导视频放到内部局域网上，供新员工随时学习。

IBM公司则建立虚拟环境来支持新员工的培训，尤其是对海外的新员工，新员工通过选择虚拟人物，就可以与公司中代表其他员工的虚拟人物进行互动，例如，学习如何注册参加公司的福利计划。

三、新员工培训的过程及方法

（一）新员工培训的过程

在任何情况下培训都是成功管理的一个标志特征，如果管理人员忽视了培训工作，他们就要冒很大的风险。那么既然每一个企业都要对新员工进行培训，那么培训的过程是怎样的呢？培训活动一般包括四个步骤。

1. 培训需求分析

本环节需要确定职位所需要的知识和技能，然后将这些要求与将要受训者已经具备的知识和技能进行对比。

2. 教学设计阶段

为此次培训确定具体的、可衡量的知识和绩效方面的培训目标，查阅各种可能的培训内容（包括工作手册、练习和各种活动等），并为此次培训项目编制预算。本环节最好争取让受训者及其直接上级一道参与培训项目的设计，制定一项培训的出勤政策，鼓励员工的积极参与。

3. 实施培训计划

运用在职培训或在线培训等方法对目标员工群体实施培训。本环节最好做到为受训者提供与其实际工作环境相似的培训体验和条件（环境、设备等）。

4. 评估阶段

对培训项目的成功程度做出评估。如果有条件的企业可以在本环节强化受训者学到的东西，例如，表扬和鼓励那些在工作中使用培训提供的新技能的员工，确保员工能够获得使用新技能所需的各种工具和材料等。

（二）新员工培训的方法

新员工培训方式应该根据本企业的组织结构和发展特点，设计多样化的培训方式。目前可供选择的富有成效的培训方式主要有演讲法、角色扮演法、行为示范法、视听教学法、企业内部网络培训法等。企业应根据组织和员工特点，灵活采用多种方法相结合的方式。

1. 学徒制培训

学徒制培训是最传统的培训方法之一，让受训者在一位技能熟练的师傅的指导下学习，并规定一定的时间。

2. 工作指导培训

许多工作（或者说一些工作中的一部分内容）都是由一系列有逻辑顺序的步骤组成的，因此最好是一步一步地教给员工。一般会形成纸质的版本并在每一个步骤旁边列出相应的“关键点”，让员工自己在操作的过程中自学。

3. 课堂讲授培训

尽管课堂上听课比较无聊，但是从培训的方式来看，课堂讲授可能是一种非常有效的培训方式。该方式可以用一种快速而简单的方式向一大群受训者传递知识。

4. 视听培训

伴随着视听技术的发展很多企业对新员工的培训日益信息化。企业利用电影、视频、远程培训、视频会议等方式展开培训。虽然会比课堂讲授成本要高，但是让受训者更有兴趣，尤其演示某些设备操作时，可以及时停止、重放或快进等。

5. 互联网模拟培训

通过使用计算机相关协同软件，使得受训者可以通过计算机参与虚拟课堂、虚拟情境等网络培训方式。

案例学习

康佳集团的新员工入职培训

康佳集团自成立之始，就相当重视新员工的入职培训，一直把它作为集团培训体系中的重点，给予了相当的关注，而且还专门成立康佳学院来统筹安排并规划新员工的入职培训。多年新员工入职培训的组织实践，使康佳学院针对企业用工的特点，摸索出了一套行之有效的新员工入职培训方案，最大限度地发挥了新员工培训的作用，使新入职的员工通过康佳学院的系统培训，能够迅速地转变成为具有康佳企业文化特色的企业人，敬业爱岗，为企业的发展做出了应有的贡献。

康佳集团新员工入职培训的最大特色是能够针对不同的新员工类型，规划出不同的新员工培训方案，而且，运用多种培训手段和培训方式来实施新员工培训。比如，康佳集团针对新员工的学历、岗位及工作经验的不同，将新入职的员工分成一线员工入职培训、有经验的专业技术人员入职培训和应届毕业生入职培训三种类型，不同的类型培训内容和培训重点也各有不同。

针对一线员工的入职培训，除了共同性的企业文化、人事福利制度、安全基本常识、环境与质量体系等内容以外，还规划了一线优秀员工座谈、生产岗位介绍、生产流程讲解、消防安全演练等课程，而且，还采用师带徒的方式，指定专人对新员工进行生活和工作方面的指导。

对于有经验的专业技术人员的入职培训，除了共同性的必修内容外，更多的还增加了企业环境与生产线参观、企业历史实物陈列室讲解，集团未来发展规划、团队建设与组织理解演练、团队与沟通展能训练、销售与开发介绍及公司产品销售实践等课程。

对于应届毕业生的入职培训，除了一些共同的课程外，还针对其特点，安排校友座谈、公司各部门负责人讨论、极限挑战、野外郊外等活动，同时，还规划有三个月生产线各岗位轮流实习、专业岗位技术实习等内容，采取导师制的方式，派资深员工辅导新员工进行个人生涯规划设计，并对整个一年的工作实习期进行工作指导与考核，使其能尽快熟悉企业，成为真正的企业人。

另外，针对企业用工的特点，康佳还配合人力资源部，对不定期招聘的单个新员工采取报到教育的方式，每一个新招聘的员工，不管是从何时进入企业，在办理入职手续之前，必须经过康佳学院的报到教育，由康佳学院指派专人进行个别的单独培训，培训时间安排为3个小时，培训内容安排有作为一个新入职的员工必须掌握的内容，如上、下班时间与规定，公司基本礼仪、办公室规定、公司基本组织架构等。只有等新员工人数达到康佳学院规定的培训人数后，才针对新员工的类型，组织实施新员工入职培训。

通过不同形式、不同内容的新员工入职培训方案的实施，有效地贯彻了集团公司选才、用才、留才的人力资源宗旨，并且通过培训缩短了新入职人员在公司实习过程，使部分有能力、有才干的人能够很快脱颖而出，成为公司的骨干，降低了招聘成本，规避了选才风险，成为公司人力资源管理中最为重要的一环。

讨论：康佳集团的新员工培训有什么特点？这样的培训方式对企业发展起到了什么作用？

方案设计

项目背景：中国电信广州分公司最近招聘了30名客服人员，请你为这批新入职的员工设计一套培训方案。

实训项目：学以致用。

实训目的：通过学习本任务，让学生掌握新员工培训的方法及技巧，学以致用。

项目实施：

步骤1：学生6人为一组，建立学习任务小组，选出一名组长，组长要监督组员的学习和任务的进展情况，组长根据实训任务，安排组员分工合作。

步骤2：结合本节所学内容和案例的材料，请为实训企业设计一套新员工培训方案。

步骤3：小组讨论后确定一名同学做记录，其他同学各自分工负责后期的整理和成果汇报材料。

步骤4：分组进行成果汇报，由小组自评、组内互评和教师点评三位一体的方式进行综合评分。

实训材料：

（1）小组成员做好分工，分别查找同类行业中国移动和中国联通等通信企业的培训方案，并掌握客服人员应该掌握的技能培训等材料。

（2）分工后，各自将查找的资料进行汇总，并结合本案例的要求，制订出本组的培训方案计划。

（3）最后形成本组的培训方案并制成PPT，在班上进行展示。

学习情境六　招聘评估与招聘风险规避

学习目标

1. 了解招聘评估的概念和作用；
2. 掌握编写招聘评估报告的要求、步骤和方法；
3. 掌握招聘风险的原因及对策。

技能目标

1. 能够根据企业的实际情况编写招聘评估方案；
2. 能结合企业对岗位的需求，制订合理的招聘计划并合理规避风险。

职业情境

长城公司为了加强研发工作，2015 年 3 月开始招聘研发部经理，他们在两个招聘网站发布了招聘信息，在当地的晚报上也刊登了一个月的招聘广告，还委托一个猎头公司为其寻找候选人。广告刊登后，长城公司人力资源部收到近 500 份简历。由于挑选简历的工作量很大，人力资源部决定让 3 名员工暂停手头的工作，进行简历筛选。经过一周的紧张工作，3 名员工从 500 份简历中筛选出了 10 名候选人。同时，猎头公司经过一段时间的跟进选拔，也推荐出 3 名候选人。随后，公司对这 13 名候选人进行了笔试、面试、性格测评，还请了大学教授设计了情景面试程序，却发现所有候选人都不是特别符合长城公司对这个职位的要求。考虑到急需该岗位的人选，长城公司最终还是从猎头公司推荐的人选中选出一名。此次招聘总计费用花费约 5 万元，前后用时将近 3 个月，而该经理上岗后却业绩平平。

情境分析

招聘效果评估是招聘过程中必不可少的一个环节，招聘效果评估不仅有助于检验招聘工作的有效性，提高招聘质量，降低招聘费用，改进今后的招聘工作，还可以提高企业整体的经营绩效。

学习任务一　学会招聘评估

案例引入

招聘评估带来的变化

A公司是广东省电子行业名牌企业，2012年，公司为了拓展全国市场和海外市场，准备招聘一批高素质有潜力的年轻人，公司已经将目标对象锁定在刚毕业的研究生和有3～5年行业工作经验、本科学历的社会人士。当年12月，公司参加了在中山大学举办的研究生专场招聘会，收集到1000多份简历。2013年2月，公司对经过简历筛选的电话预约面试，使公司吃惊的是，有近80%的候选人在电话中告知已经找好了工作单位或由于其他原因不能来公司面试。为了让20%左右愿意来公司面试的研究生如期参加面试，人力资源部决定为来面试的研究生报销往返车费。2013年3月，公司计划招入120名研究生的任务没有完成，招聘经费预算却超支36000元。针对这一情况，行政人力副总要求人力资源部对这次招聘工作进行评估，总结经验。人力资源部对这次招聘工作进行了认真的回顾、评估，总结了三条经验教训：一是招聘计划准备不足，没有对招聘对象（研究生）进行认真分析，比如，没有预想到参加中山大学研究生专场招聘会的省外研究生占了绝大多数。参加招聘会的招聘人员不够，只起到了收集简历的作用。二是简历筛选工作没有快速有效地进行，没有在招聘会后的2～5天内对候选人进行面试，尤其是没有考虑到外省来的研究生，这样必然导致优秀研究生的“流失”。三是对于来面试的研究生报销往返车费不太合适。因为研究生当时也处于供过于求的状态，且本公司是名牌公司，实际上只报销来程车费就能保证80%～90%的候选人来参加面试。以此为鉴，A公司在2013年和2014年的招聘工作中尽量避免类似情况的发生。另外，因为公司已经建立一套招聘评估制度，所以，A公司的招聘工作迈上了保质保量、健康发展的新台阶。

想一想：

问题1：你认为A公司的招聘评估如何？

问题2：招聘评估对企业招聘工作有怎样的影响？

知识准备

一、招聘评估的概念及作用

（一）招聘评估的含义

招聘评估主要指对招聘的结果、招聘的成本和招聘的方法等方面进行评估。一般在一次招聘工作结束之后要对整个评估工作做一个总结和评价，目的是进一步提高下次招聘工作的效率。在录用人员入职工作一段时间后，需要进行录用员工的绩效审核，分析其能力以及工作潜力，并在此基础上分析招聘工作和方法的时效性，进而改变招聘的策略和方法，或者对其招聘资源进行优势重组，招聘评估是招聘中最重要的组成部分。

（二）招聘评估的作用

1. 有利于组织节省开支

招聘评估包括招聘结果的成效评估（具体又包括招聘成本与效益评估、录用员工数量与质量评估）和招聘方法的成效评估（具体又包括招聘的信度与效度评估），因而通过招聘评估中的成本与效益核算，就能够使招聘人员清楚费用支出情况，对于其中非应支项目，在今后招聘中加以去除，因而有利于节约将来的招聘支出。

2. 检验招聘工作的有效性

通过招聘评估中录用员工数量评估，可以分析招聘数量是否满足原定的招聘要求，及时总结经验（当能满足时）和找出原因（当不能满足时），从而有利于改进今后的招聘工作和为人力资源规划修订提供依据。

3. 检验招聘工作成果与方法的有效性程度

通过对录用员工质量评估，可以了解员工的工作绩效、行为、实际能力、工作潜力与招聘岗位要求之符合程度，从而为改进招聘方法、实施员工培训和为绩效评估提供必要的、有用的信息。

4. 有利于提高招聘工作质量

通过招聘评估中招聘信度和效度的评估，可以了解招聘过程中所使用的方法的正确性与有效性，从而不断积累招聘工作的经验与修正不足，提高招聘工作质量。

阅读材料

盖洛普 Q12 测评法

盖洛普 Q12 测评法就是针对前导指标中员工敬业度和工作环境的测量，盖洛普通过对 12 个不同行业、24 家公司的 2500 多个经营部门进行了数据收集。然后对它们的

105000名不同公司和文化的员工态度进行分析，发现这12个关键问题最能反映员工的保留、利润、效率和顾客满意度这四个硬指标。盖洛普的Q12，是测评一个工作场所的优势最简单和最精确的方法，也是测量一个企业管理优势的12个维度。它包括12个问题：

(1) 我知道对我的工作要求吗？

(2) 我有准备好我的工作所需要的材料和设备吗？

(3) 在工作中，我每天都有机会做我最擅长做的事吗？

(4) 在过去的七天里，我因工作出色而受到表扬吗？

(5) 我觉得我的主管或同事关心我的个人情况吗？

(6) 工作单位有人鼓励我的发展吗？

(7) 在工作中，我觉得我的意见受到重视吗？

(8) 公司的使命目标使我觉得我的工作重要吗？

(9) 我的同事们致力于高质量的工作吗？

(10) 我在工作单位有一个最要好的朋友吗？

(11) 在过去的六个月内，工作单位有人和我谈及我的进步吗？

(12) 过去一年里，我在工作中有机会学习和成长吗？

二、招聘评估的内容及撰写报告

(一) 招聘评估的内容

传统的招聘评估方法以定性为主。但随着人力资源市场竞争日趋激烈，为更精确地评估招聘渠道的吸引力和有效性，改进招聘方法，提高招聘工作绩效，企业越来越重视招聘的定量评估。招聘定量评估通常包括招聘结果的成效评估和招聘方法的成效评估。

1. 招聘成本评估

招聘成本评估是指对招聘中的费用进行调查、核实、并对照预算进行评价的过程。它是鉴定招聘效率的一个重要指标。招聘工作结束后，人力资源部门应负责核算招聘成本，并与招聘预算进行比较分析，查找预算额与经费实际使用额之间的差异，分析总结相关经验与教训，以为后续招聘经费的预算与使用提供借鉴。

招聘总成本与单位成本计算公式如下：

招聘总成本＝直接成本＋间接成本＝招聘费用＋选拔费用＋录用员工的安置费用＋内部提升费用＋工作流动费用＋其他费用

招聘单位成本（招聘单价）＝招聘总成本/实际录用人数

做招聘成本评估之前，应该制定招聘预算。每年的招聘预算应该是全年人力资源开发与管理的总预算的一部分。招聘预算中主要包括招聘广告预算、招聘测试预算、体格检查预算、其他预算，其中招聘广告预算占据相当大的比例，一般来说按4∶3∶

2∶1比例分配预算较为合理。

在核算招聘成本的基础上，人力资源部门应进一步对招聘成本的使用效用进行核算，并与相关标准进行对比，以初步评估公司招聘工作经济效益的高低。相关招聘成本效用计算公式如下：

招聘总成本效用＝录用人数/招聘总成本

招聘成本效用＝应聘人数/招聘期间的费用

选拔成本效用＝被选中人数/选拔期间的费用

录用效用＝最终录用人数/录用期间的费用

2. 招聘结果评估

录用人员评估是指根据招聘计划对录用人员的质量和数量进行评价的过程。

录用人员的数量：录用人员的数量可用以下几个数据来表示。

（1）录用比公式

录用比＝（录用人数/应聘人数）×100％

如果录用比越小，相对来说，录用者的素质越高，反之，则可能录用者的素质较低。

（2）招聘完成比公式

招聘完成比＝（录用人数/计划招聘人数）×100％

如果招聘完成比等于或大于100％则说明在数量上全面或超额完成招聘计划。

（3）应聘比公式

应聘比＝应聘人数/计划招聘人数

如果应聘比越大，说明发布招聘信息效果越好，同时说明录用人员可能素质较高。

录用人员的质量：除了运用录用比和应聘比这两个数据来反映录用人员的质量外，也可以根据招聘的要求或工作分析中的要求对录用人员进行等级排列来确定其质量。

（4）核算录用质量

核算录用质量是招聘成效评估的重要部分之一，因为录用质量在一定程度上可以反映新录用员工对企业创造价值的大小，而招聘的最终价值体现于录用的新员工对企业创造的价值。录用质量的计算公式如下：

$$QH=(PR+HP+HR)/N$$

其中，QH 为被录用新员工的质量；PR 为录用新员工工作绩效的细分比；HP 为一年内晋升的新员工人数占招聘当期录用新员工人数的比率；HR 为一年后仍在职新员工人数占招聘当期录用新员工人数的比率；N 为指标个数。

3. 用工部门反馈

（1）用工部门满意度调查。用工部门满意度直接反映了招聘质量的好坏，因此是判断招聘效果的重要参考指标。用工部门满意度调查通常以问卷调查的方式进行，由人力资源部发起，通过发匿名调查问卷给新入职员工周围重要的人，通过这些人来反馈对新员工的招聘是否有效。主要目的，在于从周围重要的人包括上司、部属、同事等多方评估中，增进对新员工优缺点的了解和人力资源部此次招聘的评价，以便判断招聘有效性。相较于主管个人评估，问卷调查法更加全面和客观，因此拥有更高的信度及效度。

（2）人员离职率分析。通过对新员工在试用期离职率、一年内志愿和非志愿离职率来分析招聘的有效性。其计算方法如下：

试用期离职率＝员工试用期离职人数/录用员工总数×100％

员工志愿离职率＝一年内志愿离职的新员工数/该年总共录用的员工数×100％

员工非志愿离职率＝一年内非志愿离职的新员工数/该年总共录用的员工数×100％

一般来说，离职率越低越好，但是不同的离职率传达的信息是不同的。一般来说，非志愿离职最直接反映了招聘的效果，如果非志愿离职率高，很可能是招聘的人不符合岗位或组织的要求，即招聘的误差大。志愿离职率也可以在一定程度上反映招聘的效果，但不是全部，因为志愿离职率也反映企业保留人才的能力和宏观经济形势。

（二）撰写招聘评估总结

招聘评估的目的是通过一次招聘的总结反思最终指导下一次招聘提高效率、减少成本、达到更好的效果，所以每一次招聘结束后要展开招聘评估并形成评估小结。

招聘评估总结的主要内容有招聘计划、招聘进程、招聘结果、招聘经费及招聘总结。

1. 招聘计划

在企业招聘需求确定后，人力资源部就会制订招聘计划，用来指导企业后续的招聘工作，通常这种招聘计划是详细完善的。但是，在招聘总结中，招聘计划只需要概述即可，一般只需要说明岗位名称、数量、人员到岗时间、招聘工作由哪个部门负责实施。当然，也可以在招聘总结后面附上一份原始的招聘计划以提供对照查询。

2. 招聘进程

招聘进程需要概述性说明企业在招聘工作中的人员参与情况、所运用的甄选方法、招聘各个环节的进展情况。让领导与专家了解招聘工作的人员安排是否到位、科学，招聘流程是否规范、完整，甄选方法是否具有针对性。

3. 招聘结果

主要对人员到岗的数量和及时性做出陈述。

4. 招聘经费

主要介绍招聘费用的支出情况。

5. 招聘总结

在招聘评估基础上，总结招聘工作中做的成功有借鉴意义的事项，一般包括招聘中的优点和不足，需要改进的地方，并提出合理的建议等。

人力资源部门应对招聘工作定性评估和定量评估结果进行整理分析。公司应建立招聘工作总结制度，不断总结相关经验和教训，提高招聘工作质量，以使招聘工作更好地为企业战略服务。

阅读材料

招聘工作不理想的原因

一般一次完整的招聘工作如果最终不够理想通常有以下原因：

- 企业人力资源部门缺乏用人预测与规划；
- 事先未对招聘流程进行计划和安排；
- 求职申请的程序过于烦琐导致部分合格申请者放弃申请；
- 招聘广告信息含糊不明确，或缺乏重要信息，导致无法吸引申请者或吸引大量不合格申请者；
- 未关注申请者的职业兴趣和动力与岗位职责的契合度；
- 缺乏明确、统一的候选人评价标准；
- 参与测评的人员缺乏必要培训；
- 招聘人员的心理误差，比如首因效应、晕轮效应等；
- 未关注申请者与企业文化的契合度；
- 未对应聘人的申请材料进行核实；
- 招聘时间仓促，在匆忙中做出聘用决定；
- 体检走形式。

（三）招聘总结的注意事项

（1）计划是为了执行，总结是为了提升，凡是有活动过程的事项都需要进行计划和总结。所以对企业开展过的招聘活动尽量进行总结，阶段性总结可以更好促进后续阶段招聘工作的顺利进行，总体性总结或项目性总结有利于以后同类招聘工作科学地进行。

（2）招聘总结要写得简单明了，尤其是注重“经验总结”部分；同时，招聘总结要本着实事求是的态度撰写。

（3）招聘总结完成后，要及时交给有关领导（如人力资源部部长、行政副总裁、总经理）和参与招聘活动的有关人员（招聘人员和参与测试的人员），这样既能及时争取领导的指导和资源支持，又能让参与招聘的人员及时吸取经验教训。

（4）招聘总结要保存，以便需要时调阅。

案例学习

益阳公司人事部门今年上半年进行了一次招聘工作，目前已经完成招聘工作，以下是该人事部门经过招聘评估形成的报告。

一、招聘计划

根据2015年1月3日第二次董事会决议，向社会公开招聘负责国际贸易的副总经理一名，生产部经理一名，销售部经理一名。由人力资源开发管理部经理在分管副总经理的直接领导下具体负责。招聘测试工作全权委托复旦管理咨询公司人力资源服务部实施。

二、招聘进程

《解放日报》和《新民晚报》刊登招聘广告。初步筛选，去掉一些明显不符合要求的应聘者。招聘测试，最终决策，新员工上岗。

三、招聘结果

(1) 副总经理应聘者38人，参加招聘测试25人，送企业候选人三名，录用0人。

(2) 生产部经理应聘者19人，参加招聘测试14人，送企业候选人三名，录用1人。

(3) 销售部经理应聘者35人，参加招聘测试29人，送企业候选人三名，录用1人。

四、招聘经费

(1) 招聘预算共50000元。

(2) 招聘广告费20000元。

(3) 招聘测试费15000元。

(4) 体格检查费2000元。

(5) 应聘者纪念品费1000元。

(6) 招待费3000元。

(7) 杂费3500元。

(8) 合计支出44500元。

五、招聘评定

(1) 主要成绩。这次由于委托专业机构进行科学测试，录用的两位经理素质令人十分满意，同时测试结果指出了副总经理应聘者中无合适人选，最后没有录用。

另外由于公平竞争，许多落选者都声称受到了一次锻炼，对树立良好的企业形象起到了促进作用。

(2) 主要不足之处。由于招聘广告的设计还有些问题，所以没有吸引足够多的高层次应聘者来竞争副总经理岗位，致使副总经理最终没有合适人选录用。

人力资源开发管理部经理　王丽

讨论： 该公司的招聘评估报告是否全面？从评估报告中你能看出该企业招聘中还存在哪些问题？

方案设计

实训项目：企业招聘评估情况调查。

实训目的：学生走访学校周边企业（最好是规模一般的企业），了解该企业的人力资源状况，招聘评估情况如何，了解当前中小型企业招聘评估现状及存在的问题。

项目实施：

步骤 1：学生 6 人为一组，建立学习任务小组，选出一名组长，组长要监督组员的学习和任务的进展情况，组长根据实训任务，安排组员分工合作。

步骤 2：组员分工联系企业的名单，对企业的总体情况进行初步了解。

步骤 3：确定本组要访谈的企业，取得企业联系方式。

步骤 4：小组讨论确定调查的问题提纲，确定一名同学作为访谈者，一名同学做记录，一名同学整理谈话内容，三名同学负责后期的整理和成果汇报。

步骤 5：分组进行成果汇报，由小组自评、组内互评和教师点评三位一体的方式进行综合评分。

实训材料：

（1）收集企业招聘的相关图片，以及调查前、调查中、调查后的记录照片。

（2）通过调查，记录整理该企业招聘评估的现状及存在的问题，并形成汇报文字。

（3）最后形成招聘评估调查汇报 PPT，在班上进行展示。

学习任务二　学会招聘风险规避

案例引入

招聘带来的损失

黄龙公司为了加强销售工作，2015 年 3 月开始招聘销售经理，采用了笔试、面试、性格测评，还请了大学教授设计了情景面试程序，经过层层筛选最终有一位合适的人选。总经理寻才心切，又怕人事部门错过良才，最后环节决定自己面谈。经过一番面谈后，总经理认为该人选非常合适，立刻决定录用，并让该人当天就参与了公司管理层的内部会议。整个招聘，花费将近 2 万元，最终选聘出合格人员，人事部门也松了口气，该销售经理上任后倒也称职，但半年后辞职，带走了公司一半的客户，使公司遭受巨大损失。

想一想：

问题 1：黄龙公司招聘过程中有哪些不足和问题？

问题 2：案例中存在哪些招聘风险？

知识准备

一、招聘风险的概念及表现

企业招聘风险是指由于企业招聘工作不当，使企业招不到合格员工或招到不合格员工，从而影响企业经营，使企业蒙受损失的风险。招聘风险会影响企业的生产效率和发展，给企业造成损失。

企业招聘风险的表现如下。

（一）能岗不匹配，人员流失快

招聘风险最直接的体现就是经过层层选拔最终录用的人员与实际岗位出现不匹配的现象。能岗不匹配既包括被录用者的能力不能胜任所需要的岗位，也包括被录用人与公司的组织文化不能融合而导致的工作效率低下或矛盾。无论是哪种形式的能岗不匹配都会出现被录用者流失的结果，从而导致企业“人财两失”。如表 6－1 所示。

表 6－1　能岗不匹配与人员流失的关系

能岗不匹配	对人员流失的推动
新录用员工能力高于工作规范的要求	不安于现状，辞职
新录用员工能力低于工作规范的要求	不能有效胜任工作，被辞退
新录用员工个人行为风格不能与公司的组织文化融合	影响个人绩效，进而影响到组织绩效，最终导致员工离职

（二）招聘成本损失风险

招聘成本的损失风险是指由于无法招聘到合格员工或是招聘到不合格的员工，企业为招聘支付了成本却不能从他们为企业工作而产生的效益中回收该成本，从而造成企业的损失。

企业在招聘中涉及的招聘成本包括：第一，直接招聘费用；第二，外聘机构费用高；第三，人力时间成本增加；第四，跳槽风险成本大。

（三）人才测评风险

人才测评风险是指没有运用科学的测评程序和技术进行测评，从而导致无法对人才的能力、素质做出真实有效的判断的风险。

（四）法律、文化风险

企业处于社会之中，必然受到社会中法律和文化的约束，一旦发生冲突，不仅招聘工作可能被强制终止，甚至会影响企业的经营，给企业带来不小的危机。

阅读材料

你知道“竞业限制”吗

竞业限制是用人单位对负有保守用人单位商业秘密义务的劳动者，在劳动合同、知识产权权利归属协议或技术保密协议中约定的竞业限制条款，即劳动者在终止或解除劳动合同后的一定期限内不得在生产同类产品、经营同类业务或有其他竞争关系的用人单位任职，也不得自己生产与原单位有竞争关系的同类产品或经营同类业务。限制时间由当事人事先约定，但不得超过二年。竞业限制条款在劳动合同中为延迟生效条款，也就是劳动合同的其他条款法律约束力终结后，该条款开始生效。

竞业限制注意事项：

(1) 当事人在劳动合同或者保密协议中约定竞业限制条款的，必须同时约定经济补偿的内容。用人单位应当在终止或解除劳动者劳动合同后，给予劳动者经济补偿。该经济补偿标准、数额由当事人自行约定。

(2) 在约定竞业限制条款时应当同时约定具体的违约责任的承担方式和内容，但不得再约定解除劳动合同的提前通知期。

(3) 竞业限制的约定不得违反法律法规的规定。

二、招聘风险产生的原因

美国石油大王安德鲁·卡内基有句名言：“如果把我的厂房设备、材料全部烧毁，但只要保住我的全班人马，几年以后，我仍将是一个钢铁大王。”由此可见企业兴衰成败的关键在于是否拥有富有竞争力的人才。而这样的人才的获得，招聘是不可缺少的环节，而招聘与绩效考评是被业界人士所公认的两大难题，其中必然存在着诸多潜在的风险，尤其在新《劳动法》实施后，企业只有发现招聘过程中存在的潜在风险，并采取超前有效的防范措施，才能规避其中的风险，降低用人成本，从而增强企业的竞争力和生命力。可以概括为以下几点。

（一）招聘专员素质欠缺

在招聘过程中经常讲：“千里马常有，而伯乐不常有!”并不是每位招聘专员都是“伯乐”，在招聘过程中，招聘专员个人素质的欠缺会带来各种风险。主要表现在以下几个方面。

首先，招聘人员的主观判断偏差，会表现为首因效应、晕轮效应及妒才心理等。其中因个人的主观判断对招聘结果造成偏差的现象，首因效应、晕轮效应可以通过学习和实践进行修正；而妒才心理是招聘人员的职业道德问题。而这种仅凭经验开展工作，没有从企业生存发展的高度去对待招聘工作，把好人才入口关。对应聘者考察判别不认真、不细致、凭经验去衡量，导致招错了人。

其次，招聘者专业素质的欠缺，出现失职风险。个别招聘者招聘动机不良，“拉关系”“走后门”，对亲属、朋友、熟人放宽条件，使招聘质量下降，给企业带来风险。

再次，由于招聘者自身专业素质欠缺，可能导致招聘活动组织混乱，给应聘者造成专业化程度不够或对招聘重视程度不足的印象；对应聘者的职业兴趣与岗位职责的契合度关注不足，而招到“才不合岗”的人员；对应聘者与企业文化的契合度关注不足，使得应聘者的加入难以适应企业的文化氛围，最终影响组织氛围。

最后，对应聘者的道德素质考察不足，选择“高能低德”者。招聘专员在进行人员招聘时多倾向于职业能力的考察，忽视对道德素质的考察，而员工的道德素质将影响企业良好组织氛围和职业环境的形成，是人员招聘时不可忽视的关注点。

(二) 招聘流程不合理

目前，很多企业的人力资源部门没有专门的从业人员，有些是由后勤部门兼任。所以招聘流程设置得不尽合理，具体表现在以下几方面。

1. 岗位标准定位不清

招聘，首先必须要明确人才标准，即招什么样的人，招聘后从事什么工作岗位，这些岗位需要哪些必备知识、修养和特长。目前很多企业没有全面地研究这些标准，对招聘人才还没达到以岗选人，以标准选人，只是简单地把学历、工龄、经历等作为硬性标准，一味追求高学历，追名牌大学，结果导致出现应聘人员高学历，低水平，有其表，无其实；或者招聘的人员标准与岗位安排脱节，招聘的人员所学知识与实际工作需要不相称。

2. 招聘渠道选取有风险

企业在招聘过程中对招聘渠道的选择是存在着风险的，采用错误的招聘渠道所造成的后果是招聘不到合适的人才，轻则造成招聘成本增加，重则会增加人力资源管理成本，甚至影响公司的发展。

目前，人才招聘渠道较之以前要丰富很多，普通的渠道诸如招聘会、网络招聘、广告招聘、电话招聘、校园招聘、员工推荐；特殊的渠道，如猎头公司、人才中介机构、参加行业专题会议、参加专业培训班等方式。采用普通的渠道进行人才招聘是很难招聘到适合企业发展的优秀人才，因为优秀的人才很少会跳槽，他们的工作是相对稳定的，他们即便跳槽也不会通过普通的招聘会、广告招聘等方式。而参加招聘会的多半是应届毕业生和一些不太成熟的人才，甚至不乏存在一些品德修养较差的人员，诸如自视甚高但缺乏团队协作精神、注重金钱但品行恶劣、怨天尤人而频繁跳槽等类型，如果招聘这些人员则对公司团队的建设、企业的发展带来极大的负面影响，严重的还要进行重复招聘，造成招聘成本增加，因此采用普通招聘方式进行招聘是存在着很大的风险的。

3. 甄选方法选择有风险

招聘人才最重要的就是判定、识别人才。要识别人才必须要通过一定的技巧才可以判定。对企业而言，目前比较常用的甄选方法是测评和面试。

人才测评是现代人力资源管理中的重要技术。是招聘环节重要的组成部分，目前存在的测评工具、测评方法可谓五花八门，如性格测评、人员素质测评、心理分析、职业测评等，但是无人能保证其效能是百分之百的，这其中必然受到应聘者和招聘者的主观因素等的制约，存在着潜在的风险。

目前，我国大部分企业招聘依然选择面试方式进行。有资料统计，依赖面试评价应聘者风险很大。面试对于提高招聘的准确率贡献很小，仅仅能增加 2%的准确性。因为绝大多数招聘者在面试前没有组织好面试的结构，也没确定合格人才的标准；再者应聘者比大多数的招聘者有更丰富的面试经历，对如何留下好印象很有技巧，所以面试对于应聘者未来工作绩效的预测力不高，风险也比较大。

（三）应聘者道德风险

企业在招聘时候由于信息不对称，企业和应聘人员会各自采取各自不同的行为。有些应聘者为了要获得该职位，会采取许多手段来向企业提供虚假信息来骗取企业的青睐，比如有伪造文凭和推荐信、制造虚假业绩和成果，掩藏不良动机，包装缺点和弱点等手段。如果企业录用了采用欺骗手段获得企业青睐的不合适的应聘者，会给企业带来以下这些问题：为不适合的员工支付大量培训成本；不适合员工不胜任工作造成成本上升；由于该员工不胜任工作造成的盈利机会丧失；多支出解雇该员工的费用以及加大选择新的人员来从事该工作的费用。

很多时候企业由于信息不对称等原因录用了不适合企业的人员或者拒绝录用了适合企业的员工。当企业发现选人不当时，企业不得不再去寻找更多的应聘者，又将进行一次招聘，从而造成更多的甄选费用支出；如果企业长期都拒绝适合企业的应聘者，这些被拒绝的应聘者最终可能进入企业的竞争对手企业，给对手企业带去较先进的知识和技术，而给本企业造成巨大的竞争威胁。

三、如何规避招聘风险

招聘工作是人力资源管理工作的前提、基础。能否以较低的成本，招聘到符合企业战略发展的优秀人才对于人力资源管理工作的成功与否，对于能否规避企业用人风险，甚至对于企业的发展好与坏都有着至关重要的影响，由此可见规避招聘过程中的风险就显得极为重要了。

(一) 合理地选择招聘人员

招聘人员的合理选择对于企业招聘来说是至关重要的，需慎重选择，个人认为能够做到以下几项的便可以成为合格的招聘者。

1. 能公平客观地审视应聘者

在面试的过程中，招聘人员往往是通过应聘者的仪容装束、言谈举止、专业知识掌握的深度和全面程度等方面的观察，然后结合自己的经验来选拔人才的，这里面就存在着这样的问题：招聘人员的主观因素可能制约着招聘的成败。如果一名符合岗位要求的应聘者由于自己的相貌、自己的紧张造成语言、举止方面的失误可能就会被筛选掉了，这是常见的现象，因此对于合格的应聘者应该能够克服自己的主观因素的影响，做到公平客观地审视应聘。

2. 具有“海纳百川、有容乃大”的胸怀

世界的丰富多彩的原因在于有丰富思想的人类存在，由于人的生活环境、生活经历、受到教育的不同等因素的影响造成人们的世界观、人生观是不同的。作为合格的招聘者，在面对思想观点不同的应聘者时，能够做到求同存异、实现与应聘者的双赢。

3. 广博的知识、精深的专业知识

广博的知识面有利于判断应聘者的综合素质，精深的专业知识有利于判断应聘者是否满足招聘岗位的技术要求，有利于发现该应聘者的综合条件。

(二) 制订周密的招聘规划

成功的招聘必然需要健全的招聘体系作为后盾，规避招聘风险的重要措施包括：制订周密的招聘规划，做到招聘工作有的放矢。一个周密的招聘规划应该包含以下几项内容。

1. 制订年度、季度、月度招聘计划

根据企业近期发展的战略蓝图或者叫战略规划，制订本年度、季度、月度的工作计划，应包括招聘时间、岗位名称、到岗时间、任务分配等，以达到运筹帷幄、有条不紊的效果。

2. 进行科学的岗位分析并制定岗位说明书

根据企业制订的招聘计划，对需要招聘的岗位进行分析，分析的过程是对岗位任务和内容的确定过程，同时也就确定了对能胜任该岗位的人员要求，然后编写岗位说明书、明确任职要求，这两个工作是招聘过程中选人的重要依据。由此可见岗位分析的重要作用，岗位分析如果加入了个人的主观臆想和缺少专业知识作为技术支撑，其结果便是制定了无效的岗位分析，则后续的岗位分析、任职条件均会与实际岗位需求相差很大，甚至背离，造成招聘效果不佳甚至是失败。

3. 合理选择招聘渠道

针对不同的岗位需求，招聘人员应合理地选择招聘渠道，往往一次招聘工作需要采用两种甚至两种以上的招聘渠道以达到顺利获取优秀人才之目的。这就要求招聘者首先应准确了解各种招聘渠道的特点，然后从招聘成本、岗位特点、各种层级人才的求职特点，进行合理地选择招聘渠道。

4. 做好招聘成本预算

倘若招聘成本高于甚至远高于所要招聘人才的价值，那招聘是失败的，这就要求企业招聘前要做招聘预算，以指导招聘工作，控制招聘风险，能全面反映招聘成本。

（三）建立诚信监督机制、创建人才储备库

建立良好的企业人才监督机制，是防止出现道德风险的有效方法之一。对未录用者进行调查甄别，降低用人风险。对于已录用者加强监督，对其在工作中出现的道德问题及时发现、及时处理，以降低用人风险。

同时，对于企业而言，要创建本企业的人才库，无论是内部调动还是外部招聘，当某个职位出现空缺，可以第一时间找到合适的人，而不是手忙脚乱没有规划预计的招聘，防止出现因为急切用人而招错人的风险。

案例学习

拥有自己的“优才库”，降低招聘风险

从 1985 年进入中国市场以来，惠普公司始终坚持“吸引及培养国际一流人才，提供最佳客户体验，与中国共同成长”的目标。目前，惠普公司在中国拥有超过万名员工，是中国人力资源最雄厚的高科技企业之一。

面对竞争激烈的市场和人才招聘的多源风险，惠普公司惠普经过多年的实践与沉淀，形成了“优才管理四步曲”，通过“识人、用人、育人、留人”来寻求合适的人才、实现人才的再发展，为公司的不断发展打下坚实的基础，降低企业招聘风险。

其中第一步“识人”是惠普公司降低招聘风险的基础，具体包括四步。

（1）多元面试。包括两级经理面试、同级经理面试和团体面试。两级经理面试是由直接经理和上级经理来进行；而团体面试是由五六个经理同时参加，这个方法通常用在校园招聘时。

（2）以人才吸引人才。“如果应聘者感觉面试小组对自己漫不经心，不重视，那他也很难被惠普所吸引，所以我们要求面试小组表现出足够的重视与专业能力。”关迟介绍说。事实上，这也一直是惠普的传统，中国惠普前总裁孙振耀就把选人比喻为选钻石，在公司规模不大的时候，他都会亲自与新员工面谈，公司规模扩大后，他仍然坚持参与面试部门经理与重要的员工。

（3）“4E＋1P”原则。每一个加入惠普的人员都要经过“4E＋1P”的检验。第一个“E”是积极向上的活力（Energy），有活力的人总是满怀热情地的工作，很少会在中途显出疲惫；第二个“E”是鼓励别人的能力（Energize），对业务有精深的了解，并且掌握出色的说服技巧，能够激励团队承担看似不可能完成的任务；第三个“E”是决

断力（Edge），即对复杂的问题作出决定的勇气；第四个“E”是执行力（Execute），即落实工作任务的能力。如果应试者具备了以上所有的“E”，最后还要看他有没有那个“P”——激情（Passion），对工作有衷心的、强烈的、真实的热情。

（4）广收。“广收”则是指评判标准的广泛性，关迟强调：“学历不是惠普衡量人才的唯一标准，我们在大连招聘时，有许多日语六级、八级的应聘者最终都没有入围，惠普更看重的是他们的国际交流能力。”

此外，惠普还有一个叫“常青树招聘”的常态招聘方式，即鼓励员工在完成工作之余多出去结交朋友，作为人力资源的储备。

这样惠普的这套“优才库”里储备了惠普需要的成熟稳定的人才。当然，遇到需要外部招聘的人才，惠普会首先考虑现有人才推荐的候选人。

讨论：你认为惠普的“优才库”如何？这套体系是如何降低企业的招聘风险的？

方案设计

实训项目：情景剧表演。

实训目的：通过本任务的学习，请结合所学知识自编情景剧，关于招聘风险及其规避相关内容，切实感受招聘风险的产生原因及规避方法。

项目实施：

步骤1：学生6人为一组，建立学习任务小组，选出一名组长，组长要监督组员的学习和任务的进展情况，组长根据实训任务，安排组员分工合作。

步骤2：组员分工进行情景剧剧本的编写和角色分配。

步骤3：角色表演，并从招聘专员、求职者、企业三者之间的关系分析招聘风险的危害。

步骤4：表演后同学负责后期的整理和成果汇报。

步骤5：分组进行成果汇报，由小组自评、组内互评和教师点评三位一体的方式进行综合评分。

实训材料：

（1）网上查找或自编剧本。

（2）通过分工进行角色表演，并形成最终个人心得汇报文字。

（3）最后形成招聘访谈汇报PPT，在班上进行展示。

学习情境七　人力资源配置

学习目标

1. 了解人力资源配置的概念、特点和作用；
2. 掌握人力资源的空间配置的方式；
3. 了解工作时间组织的内容以及应注意的问题。

技能目标

1. 能够根据企业的实际情况进行人力资源的有效配置；
2. 能对企业人力资源进行合理的空间配置；
3. 能对企业人力资源进行合理的时间配置。

职业情境

王鹏是国内某知名重点大学毕业的博士生，毕业后由于学的化学专业顺利地被一家化妆品公司录用。虽然该公司规模一般，但却给王鹏开出年薪 50 万元的高薪。王鹏也十分期待在这家公司一展才华，用自己多年所学知识和技能回报公司对他的器重。

然而，工作了 2 个月，王鹏一点实际的工作都没接触到。他每天的工作就是不断地和老板到处吃饭喝酒应酬，每次老板都会给别人介绍说："这是我们公司技术顾问，某某大学博士生，学识技术都是一流的！"王鹏也曾因为工作内容的事情找过经理谈，还把自己在工作上的想法跟经理讲了，但是经理说："小王，工作上的事情你就不用操心了，你只要陪好客户，你就是我们公司的一张'名片'，工作上就会有源源不断的订单"。

工作三个月后，王鹏向总经理提出来辞职。经理很不解，认为这份工作清闲还高薪，王鹏怎么还会辞职？王鹏说："我读这么多年的书不仅仅是为了高薪，更为了实现自我价值！"

情境分析

人力资本是企业的潜在资本，如何将招聘到的人才用在合适的岗位，发挥其最大的作用，是每一位人事专员都要去研究的问题。如何做到用人所长；如何做到动态优化配置；如何做到人事资源配置，这些内容将会在本情境中为大家展开。

学习任务一 认识人力资源配置

案例引入

索尼——不迷信专家

近几年来，日本索尼公司在招聘大学生时，对学校名称采用不准问、不准说、不准写的三不方针。公司认为，在激烈的竞争和多变的时代，企业需要各种人才，只有将各种不同的人聚集在一起，才能更好地发挥创造性，开发出新产品。

只在少数名牌大学中招聘人才，会使企业失去活力。索尼公司创始人之一井深大说："我从不迷信专家！专家倾向于争辩你为什么不做或不能做某种事情。而我们经常强调的是从无到有，去实干。"因此，索尼喜欢思想敏锐、不墨守成规、勇于探索创新的人，他们鼓励科技人才跳槽，可以在公司任何部门寻找新的职位，毛遂自荐参与项目的开发研究。公司认为，这种人思想开放、思维活跃、兴趣广泛、具有创造意识和创新精神，是实干家而不是空谈家，有培养和发展前途，应加以重用。

想一想：

问题 1：索尼公司的招聘具有什么特点？

问题 2：这种选人标准对企业会产生怎样的影响？

知识准备

一、人力资源配置的概念及目的

人力资源配置就是指在具体的组织或企业中，为了提高工作效率、实现人力资源的最优化而实行的对组织或企业的人力资源进行科学、合理的配置。

在企业生产经营的实践中，人力资源合理配置不仅是人力资源管理的起点，也是人力资源管理的归宿，可以说，人力资源管理的各项工作都是围绕"资源配置"这一中心问题展开的，从员工的招聘、选拔到录用，从员工的调配到教育、培训，从员工的考评、升降到薪酬、福利，乃至员工的合同、离职、退休管理，其最终目标都是为了从个体与总体上实现员工与岗位的优化配置，不断提升组织的整体效能。企业人力资源配置效益的高低不仅直接影响人力资源自身开发的程度，也影响其他经济资源合理利用的程度，进而影响企业各类资源整体配置的效益。

人力资源配置的根本目的是为了更好地运用“人力”。人力资源配置就是要合理而充分地利用好包括体力、智力、知识力、创造力和技能等方面的能力，通过一定的途径，创造良好的环境，使其与物质资源有效结合，以产生最大社会效益和经济效益。因此，如何使人力资源的配置达到优化，从而保证上述目标的实现，不仅是人力资源管理学的问题，也是一个社会经济学的问题。

阅读材料

人力资源配置常见问题

1. 个人与岗位不匹配

由于缺少科学的工作分析和人才测评手段，使得工作职责、任务及岗位对人员的要求不清楚，同时，对应聘者不能从其知识、技能、能力、个性等方面进行全面整体的把握，使得在招聘阶段就很难达到个人与岗位的匹配。而把人才招进来后，又对其实行静态的管理，忽视对现有人才的培训与开发，使个人与岗位的不匹配问题持续存在。

2. 企业人力资源短缺与人力资源浪费并存

我国的市场经济尚不完善，企业生存环境差，效益低下，企业发展所需人才引不进，现有人才留不住，企业发展所需的人力资源相对短缺。另外，某些领导者素质不高，在人才配置上不是考虑充分发挥企业人才的聪明才智，而是想方设法去卡住人才，使得人才学非所用或者用非所长，甚至被闲置，造成了企业现有人力资源的极大浪费。

3. 大材小用

“大材小用”的人力资源配置问题在许多企业都存在，它们不顾自身的实际情况，盲目追求高学历人才，但把高素质的人才招进来后，又将其放于低价值岗位上，从而造成企业成本的上升和人力资源的浪费。

二、人力资源配置的原则

人力资源管理要做到人尽其才，才尽其用，人事相宜，最大限度地发挥人力资源的作用。但是，对于如何实现科学合理的配置，这是人力资源管理长期以来亟待解决的一个重要问题。怎样才能对企业人力资源进行有效合理的配置呢？必须遵循如下的原则。

（一）要素有用

人力资源配置过程中，我们首先要遵循一个宗旨，即任何要素（人员）都是有用的，换言之，没有无用之人，只有没用好之人，而配置的根本目的是为任何人员找到和创造其发挥作用的条件。

要素有用原则强调优势定位，具体体现在两个方面，一是指人自身应根据自己的优势和岗位的要求，选择最有利于发挥自己优势的岗位。二是指管理者也应据此将人员安置到最有利于发挥优势的岗位上，并为员工发展创造有利条件。只有条件和环境适当，员工的能力才能得到充分发挥。例如，海尔的“赛马不相马”的人才使用策略为许多人才提供了适合其发展的工作环境和条件，为许多人走上更高一级的岗位提供了机会。

鉴于以上的认知，对于那些没有用好之人，究其原因主要有二，一是没有深入全面地识别员工，发现他们的可用之处。这是因为人的素质往往表现为矛盾的特征，或者呈现非常复杂的双向性，优点和缺点共生，失误往往掩盖着成功的因素，这为我们发现人才、识别人才、任用人才、用其所长，增加了许多困难。因此，正确地识别员工是合理配置人员的前提。二是没有为员工发展创造有利的条件。只有条件和环境适当，员工的能力才能得到充分发挥。

（二）能级对应

合理的人力资源配置应使人力资源的整体功能强化，使人的能力与岗位要求相对应。企业岗位有层次和种类之分，它们占据着不同的位置，处于不同的能级水平。每个人因身体状况、受教育程度、实践经验等因素存在个体差异。这种差异包括两方面，一是能力性质、特点的差异，形成人的专长、特长、即能干什么，最适合干什么。二是能力水平的差异，即能把事情完成到什么程度。承认人在横向上具有不同水平的能力，在纵向上处于不同的能级位置。岗位人员的配置，应做到能级对应，就是说每一个人所具有的能级水平与所处的层次和岗位的能级要求相对应。

实际工作中能级对应不合理有两种情况，一是人的能力水平高于职位的要求，这样的结果是员工潜力得不到发挥，他会寻找新的发展机会，以实现自我价值。二是人的能力水平不满足职位的要求，这一情况的结果是企业对不合职位要求的员工进行转岗或者辞退。无论哪种情况，都会增加企业的用人成本，给企业造成损失。

（三）互补增值

互补增值原则是在承认个体的多样性和差异性的基础上，在人员分配方面注意人员的互补性，扬长避短，使团队的人力资源系统功能最优。互补产生的合力较之个人的能力简单相加而形成的合力要大得多，团队的整体功能就会正向放大，产生“1+1>2”的增值效应。企业员工在以下方面的互补会产生增值效应。

一是知识互补。不同知识结构的人思维方式不同，他们互为补充，就容易碰撞出思想火花，从而获得最佳方案。微软是赫赫有名的 IT 行业巨头，但这并不意味着它只招聘计算机人才。微软全球技术中心曾在清华大学一次招聘 19 名学生，其中计算机及相关专业人才有 9 位，而精密仪器、化学、生物、核能等非计算机专业的人才 10 名，突破了以往“计算机及相关专业的学生占大多数”的模式。

二是气质互补。在气质方面应刚柔并济。比如一个组织中既要有踏踏实实的“管家型人才”，也要有敢闯敢冲的“将军型人才”和出谋划策的“协调型人才”。

三是能力互补。即一个组织中应集中各种能力的人才，既有善于经营管理的，也有善于公关协调的，还有善于搞市场营销的和做行政人事的人才等。

四是性别互补。既发挥女性细心、耐心的优势，又发挥男性大胆、坚强的优势，各展其优势，发挥其所长。例如，在某跨国公司中，女性经理的比例是比较高的，不仅仅因为其本身的特质，还因为她们会发挥特殊的功效，她们尤其擅长发展同国际客户和供应商之间的合作关系。

五是年龄互补。一个组织中，既要有经验丰富、决策稳定的老年人，也要有精力充沛、反应敏捷的中年人，还要有勇于开拓、善于创新的年轻人。不同年龄段的人互相补充，组织效率会更高。

（四）动态调节

动态原则是指当人员或岗位要求发生变化的时候，要适时地对人员配备进行调整，以保证始终使合适的人工作在合适的岗位上。岗位或岗位要求是在不断变化的，人也是在不断变化的，人对岗位的适应也有一个实践与认识的过程，由于种种原因，使得能级不对应，用非所长等情形时常发生。因此，如果搞一次定位，一职定终身，既会影响工作又不利于人的成长。能级对应、优势定位只有在不断调整的动态过程中才能实现。

（五）内部为主

一般来说，企业在使用人才，特别是高级人才时，总觉得人才不够，抱怨本单位人才不足。其实，每个单位都有自己的人才，问题是“千里马常有”，而“伯乐不常有”。因此，关键是要在企业内部建立起人才资源的开发机制，使用人才的激励机制。这两个机制都很重要，如果只有人才开发机制，而没有激励机制，那么本企业的人才就有可能外流。从内部培养人才，给有能力的人提供机会与挑战，造成紧张与激励气氛，是促成公司发展的动力。但是，这也并非排斥引入必要的外部人才。当确实需要从外部招聘人才时，我们就不能“画地为牢”，死死地扣住企业内部。

（六）公正原则

公正是一种价值尺度，一种道德规范、行为准则，既具有利益均等的内涵，也具有机会均等的内涵。只有在公正的社会制度下．才会有公正的社会秩序，才能实现人际关系的公正和和谐。公正是人力资源配置中必须遵循的原则。其主要表现在用人制度方面，其过程主要应包括三个方面的内容。

一是起点公正。就是在人员的聘用上要公道和平等，对所有的应聘者应该一视同仁，必须确保具有相同的资格条件的人具有均等的参与竞争的机会，保证任人唯贤，而不任人唯亲。

二是过程公正。它包括竞争规则的公正和实施规则的公正，而实施过程的公正与否是实行招聘制，它是过程公平的重要保证，没有确保公正目标实现的途径和手段，其公正性值得怀疑。

三是结果公正。人力资源开发的目标是选拔出适合职位要求的员工或领导，只有结果是公正的，其制度才是公正的，其人力资源配置也才是最合理的。

（七）弹性冗余

人的劳动强度、劳动时间、劳动定额等都有一定的"度"。超过这个"度"只会使人身心疲惫，精神萎靡不振，造成人力资源的巨大损失。因此，人力资源开发要在充分发挥和调动人力资源能力、动力和潜力的基础上，既要达到最大限度工作的满负荷，又要符合劳动者的生理心理承受力。既要给身心适度的紧迫感，又要保障所有员工的身心健康。

这就要求我们既要避免工作量不饱满的状况，也要避免过劳的现象发生，因此体力劳动的强度要适度，不能超过劳动者能承担的范围；脑力劳动也要适度，以促使劳动者保持旺盛的精力；劳动时间也要适度，以保持劳动者身体健康和心理健康；工作目标的管理也要适度，既不能太高，也不能太低。总之，根据具体情况的不同，如工种、类别、行业的不同，以及环境、气候的不同，弹性冗余度也应有所不同。

案例学习

微软用人：知识地图，人尽其才

有人把微软比作全世界最大的脑力压榨机。在这座知识工厂里，盖茨是全球知识精英的超级工头。在其带领下，员工的心血智慧结晶为众多畅销软件，使微软成为有史以来最具价值的知识创造型企业。

为了让这一群知识精英能够合作无间，微软的IT团队花费了相当多的时间和精力，建构起一套敏捷的知识管理系统，微软的人员"知识地图"可以说是这套知识管理系统的最佳代表之一。

这张"知识地图"是1995年10月开始制作的。当时，微软的资讯系统小组开展了一项"技能规划与开发计划"。他们把每个系统开发人员的工作能力和某特定工作所需要的知识制作成地图，以便协助公司维持业界领导地位的能力，同时让员工与团队的配合更加默契。微软的这一计划分为四个主要阶段：为知识能力的形态与程度建立起架构，明确某特定工作所需要的知识；为个别员工在特定工作中的知识能力表现评分；在线上系统执行知识能力的搜寻；将知识模型和教育训练计划结合起来。对于员工的知识能力，微软采用了基础水准能力、地区性或独特性的知识能力、全球水准能力和普遍性能力等四种知识结构形态来评估。当管理者想为新专案建立团队时，他无须知道所有员工中谁符合工作条件，而只要向这个系统咨询就可以了。

微软推动"知识地图"的做法，表现出公司管理阶层重视知识，并支持知识的交流。“知识地图”不但使员工更容易找到所需的知识，也表明企业知识属于企业全体而非个人。

讨论：你认为微软这套“知识地图”怎么样？你还知道有哪些更好的人力资源配置的方式吗？

方案设计

实训项目：成功企业人力资源配置资料搜集。

实训目的：通过互联网平台了解知名企业的人力资源配置状况，加深学生对人力资源相关内容的认识。

项目实施：

步骤1：学生6人为一组，建立学习任务小组，选出一名组长，组长要监督组员的学习和任务的进展情况，组长根据实训任务，安排组员分工合作。

步骤2：每组查找一个知名企业，对企业的人力资源配置情况做了解。

步骤3：整理出这些知名企业人力资源配置的方式和方法

步骤4：分组进行成果汇报，由小组自评、组内互评和教师点评三位一体的方式进行综合评分。

实训材料：

（1）收集知名企业人力资源配置的相关数据、表格等材料。

（2）整理该企业人力资源配置的方式方法以及本组成员查找案例资料后对于人力资源配置的认识，并形成汇报文字。

（3）最后形成汇报PPT，在班上进行展示。

学习任务二　掌握空间配置

案例引入

放对位置都是“千里马”

吴洋是今年应届的大学生，学的机械专业，经过层层选拔被本地一家知名民营企业录用为技术顾问。没有工作之前吴洋满腔热血，规划好了自己在该企业的五年计划，他认为自己各方面都很优秀一定会得到同事的认可。但事情远没有他想的那么顺利，进入企业后，由于技术顾问要解决很多工作中遇到的实际问题，他经常要和一线员工打交道，他发现很多人遇到机器上的问题都不问他，而是去问该单位一位有20年工作经验的工人老王。更让吴洋难办的是老王一直是被大家看好的技术顾问的不二人选，但是吴洋的到来打破了这种美好的预期，所以老王在工作上也处处显示他的经验和能力，还时不时说："现在的大学生都只会纸上谈兵，不懂技术怎么做顾问！"每次听到类似的话语，吴洋都非常气愤，以致不能把全部精力投入到工作中。

半年后，吴洋主动向公司人事部门递交了辞职信，辞职理由是：难以适应环境。人事经理看了辞职信之后找到吴洋问明情况之后，没有立刻做决定。他对吴洋说："小吴，你是我们人事部门经过层层选拔选中的合格人才，如果你没找到更合适的工作，不要轻易说放弃，这样好不好，我给你调动下岗位，调去研发部，半年后你再做决定"。人事经理也约谈了老王，并从各方面对老王进行了解，两个月后老王被内部提升为基层技术顾问。

在研发部，由于相似的教育背景，吴洋觉得人际关系与基层一线完全不同，而且会有技术及理论上的强大压力。同时，由于研发部门经常需要和基层部门沟通和联系，老王和吴洋的接触机会也比较多。现在俩人不在同一部门，反而沟通更顺畅了，俩人后来居然成为忘年交，吴洋再没提过辞职的事情。

人事经理事后说其实吴洋和老王都是人才，一个是科班出身，一个的经验丰富。只是二者在人力资源空间配置上放错了位置，一旦放对位置，都是"千里马"。

想一想：

问题1：吴洋在工作中遇到的问题集中表现在哪里？

问题2：合适的人才放到合适的位置对企业会产生怎样的影响？

知识准备

一、人力资源空间配置的概念

企业人力资源与其他经济资源相结合产出各种产品的过程，也就是人力资源从空间和时间实现多维度有效配置的过程。企业人力资源空间配置主要包括组织结构的设计、劳动分工协作形式的选择、工作地的组织和劳动环境优化等内容。

空间配置需要考虑空间的元素，其媒介是以空间的工作环节为主，也正是因为空间的因素，来划分管理的范围。它是通过一系列的原理以及相应的控制进而达到理想的运作效果。不仅是体现在效率过程中，也是有着很大程度的主观能动性。

人力资源的空间配置是人力资源有效配置的前提。主要考量企业劳动分工、企业劳动协作、工作地的运作和组织、现场管理、5S管理等。

二、人力资源空间配置的内容

（一）企业劳动分工

1. 企业劳动分工的含义

劳动分工是在科学分解生产过程的基础上所实现的劳动专业化，使许多劳动者从事着不同的、但又相互联系的工作。劳动分工对促进企业生产的发展、提高劳动效率具有极其重要的作用。

分工包括社会内部的分工和企业内部的分工。在社会内部，国民经济分为工业、农业、建筑业、运输业、邮电业和商业等大部门。企业内部的分工是把生产、服务过程分解为若干局部的劳动，各个局部的劳动既互相联系，又各自独立，具有专门的职能。企业的劳动分工，建立在社会分工基础上。

2. 企业劳动分工的形式

企业内部劳动分工，一般有以下几种形式。

(1) 职能分工。企业全体员工按所执行的职能分工，一般分为员工、学徒、工程技术人员、管理人员、服务人员及其他人员。这是企业劳动组织中最基本的分工，它是研究企业人员结构、合理配备各类人员的基础。

(2) 专业（工种）分工。它是职能分工下面第二个层次的分工。专业或工种分工是根据企业各类人员的工作性质的特点所进行的分工，如工程技术人员及管理人员可以按专业特点分为设计人员、工艺人员、计划人员、财会人员、统计人员等。生产员工按他们从事的生产工艺的性质及使用的工艺装备特点进行分工，如机械制造业的工种有造型工、冶炼工、锻工、车工、铣工、电工等。这类分工对有计划地培训人员是重要的，同时也是研究每类人员构成的基础。

(3) 技术分工。指每一专业和工种内部按业务能力和技术水平高低进行的分工。例如，技术人员分为助理技术员、技术员、助理工程师、工程师和高级工程师。每个专业及工种的级别，应该规定相应的业务能力和技术水平规范。进行这种技术分工，有利于发挥员工的技术业务专长，鼓励员工不断提高自己的专业和技术水平。企业应使各个技术等级的人员保持合理的比例，注意提高员工队伍的素质，以适应企业不断提高生产经营水平的需要。

3. 企业劳动分工的原则

作为企业人力资源管理专员，在劳动分工的时候需要注意以下几点。

(1) 把直接生产工作和管理工作、服务工作分开。特别要保证直接从事物质生产活动以及在生产经营活动中起关键作用的工作，如产品开发、市场营销等。

(2) 把不同的工艺阶段和工种分开。企业的整个生产过程可以分成不同的工艺阶段。按照生产工艺阶段的不同，又可以把工作分成不同的工种或操作岗位。例如，在机械制造企业里，生产过程一般可以分为准备阶段（铸、锻）、加工阶段和装配阶段；在加工阶段又可进一步分为车工、铣工、磨工、刨工等工种。把不同的工种和工艺阶段分开，可以按照员工的技术专长合理地配备员工。

(3) 把准备性工作和执行性工作分开。如在机床上加工零件是执行性工作，而加工前准备图纸、准备工具、调整机床等都属于准备性工作。将两者分开，使生产准备员工专干准备工作，生产员工专干执行工作，便于发挥两者的专长，提高劳动效率。

(4) 把基本工作和辅助工作分开。基本工作是指直接加工劳动对象的工作。辅助工作是指为基本工作服务的工作。例如，在纺织企业中，清花、纺纱、织布都是基本工作，修车、加油、领料、送半成品则是辅助工作。把基本工作和辅助工作分开来，是为了让基本员工不干或少干辅助工作，使其劳动时间能得到更充分的利用。

（5）把技术高低不同的工作分开。把不同技术等级的工作分配给相应等级的员工去做。同时，为了防止劳动分工过细带来的消极影响，应尽量做到使每一项分工都具有独立的技术内容；鼓励员工在掌握低等级工作后要向高等级工作发展；掌握本工种技术后要向多工种技术发展。不要出现既从事生产工作，又参加管理的情况。

4. 改进过细劳动分工的方法

可以采取以下措施对过细劳动进行分工。

（1）扩大业务法。将同一性质（技术水平相当）的作业，由纵向分工改为横向分工。

（2）充实业务法。将工作性质与负荷不完全相同的业务重新进行分工。如将计划（A)、检查（B)、装配（C）的分工，改变为同时含有三者（ABC）的分工。

（3）工作连贯法。将紧密联系的工作交给一个人（组）连续完成。如将研究、试验、设计、工艺和制造等密切相关的各项工作交由一名技术人员担任，使其参与完整的工作过程。

（4）轮换工作法。将若干项不同内容的工作交给若干人去完成，每人每周轮换一次，实行工作轮换制。

（5）小组工作法。将若干延续时间较短的作业合并，由几名员工组成的作业小组共同承担，改变过去短时间内一人只负责一道工序的局面。

（6）安排生产员工负担力所能及的维修工作。

（7）个人包干负责。例如可由一个人负责装配、检验、包装整台产品，并挂牌署名，以便由用户直接监督。

（二）企业劳动协作

企业劳动协作，就是采用适当的形式，把从事各种局部性工作的劳动者联合起来，共同完成某种整体性的工作。马克思在《资本论》中指出：“许多人在同一生产过程中，或在不同的但互相联系的生产过程中，有计划地一起协同劳动，这种劳动形式叫作协作。”企业有分工，就要有协作。协作是分工不可缺少的条件，分工越细，越需要加强协作。通过协作不仅可以提高个人生产力，而且可以创造出一种新的生产力，这种生产力本身必然是集体力。协作以分工为前提，而分工又以协作为条件，在分工的基础上协作，在协作原则下进行分工。分工和协作是不可分割的整体。

1. 企业劳动协作的形式

劳动协作分为两种：一种是以简单分工为基础的简单协作，另一种是以细致分工为基础的复杂协作。

简单协作的劳动者无详细分工，只是一起协力完成一项工作，如搬运重物、挖沟。简单协作是一种结合的劳动，它使劳动者摆脱了个人局限性，从而创造了一种新的社会劳动生产力，它同单个劳动者力量的机械总和存在本质上的区别。因为结合劳动能扩大劳动的空间范围，缩短完成工作的时间，并能在较小的空间范围内，使相互联系的生产过程靠拢，生产资料聚集，容纳较多的劳动者，从而节约劳动资料，降低生产成本。

复杂协作是建立在较为细致的分工上的协作。复杂协作是把生产过程中的各种操作分解并交给若干人，每人只负责一种操作，全部操作由若干操作者同时进行，成果则是这个以分工为基础的联合体的劳动产品。在复杂协作的生产机构中，每个劳动者只是这个机构的一个部分。复杂协作所特有的优越性是使劳动专业化、工具专门化，在劳动方式、劳动组织方面发生了重大变化，更有利于改进技术，提高劳动熟练程度。

企业劳动协作的形式，一般分为企业之间的协作和企业内部的协作。从协作范围上看，有空间范围的劳动协作和时间范围的劳动协作。

2. 企业劳动协作的基本要求

(1) 尽可能地固定各种协作关系，并在企业管理制度中对协作关系的建立、变更、解除的程序和方法以及审批权限等内容做出严格的规定。

(2) 实行经济合同制。协作双方通过签订经济合同，保证协作任务按质、按量、按期完成。

(3) 全面加强计划、财务、劳动人事等项管理，借用各种经济杠杆和行政手段，保证协作关系的实现。

3. 作业组

作业组是企业中最基本的协作关系和协作形式。它是在劳动分工的基础上，把为完成某项工作而相互协作的有关员工组织起来的劳动集体。它是企业里最基本的组织形式，是我们研究企业劳动协作组织的基础。

组织作业组时要遵守的一条基本原则，就是要把生产上有直接联系的员工组合起来，不能把生产上没联系的员工凑合在一起。以下几种情况需要组成作业组。

(1) 生产作业需要员工共同完成。生产作业必须由几个人共同完成，而不能分配给每个员工独立完成时，需要组织作业组，例如，石油化工企业里的设备检修组，机械制造业的装配组。

(2) 看管大型复杂的机器设备。在员工共同看管大型复杂的机器设备情况下，需要组成作业组，例如，机械制造企业的锻压作业组，冶金企业的高炉炉前作业组。

(3) 员工的工作彼此密切相关。当员工的工作彼此密切联系时，为了加强协作配合，需要组成作业组。例如，流水生产线，各道工序联系十分密切，为了加强全线各道工序的协作配合，需要组成作业组。

(4) 为了便于管理和相互交流。生产工作虽然分配给每个人独立去完成，但为了互相帮助，交流经验，也要组成作业组，例如，机械制造企业的车工组、铣工组，纺织企业的细纱作业组。

(5) 为了加强准备工作、辅助工作和基本工作的紧密联系和相互协作，可以组成作业组。例如，建筑企业中砌砖瓦工和运送灰、浆、瓦的搬运工组成一个作业组。

(6) 在员工没有固定的工作地，或者没有固定工作任务时，为了便于调动和分配他们工作，需要组成作业组，如厂内运输组、电工组、水暖工组等。

另外，作业组组织工作的主要内容是搞好作业组的民主管理，同时结合生产实际情况，建立完善的岗位责任制度；为作业组正确地配备人员；选择一个好的组长。作业组长的人选可通过民主选举、领导批准等方式产生；合理确定作业组的规模，一般10～20人为宜。

(三) 工作地组织

工作地组织是劳动空间组织的重要内容。工作地是指配置一定的设备、工具、器具，能够使劳动者从事某项生产劳动活动或进行工作的地点。

1. 工作地组织的内容

(1) 合理装备和布置工作地。装备工作地，主要是确定使用的各种设备、工具和必要的辅助设备。其中生产设备是工作地装备的主体部分。装备确定以后，还必须进行合理的布置。布置工作地应尽量缩短员工在班上行走的距离，减少员工辅助生产时间，减轻劳动强度。

(2) 保持工作地的正常秩序和良好的工作环境。这方面要做的工作主要包括安装必要的防护装置，保持工作地的清洁卫生，保持良好的照明条件，保持正常的温度、湿度和通风条件，控制工作地的噪声，尽量减少有毒有害气体和工业粉尘的危害，合理调节工作地的色彩等。

(3) 正确组织工作地的供应和服务工作，包括及时供应原材料、半成品，防止停工待料；按计划检修机器设备，防止发生设备事故；按时供应各种工具、图纸和有关的技术资料；指导操作员工按技术规范操作；加强质量检验；及时运送加工好的半成品和成品；搞好各项辅助性和服务性工作等。

2. 工作地组织的要求

(1) 应有利于员工进行生产劳动，减少或消除多余、笨重的操作，减少体力消耗，缩短辅助作业时间。

(2) 应有利于发挥工作地装备（如生产设备、工具、防护装置、监控仪表等）以及辅助器具的效能，尽量节约空间，减少占地面积。

(3) 要有利于员工的身心健康，使员工有良好的劳动条件与工作环境，防止职业病，避免各种设备或人身事故。

(4) 要为企业的所有人员创造良好的劳动环境（包括办公室、设计室、理化检验室、库房等），使企业员工在健康、舒适、安全的条件下工作。

(四) 企业劳动环境优化

为企业员工创建一个安全、健康和舒适的环境，是人力资源空间配置的重要内容之一，为此企业劳动环境优化则显得尤为重要。具体可以从以下几个方面展开优化：

1. 照明及色彩设计

工作环境中的采光一般有自然采光和人工照明两种形式。在设计照明时，应尽量利用自然光，因为自然光线柔和，而且对人体机能有良好的影响。通常，照明亮度越高看得越清楚，但如果亮度过高，反而会造成目眩，看不准。一般应以人眼观察物体舒适度为标准。在劳动环境中的不同地点，照明度应有所区别：在工作地和加工部位应比周围环境的照明度高一些；运动中物体的照明度应比静止的物体高一些。从整个厂房来讲，各部分的照明度不可悬殊过大。

在劳动环境中选用适当的色彩，不仅可以调节人的情绪，还可降低人的疲劳程度。色彩对人的生理影响主要表现为提高视觉器官的分辨能力和减少视觉疲劳。实践证明，在视野内有色彩对比时，视觉适应力比仅有亮度对比有利。由于人眼对明度和饱和度分辨较差，因此，在选择色彩对比时，一般以色调对比为主。选择色调时，最忌讳蓝色、紫色，其次是红色、橙色，因为它们容易引起视觉疲劳。所以，在工厂厂房（包括设备外壳）主要视力范围内的基本色调宜采用黄绿色或蓝绿色。色彩还可以影响人的情绪：明快的色彩使人感到轻松愉快，阴郁的色彩则会令人心情沉重。

2. 控制噪声

噪声对人的听觉和其他器官都有严重危害。在劳动环境中控制噪声一般可采取如下办法：消除或减弱噪声源（经常通过更新或改造设备的方法）；用吸声或消声设备控制和防止噪声传播，一般采用隔声罩、消声器、隔音墙等；把高噪声和低噪声的机器设备分别排放，集中治理；采取个人防护措施，如佩戴防噪耳塞等。

3. 温度和湿度适宜

温度和湿度工作地要保持正常的温度与湿度。要根据不同的作业性质和不同的季节气候，采取必要的措施。夏季当工作地点的温度经常高于35℃时，应采取降温措施，冬季室内温度经常低于5℃时，应采取防寒保温措施。人体的舒适温度夏季为18℃～24℃，冬季为7℃～22℃。

目前，我国常用的调节环境温度和湿度的设备有蒸汽和热水管空气加热器、电加热器、窗式和柜式空调机、蒸汽喷管、电加湿器、冷冻除湿机等，企业可根据情况采用适当的设备。

4. 绿化环境

绿化是优化劳动环境的一项重要工作。绿化不仅能改善工厂的自然环境，还能为劳动环境中各种因素的优化起到辅助作用。实践证明，花草树木是劳动环境天然的“消声器”“吸尘器”和“空调机”。绿化厂区是一项投资少、收益大的“基本建设”。绿化可以吸收有毒气体；杀死细菌；吸滞灰尘、降低风速；减弱噪声；增加空气湿度、降低温度；释放新鲜空气。企业可以根据厂区环境和生产特点选择适当的树种和绿化方法。

案例学习

海尔集团的5W3H1S和6S大脚印

海尔集团是全球领先的整套家电解决方案提供商。公司创业以来，结合国内外企业管理经验，形成了一套海尔集团特有的企业文化。其中比较有成效的就是5W3H1S和6S大脚印。5W是五个以W开头的英文字母的缩写，即Why（目的）、What（标准）、Where（地点）、Who（责任人）、When（进度），3H是三个以H开头的单词或者短语的缩略，即How（方法）、How much（数量）、How much cost（成本）；1S指Safety（安全）。海尔集团管理层在做任何决定时都会考虑5W3H1S。

“6S大脚印”是海尔在加强生产现场管理方面独创的一种方法。6S是整理、整顿、清扫、清洁、素养、安全6项工作的头一个字母。6S含义是整理：留下必要的，其他都清除掉；整顿：有必要留下的，依规定摆整齐，加以标识；清扫：工作场所看得见看不见的地方全清扫干净；清洁：维持整理、清扫的结果，保持干净亮丽；素养：每位员工养成良好习惯遵守规则，有美誉度；安全：一切工作均以安全为前提。

6S是海尔本部实行多年的“日事日毕，日清日高”管理办法的主要内容。每天工作表现不佳的员工要站在6S大脚印上反省自己的不足，海尔称这种做法叫“负激励”。

“6S大脚印”的使用方法是：站在“6S大脚印”上，对当天的工作进行小结。如果有突出成绩的可以站在“6S大脚印”上，把自己的体会与大家分享；如果有失误的地方，也与大家沟通，以期得到同伴的帮助，更快地提高。

6S的执行节约了成本，提高了效率，使员工的工作环境愉快，提升了员工的整体素质，为海尔集团走向国际奠定了坚实的基础。

讨论：你认为海尔集团的5W3H1S和6S大脚印如何？由此案例你还能想到哪些人力资源空间配置的案例？

方案设计

实训项目：“对症下药”。

实训目的：通过对案例分析，找出解决办法，加深学生对人力资源的空间配置相关内容的认识。

项目实施：

步骤1：学生6人为一组，建立学习任务小组，选出一名组长，组长要监督组员的学习和任务的进展情况，组长根据实训任务，安排组员分工合作。

步骤2：以小组为单位对案例进行分析，查找原因，并提出解决办法。

步骤3：分组进行成果汇报，由小组自评、组内互评和教师点评三位一体的方式进行综合评分。

实训材料：

(1) 小组进行详细的分工，分别从劳动分工、劳动协作、工作地组织、工作环境四个方面展开分析。

(2) 分析该企业人力资源配置出现问题的原因，并提出切实的解决方案，形成汇报文字。

(3) 最后形成汇报PPT，在班上进行展示。

实训材料：

一、项目背景

浙江省某民营企业老板姓李，他20岁那年开始做小工帮人家送货，后来做起小生意，当时适逢内衣制造业迅猛发展起来，他就选择了做内衣的加工。于是，家里的亲朋好友前来帮忙打理，工厂越做越大，员工人数达500多人；李老板本应该开心，可他犯愁了——工厂应该赚钱才对，可是除去开支、每年银行的贷款所剩无几。他自己每天都忙忙碌碌工作，工厂根本没有什么进展，企业要做大他就更没信心了。

二、生产现状

1. 他经常到车间巡视，每天安排四个搬运工搬运车间的半成品，车间主任还说杂工太少，如要增加搬运工，但人工成本又增加，这如何是好？

2. 各车间的成品、不良品、半成品及原料到处乱放，无标识，无区分，有时候出货时少数量，找不到，出货后又冒了出来，让人哭笑不得。

3. 机修师傅的工具和员工的工具随地乱放，常常遗失，又申请购买。有时工人常常吵架，怀疑有人偷窃。

4. 机台有时候突然损坏，一修就是半天，还缺少零部件；电瓶车、缝车等根本没保养，一坏就是半天，找不到零配件。

5. 在车间现场，私人物品到处乱放，衣服、雨伞、梳子等放在机器内，放在窗户上。

6. 在车间，有的工人打电话，有的听收音机，有的干脆就把耳机插在耳朵内，不取下来。

7. 地面很脏，天花板上的蜘蛛网连成一片，出货的电梯门敞开，曾经还发生事故。

8. 员工士气不振，管理人员都说管理太难，员工太刁蛮，人员不好管理。

9. 许多管理人员说，这些都是小问题，能出货，客户的钱能收回就好。

10. 更让人心烦的是，出货老是延期，产品质量无法控制，客户抱怨加大，成本增加，产品价格又下降。

学习任务三　掌握时间配置

案例引入

富士康的高招工率和高离职率

富士康科技集团是专业从事电脑、通信、消费电子、数位内容、汽车零组件、通路等6C产业的高新科技企业。最近几年富士康面临一个很严峻的挑战就是其高招工率和高离职率。

在富士康公司设置的新员工常年招聘点，从早上6时开始，这里就聚集了上千人。这些应聘的年轻人来自全国各地，他们大多数是在朋友的介绍之下来到这里应聘，而他们应聘的这份工作，每个月只是一份刚刚满足深圳市最低工资900元的普通工作。应聘者说："包吃包住，又有劳动法作保障，会选择加班。农村人，在家里都是干农活的，12个小时没有问题。"招聘点的工作人员说，这里每天可以招聘两三千人，最多的时候达到过上万人。在富士康，"80后""90后"的打工者已经超过85%。

但是每个月也有大批富士康的员工选择辞职，平均每月要流失员工几万人。尤其在"富士康跳楼事件"频发的近3个月，每月竟然高达5万人以上。

很多员工辞职的原因之一是每天超负荷的工作，感觉就像是一个机器，流水线上单调枯燥的动作要反复不停地重复着。

作为全球最大的电子制造服务商对生产线有严格的要求。每个岗位的工作被分解再分解、细化再细化，每个在岗员工必须不间断地重复相同的动作。富士康的工作制度是每2小时可以休息10分钟，平均工作时间达到每天12小时。员工进入富士康首先就要签一份"自愿加班协议书"，即保证每个员工都"自愿"加班。而员工的底薪一般很低，如果要拿高薪，必须靠不断加班来获得。但这种"自愿加班"实质上并不是自愿的，因为协议上已经写明，如果选择加班，必须整个月都加班；如果选择不加班，那么整个月都没有机会加班。所以员工每个月的工资收入中，加班赚的钱比重有一半。

想一想：

问题1：富士康公司为什么有较高的离职率？

问题2：员工过多的加班能否为企业带来高效益？

知识准备

企业人力资源配置不仅表现为部门、工种、岗位，以及工作地、劳动环境等空间上劳动分工与协作，还表现为时间维度上的劳动分工与协作，即员工的工作时间组织，以及与之对应的轮班制度，二者构成了人力资源时间配置的主要内容。

一、工作时间组织

（一）工作时间组织的含义及作用

工作时间就是指员工在工作场所从事生产经营活动所消耗的劳动时间。它通常是以工时为单位进行计量。当以工作日表示时，则需明确工作日长度，即工作日内工作的工时数。在企业员工人数和工作日长度不变的前提下，充分合理利用工作时间，消除各种工时的损失，意味着工作时间的"延长"和劳动量的增加，这样就能增加工作产出，保持较高水平的劳动生产率。合理安排工作时间，不但可以提高劳动效率，还有利于安排员工业余时间和家庭生活，劳逸结合，保护员工的身心健康。

员工工作时间不能无限度地延长，它只能在一定的界限内变动，它的最高界限取决于员工的生理和社会的需要，既要保证员工的休息、睡眠和其他生理需要的时间，以便恢复员工的劳动能力，又能不断创造物质财富，增加员工的收入，满足员工在物质和精神生活上的需要。

（二）工时制度及分类

由国家法律法规规定的工作时间长度称之为制度工作时间，对其具体内容和形式的规定简称为工时制度。

根据国家机关、事业单位和企业生产经营等不同的特点和条件，工时制度可分为以下三类。

1. 标准工时工作制

标准工时工作制，国家规定的员工每日工作 8 小时，每周工作 40 小时的标准工时制度。我国多数企业采用这一制度。

2. 综合工时工作制

综合工时工作制，即综合计算工时工作制，它是针对因工作性质特殊，需连续作业或受季节及自然条件限制的企业的部分员工，采用以周、月、季或年度为周期综合计算工作时间的一种工时制度。但其平均日工作时间和平均周工作时间应当与法定标准工作时间基本相同。该种工时制度主要适用于交通、铁路、邮电、水运、航空、渔业等企业中因工作性质特殊，需要连续作业的员工；地质、石油及资源勘探、建筑、制盐、制糖、旅游等受季节和自然条件限制的企业中的部分员工。以及其他特殊生产经营情况的企业员工。

3. 不定时工作制

不定时工作制是针对因生产特点、工作特殊需要或职责范围的关系，无法按标准工作时间衡量或需要机动作业的员工所采取的一种工时制度。例如，企业中从事高级管理、推销、货运、装卸、长途运输驾驶、押运、非生产性值班和特殊工作形式的个体工作岗位的员工，出租车驾驶员等，可实行不定时工作制。

鉴于每个企业的情况不同，企业可依据上述原则结合自身的实际情况进行研究，并按照劳动行政主管部门的有关规定上报，经主管部门审核批准后，才能实行综合工时工作制或不定时工作制。

二、工作轮班制度

企业为了实现既定的工作目标，促进生产的全面发展，不仅要根据各类岗位工作性质和特点，选择并推行上述某种工时制度，还要从生产技术组织条件出发，根据劳动分工与协作的要求，组建专业或综合作业组，建立工作轮班制。

（一）工作轮班制度的概念

工作轮班制作为企业工作时间组织的基本形式，它是指在工作日内组建不同班次的作业组，在同一工作地轮番进行生产的劳动协作形式。企业的工作轮班制，除特殊情况实行单班制，即每天组织一班生产之外，主要是指多班制，即每天组织两班或两班以上的员工轮流进行生产，完成工作任务。总之，工作轮班制是特指在实行多班制生产条件下，组织各班员工按规定的时间间隔和班次顺序，轮流进行生产或工作活动的一种劳动组织形式，它体现了员工在时间上的分工与协作关系。

实行单班制还是多班制，主要取决于自身的生产经营活动的性质和特点。例如，发电、化工、石油、冶金等类型企业，其主要生产工艺过程都是连续性的，除特殊情况外不能随意间断，这类企业为了满足生产经营的需要，必须实行多班制。而机械制造、纺织、轻工、建筑等类型企业，其生产工艺过程是可以间断进行的，这类企业不必强制实行多班制，可以根据企业生产经营的实际需要以及生产技术组织条件，自行选择单班制或多班制。一般来说，实行单班制的劳动组织工作也比较简单，员工生活起居比较有规律，有利于员工的身体健康，但不能充分发挥厂房、机器设备等固定资产的潜能。

而实行多班制，不但有利于挖掘各种固定资产的潜力，缩短生产周期，扩大生产空间，提高劳动生产率，增加产出，还能为社会提供更多的就业机会。

但工作轮班组织需要投入更多的人力、物力和财力，需要精心设计、严格管理，才能提高人力资源时间配置的效益。

（二）工作轮班制组织形式

工作轮班的组织形式很多，企业曾经采用过的有两班制、三班制和多班制。

1. 两班制

两班制是每日分早、中两班组织生产，员工不上夜班，这有利于员工的身体健康，也便于机器设备的维修保养和做好生产前的准备工作。员工倒班也比较简单，每隔一周轮换一下即可。目前，很多企业根据自身生产经营特点，推行了对班制，即全年从1月1日起到12月31日，每工作1天后休息1天，每个工作日不超过12小时（包括正餐和工间休息时间），如上班日与国家规定的节假日（元旦、春节、劳动节和国庆节）重叠，按照国家规定支付相应加班费。推行对班制的企业主要是值守性、窗口性的后勤、保障、供应、服务等类岗位，如仓库保管员、消防安全员、车站售票员、银行营业员、短途乘务员等。

2. 三班制

三班制是每天分早、中、夜三班组织生产。根据公休日是否进行生产，又可分为间断性三班制和连续性三班制。实行三班制必须组织好员工的倒班，对连续性三班制的员工还要组织好轮休。

间断性三班制是指有固定公休日的形式，即公休日停止生产，全体员工休息，公休日后轮换班次。其倒班的方法分为正倒班和反倒班。正倒班是甲、乙、丙三班员工都按早—中—夜的顺序倒班，即原来的早班倒中班，原来的中班倒夜班，原来的夜班倒早班。反倒班是甲、乙、丙三班员工都按早—夜—中的顺序倒班，即原来的早班倒夜班，原来的夜班倒中班，原来的中班倒早班。

对于生产过程不能间断的企业，一年内除了设备检修或停电等时间外，每天必须连续组织生产，公休日也不间断。这时必须实行连续性三班制。员工不能一起休息，只能组织轮休。

3. 多班制

多班制主要是指每天组织 4 个或 4 个以上工作班轮番进行生产的轮班制度。主要有四八交叉、四六工作制和五班轮休制。

(1) 四八交叉。四八交叉也称四班交叉作业，是指在一昼夜 24 小时内组织 4 个班生产，每班工作 8 小时，前后两班之间的工作时间相互交叉，交叉时间一般为 24 小时。

在交叉时间里，接班员工进行生产准备工作，了解和研究完成本班生产任务的一些关键性问题，并与上一班员工一起进行生产活动。这样可以加强各班之间的协作，缩短生产准备和交接班时间，更充分地利用工时和设备工具。

(2) 四六工作制。四六工作制是每一个工作日由原来组织三班生产，改为四班生产，每班由 8 小时工作制改为 6 小时工作制。

四六工作制是 20 世纪 80 年代在我国煤炭企业井下采掘员工开始实行的工作时间制度。一般适用于在井下采煤、掘进、开拓延伸员工以及矿建工程中的掘进员工。如果范围扩大，需要增加人员过多，势必影响效率，加大成本。但在企业冗员较多，人浮于事，一线岗位却留不住人的客观情况下，实行四六工作制不失为解决企业富余人员问题，增强一线岗位吸引力的一条有益途径。

(3) 五班轮休制。五班轮休制即五班四运转，它是员工每工作 10 天轮休 2 天的轮班制度。

五班四运转的轮休制是以 10 天为一个循环期，组织 5 个轮班，实行早、中、夜三班轮流生产，保持设备连续生产不停，并每天安排一个副班，按照白天的正常时间上班（不超过 6 小时），负责完成清洗设备、打扫卫生、维护环境等辅助性、服务性工作任务。

五班轮休制是我国企业推行 40 小时工时制度以后，在四班三运转的基础上实行的一种新的轮班制度，它保证了企业员工某月平均工作时间不超过 166.64 小时（20.83×8）的规定，该轮班制适合大中型连续生产的企业采用。

三、工作轮班制注意的问题

为了组织好多班制生产，除了要解决轮休、倒班方法外，还应注意依据一下原则。

(1) 工作轮班的组织，应从生产的具体情况出发，以便充分利用工时和节约人力。在一个企业里，并非各类员工都须实行统一的轮班制度。例如，在化工企业，有的化工产品的操作员工需要三班连续工作，但包装员工也可组织两班制甚至单班制生产。再如，车间的检修员工，除在系统停车大修或主要设备发生故障时需要实行多班制，通常只需要实行单班制。

(2) 要平衡各个轮班人员的配备。应注意各班人员数量保持大致相等，避免相差过多。在业务素质、技术力量的配备上，也要注意平衡，防止把骨干力量都集中在一个班，使其余各班力量相对削弱，各班人员配备后，应尽量保持相对固定，避免调动频繁，以利于加强班组管理和员工之间的联系。

(3) 建立健全交接班制度。在交接班时，对于交接设备的完整、清洁、润滑和安全，机器的使用和运转，工具有无丢失，产品的质量和数量，在制品的完成程度以及生产中存在的问题等情况，都要按规定的手续交接清楚。这样不仅能明确各班员工的责任，使各班员工更关心本班生产，并且能够加强各班之间的协作，使上一班员工关心下一班员工的工作，主动为下一班创造有利的生产条件。

(4) 适当组织各班员工交叉上班。当员工从事前后密切衔接的不同工序时，为了便利下一班员工在接班前做好准备工作，上一班员工做好结束工作，可以把各班员工的上下班的起止时间进行适当的交叉；或者下一班员工中的一部分员工，提前上班，先做好生产准备工作。这就可使前后两班的工作更密切地配合，减少不必要的工时损失。

(5) 工作轮班制对人的生理、心理会产生一定的影响，特别是夜班对人的影响最大。科学家和社会学者的研究表明，倒班制使员工的生物钟发生极大混乱。当员工在短时间内频繁地改变上班时间时，他们的睡眠周期就不能适应。国外调查资料表明，有 8%的长期上夜班的员工因睡不好觉而垮掉，而在每个星期轮班时，有 60%的人在班上打盹。倒班特别是经常上夜班给员工造成许多身心危害，还造成许多工业事故，例如，美国三里岛核电站和前苏联切尔诺贝利核电站出现的核泄漏事故，大都发生在后半夜。

为了解决夜班疲劳、员工生理心理不适应和工作效率下降的问题，一般可采用以下两种办法。

(1) 适当增加夜班前后的休息时间。由于夜班生产打乱了人的正常生活规律，上夜班容易疲劳，影响员工身体健康。夜班工作效率比白班约降低 8%，夜班作业者的生理机能水平只有白班的 70%，表现为体温、血压、脉搏降低，反应技能也降低，从而工作效率下降。统计资料表明，凌晨 3 时至 4 时工作错误率最高；凌晨 2 时至 4 时，电话交换台值班员的答话速度比在白班时间慢 1 倍。为此夜班工作者适当增加夜班前后的休息时间，减轻疲劳自觉症状和人体的负担。

(2) 缩短上夜班的次数。时间生物学家科尔曼和其他一些研究人员在美国犹他州大盐湖矿物和化学公司做了实验。过去，该公司的员工上一个星期白班，接着上一个星期夜班，然后再上一个星期中班，而研究人员设计的新的倒班方法是，先上白班，接着上中班，然后再上夜班，每班工作时间每天向前推移 1～2 个小时，而且每 3 个星期才换班一次，在每次倒班时还给几天空闲时间。他们认为，这样做才能符合人体生物钟自然变化的规律，使工作轮班与人体生理机构相互适应。经过 9 个月的实验，工厂管理人员发现员工生病、缺勤和事故数量大大减少，而员工生产效率提高了 20%。

案例学习

瑞典越来越多机构将工作时间调整为6小时/天

2014年4月，瑞典第二大城市哥德堡宣布，他们将在市内的公共部门引进6小时/天的工作制度。

该套制度希望能给工作者更多陪伴家人或放松的时间，以此来提高他们的身体状况和幸福感，进而提升工作效率。哥德堡副市长马茨·菲汉姆（Mats Pilhem）在当时说道："我们希望通过缩短工作时间的方式来让职工请更少的病假、让他们在精神和身体上都获得更良好的感觉。"

斯德哥尔摩的菲力姆茨（Filimundus）软件开发公司于去年引进了6小时/天工作制度。这家公司的CEO利纳斯·方特（Linus Feldt）指出，在改变之后，员工对工作的专注度变得更高了，出来的成果也更好了。

另外一家科技初创公司则早在3年前就已经使用了6小时/天工作制度。这家公司解释称："我们相信，没有人能在连续8个小时里保持绝对的创造性和高产性。6小时更合理些。"

当然，6小时/天的工作制度在瑞典还没有完全普及，大部分人还是每天工作8小时。但是，一天工作6小时意味着你必须要提升你的工作效率，就是要保证6小时都在认真工作，所以，在工作期间，不能玩社交网络、微博或其他令你分心的东西。

讨论： 你认为每天工作6个小时如何？工作时间和工作效率是否成正比？

方案设计

实训项目： 知名企业人力资源时间配置资料搜集。

实训目的： 通过互联网平台了解知名企业人力资源时间配置状况，加深学生对人力资源相关内容的认识。

项目实施：

步骤1：学生6人为一组，建立学习任务小组，选出一名组长，组长要监督组员的学习和任务的进展情况，组长根据实训任务，安排组员分工合作。

步骤2：每组查找一个知名企业，对企业的人力资源时间配置情况做了解。

步骤3：整理出这些知名企业人力资源时间配置的方式和方法

步骤4：分组进行成果汇报，由小组自评、组内互评和教师点评三位一体的方式进行综合评分。

实训材料：

（1）收集知名企业人力资源配置的相关数据、表格等材料。

（2）整理该企业人力资源时间配置的方式方法以及本组成员查找案例资料后对于人力资源配置中倒班制度的认识，并形成汇报文字。

（3）最后形成汇报 PPT，在班上进行展示。

学习情境八 人员流动管理

学习目标

1. 了解劳务派遣的概念、特点和原则；
2. 掌握人员流动管理的原则和方法；
3. 掌握人才使用和培养的方法。

技能目标

1. 能够根据企业的实际情况制定劳务派遣员工的使用及需求情况；
2. 能分析企业人员流动的特征，并在此基础上提出相应的解决对策；
3. 能针对本企业的人力资源管理现状不断完善用人及培养人才的方式。

职业情境

吴云最近调到公司的人力资源部门工作，然而她刚接手就遇到了很多棘手的问题。员工王力在单位工作了6年，但是一直都是劳务派遣工，虽然企业有给王力提供转正的机会，但是因为都有名额限制，加上王力一直做的都是业务推广，到处跑而没有机会复习转正的考试。此次的考试他又没有转正，来人事部门找吴云多次反映考试有问题，并表现出超强的消极性，话语中流露出如果此事不解决好他将辞职走人的想法。

另外，近期公司管理层计划从公司内部选聘出一位营销部经理。吴云必须要从公司内通过合理的方式选拔出合适的人选，几件事凑到一起，让吴云觉得非常凌乱，不知道该如何下手。

情境分析

企业的新陈代谢需要一定的员工流动性，合理的员工流动能促进一个企业的良性发展，保持合理适度的员工流动率，可带来知识和技术的交流，不断为企业带来新的活力，淘汰不合格员工，引进高素质人才，推动企业早日实现组织远景，推进企业的发展。

学习任务一 了解劳动派遣

案例引入

银行招聘信息

国内某知名大型人才招聘网站常年有各个银行的招聘信息。下面是一则招聘信息：

交通银行信用卡推广专员岗位职责：仅限大专以上文凭人员可录用。

1. 负责交通银行信用卡的销售及推广；

2. 下半年根据个人业绩情况可获得小额贷款项目资格；

3. 根据个人收入需求及部门业绩指标制订短中期销售目标及计划；

4. 合理应用并开拓渠道，达成目标。

任职资格：

1. 大专及以上学历；

2. 1～2 年以上销售行业工作经验，有挣钱欲望及发展需求；

3. 反应敏捷、表达能力强，具有较强的沟通能力及交际技巧，具有亲和力；

4. 具备一定的市场分析及判断能力，良好的客户服务意识；

5. 有责任心，能承受较大的工作压力；

6. 有团队协作精神，勇于挑战；

7. 请非大专及以上学历的人员不要投递简历。

工作时间：

一周 6 天工作制。这是一份销售工作，可在点位作业也可户外作业，多劳多得，我们提倡劳逸结合，自己可根据自身业绩情况调整作业时间。

待遇：

一、薪酬

底薪（见习期底薪 2400～3100 元）＋车餐补贴＋额外补贴＋提成奖金＋综合营销奖励（客户经理平均月收入 8000～10000 元）

二、保险福利

1. 社会保险及公积金。为员工缴纳养老保险、医疗、工伤、生育、失业保险以及住房公积金。

2. 补充商业保险。为员工购买商业保险，享受更多的医疗保障，门诊医疗也可报销。

三、健康体检福利

为员工提供每两年一次价值约 1000 元的体检服务。

四、培训福利

员工可享受免费专业的入职培训、业务培训、进阶培训、管理培训、E-learning 等。

五、与卡中心共成长、边工作边学习、工作休闲两不误福利

1. 员工于10月25日（含）入职满1年可享受1000元成长金。入职满5年可享受5000元成长金。

2. 员工于3月31日（含）入职满1年可享受1000元学习金。

3. 员工于12月31日（含）入职满1年可享受500元休闲金。入职满5年可享受2500元休闲金。

六、工会生日慰问、节日慰问福利

七、夏日清凉福利

八、独生子女托费福利

九、行服福利

入职满半年的员工均可免费获得单位统一量身定做的行服。包含西装、长袖衬衫、短袖衬衫，冲锋衣、皮鞋、围巾、大衣等。联系人：周主任134××××××××微信134××××××××

想一想：该招聘信息是否为该银行招聘？为什么？

知识准备

一、劳务派遣的概念及种类

劳务派遣又称人力派遣、人才租赁、劳动派遣、劳动力租赁、雇员租赁，是指由劳务派遣机构与派遣劳工订立劳动合同，并支付报酬，把劳动者派向其他用工单位，再由其用工单位向派遣机构支付一笔服务费用的一种用工形式。劳动力给付的事实发生于派遣劳工与要派企业（实际用工单位）之间，要派企业向劳务派遣机构支付服务费，劳务派遣机构向劳动者支付劳动报酬。

劳务派遣业务是近年我国人才市场运用的一种新的用人方式，可跨地区、跨行业进行。劳务派遣单位一般都是经省市劳动人事部门批准可成立专业的人力资源服务公司，主营业务有人力资源外包，人力资源派遣以及通过招聘网为企业提供人才的供应信息，为个人提供求职登记，推荐工作；同时也为企业提供代理招聘会的举办，法律法规的咨询等工作。

劳务派遣的具体形式有以下几种。

1. 完全派遣

由派遣公司承担一整套员工派遣服务工作，包括人才招聘、绩效评价、报酬和福利、安全和健康等。

2. 转移派遣

有劳务派遣需要的企业自行招聘、选拔、培训人员，再由派遣公司与员工签订《劳动合同》，并由派遣公司负责员工的报酬、福利、绩效评估、处理劳动纠纷等事务。

3. 减员派遣

减员派遣指企业对自行招聘或者已雇用的员工，将其雇主身份转移至派遣公司。企业支付派遣公司员工派遣费用，由派遣公司代付所有可能发生的费用，包括工资、资金、福利、各类社保基金以及承担所有雇主应承担的社会和法律责任。其目的是减少企业固定员工，增强企业面对风险时候的组织应变能力和人力资源的弹性。

4. 试用派遣

试用派遣是一种新的派遣方式，用人单位在试用期间将新员工转至派遣公司，然后以派遣的形式试用，其目的是使用人单位在准确选才方面更具保障，免去了由于选拔和测试时产生的误差风险，有效降低了人事成本。

5. 短期派遣

短期派遣是指用人单位与劳务派遣机构共同约定一个时间段来聘用和落实被派遣的人才。

6. 项目派遣

项目派遣是指企事业单位为了一个生产或科研项目而专业聘用相关的专业技术人才。

7. 晚间派遣

用人单位利用晚上的特定时间，获得急需的人才。

8. 钟点派遣

钟点派遣指以每小时为基本计价单位派遣特种人员。

9. 双休日派遣

以周六、周日为基本计价单位派遣人员。

10. 集体派遣

国有企事业单位通过劳务派遣机构把闲置的人员部分或整体地派遣给第三方。

11. 派遣转正

劳务派遣工在用人企业长期工作后，由用人企业将其身份转为企业员工，享受企业员工的所有同等待遇。

阅读材料

劳务派遣单位新规定

《劳务派遣暂行规定》已于2013年12月20日经人社部第21次部务会审议通过，自2014年3月1日起施行。

规定明确用工单位应当严格控制劳务派遣用工数量，使用的被派遣劳动者数量不得超过其用工总量的10%。用工单位在规定施行前使用被派遣劳动者数量超过其用工总量10%的，应当制订调整用工方案，于规定施行之日起2年内降至规定比例。用工单位未将规定施行前使用的被派遣劳动者数量降至符合规定比例之前，不得新用被派遣劳动者。

规定明确，用工单位应向被派遣劳动者提供与工作岗位相关的福利待遇，不得歧视被派遣劳动者。劳务派遣单位跨地区派遣劳动者的，应当在用工单位所在地为被派遣劳动者参加社会保险，按照用工单位所在地的规定缴纳社会保险费，被派遣劳动者按照国家规定享受社会保险待遇。

劳务派遣单位未在用工单位所在地设立分支机构的，由用工单位代劳务派遣单位为被派遣劳动者办理参保手续，缴纳社会保险费。

规定还明确，被派遣劳动者在用工单位因工作遭受事故伤害的，劳务派遣单位应当依法申请工伤认定，用工单位应当协助工伤认定的调查核实工作。

二、劳务派遣用工的特点

目前，在我国有部分行业大量使用劳务派遣用工主要原因是简化管理程序，减少劳动争议，分担风险和责任，降低成本费用，自主灵活用工等。当然劳务派遣用工也有其独特的特点。具体表现为如下几点。

(1)"不求所有，但求所用"是劳务派遣制的一个显著特征。在中国市场经济条件下，知识经济正在兴起，工人要流动，"单位人"要变成"社会人"已经是大势所趋。中国著名劳务学家、中国劳动科学院副院长王通讯教授曾说："如何用工人、现在有三种现象：一是养人用人；二是养人不用人；三是不养人而用人，对用人单位来说'工人不养而用'是上上之策，追求工人'为我所用'要比'为我所有'有利得多。"实行劳务派遣制，使用人单位在工人使用上"不求所有、但求所用"这种新的用人理念得以实现。用人单位只需与劳务派遣机构签订一份劳务派遣协议，然后由劳务派遣机构把合适人员派到用人单位工作。用人单位只负责对工人的使用，不与工人本人发生任何隶属关系。应当说，以"不求所有、但求所用"为特征的劳务派遣制，特别适合于那些非公有制企业、国企改制企业和那些经营发展变化比较快、不同发展阶段或不同发展时期对人才需求又不尽相同的单位。

(2)"你用人，我管人"是人才派遣制的又一个显著特征。人才派遣制的用人模式实际上形成的是三种关系，也就是以人才派遣机构为中间行为主体，形成的派遣机构与被派遣人才之间的隶属关系、派遣机构与用人单位之间的合作关系，以及被派遣人才与用人单位之间的工作关系。很显然，用人单位对人才只管使用和使用中的工作考核，剩下的一切管理工作，包括工资薪酬的发放、社会保险的代收代缴、合同的签订、续订和解除，相关问题和争议的处理、日常一系列的人事管理等，全部由人才的派遣机构负责。这样，用人单位用人，派遣机构管人，这种用人模式对用人单位来说省了很多事，减少了大批因管理工作带来的工作量和相关的麻烦。可以使用人单位的经营管理者能够更专心于事业的发展和企业的生产经营。

（3）劳务派遣机构“一手托两家”，更有利于劳务供需双方的双向选择和有关各方责权利的保障，这是劳务派遣制的一个带有根本性的好处，也是这种用人模式独特的机制。国内各地劳务派遣制的实施主要是由各级政府所属的劳务服务部门发起的，是劳务服务业中的职业介绍的进一步延伸。常规的劳务代理工作，是介于劳务供需双方关系之外提供的一种劳务服务，是一种局外角色的服务。劳务代理工作延伸为劳务派遣制以后，就发生了质的变化，就变成了一种介入其中的局内角色的行为主体。

三、我国劳务派遣的现状

劳务派遣涉及面极为广泛，从管理人员、专业技术人员，至一般劳务人员，均可采用派遣方式。目前，我国劳务派遣状况主要体现如下内容。

（一）地区分布

东部地区的劳务派遣发展较快，规模较大。目前，已经开展劳务派遣的地区主要包括北京、天津、上海、广东、江苏、浙江、福建、广西、黑龙江、辽宁、吉林、江西、湖南、山东等地，劳务派遣在其他地区也陆续开展起来。

（二）行业分布

采用劳务派遣的行业主要是服务业（如电信、邮政、家政、电力、铁路运输等）、制造业和建筑业。

（三）企业分布

劳务派遣特别受到外资企业和国有大型企业的欢迎。在深圳，外向型企业与股份制企业以及竞争激烈的电信、银行等行业对劳务派遣的需求大。一些著名的企业如深圳华为、赛格三星、赛格日立、希捷等，都使用过劳务派遣。此外，部分国家事业单位也采用劳务派遣的方式聘用编外员工。

（四）从业人员情况

劳务派遣从业人员以城市外来劳动力、大中专毕业生、企业下岗分流人员及专门人才为主。

（五）岗位分布

劳务派遣的专业，岗位很多，如钟点工、秘书、话务员、销售人员、客户经理、司机、保安、广告创意、高级管理、股票运作、市场分析、企业认证、商务谈判、制造业辅助企业工种等。

四、目前我国劳务派遣存在的问题

目前，我国劳务派遣正处于起步、发展阶段，作为一个新生事物，还没有完备的法律法规。在这种情况下，劳务派遣在运作中暴露出以下几方面的问题。

（一）劳务派遣服务机构本身存在的问题

劳务派遣服务机构从事的是一种特殊的劳务经济，其经营的业务还没有法律明确规定，这给劳务派遣服务机构开展业务造成很大影响，如企业无法按业务内容进行登记注册，如何核算劳务派遣服务机构的收入以及纳税依据等，目前还没有规定。

由于经营地位不明确，目前还没有专门的部门对其经营资质和经营业务进行审批，可能造成盲目发展的局面。

从全国来看，很少有纯粹的劳务派遣服务机构，大多是劳务承包或劳务中介为主，兼营劳务派遣。

（二）企业使用劳务派遣型工作的规模和岗位缺乏规范

目前，劳务派遣被许多企业广泛用于各种可能的岗位。一些比较正规的企业根据自身的需要，合理地安排本企业劳务派遣型工作的规模，并对劳务派遣进行严格管理。它们制定专门的劳务用工管理规定，对劳务派遣三方的职责，劳务派遣员工的培训、考核、劳务费的发放原则和标准，以及劳务派遣员工参加工会和党团活动等做出明确规定。合理的用工规模和严格的管理使劳务派遣成为企业的一种有机的用工形式。

但也有企业为了降低用工成本，借劳务派遣的名义，大规模裁员。劳务派遣还使一些企业减少或不用固定职工。例如，上海市嘉定区某高新技术企业就已经不设人事部门，也不再为职工开设养老金账户，企业只将一定数额的费用支付给人才服务中心，职工档案保管、社会保险等有关人事工作都交给了人才服务中心。

（三）劳务派遣三方的权益缺乏保障

目前，凡是从事劳务派遣的，一般都能做到以下几点：劳务派遣服务机构与用人单位签订有劳务派遣合同，劳务派遣服务机构与部分劳动者签订劳动合同，实行行业自律规范。但是，我国劳动保障的总体法制还不健全，劳务派遣在实际运作中无法可依，导致出现以下问题：一是各劳务派遣服务机构在具体协议内容和标准上做法不一；二是一些责任问题没有解决办法；三是发生争议也无法解决。结果，劳务派遣服务机构、用人单位和劳动者的权益都无法完全得到保障。经常会出现的问题有：劳动合同问题、参加社会保险问题、跨地区就业的政策衔接问题、劳动者的其他权益问题、工伤赔偿等容易发生争议的问题。

（四）与正式员工相比，没有实现同工同酬

虽然《劳动合同法》规定劳务派遣人员只能从事临时性、辅助性的工作，但在实

际操作中，很多组织聘用的劳务派遣人员从事的工作并不是临时性、辅助性的，这是组织变相使用劳动力的一种方式，容易引发劳务派遣人员与组织正式聘用人员之间产生同工不同酬的现象。

(五) 劳务派遣人员缺乏职业发展的归属感

劳务派遣人员大多属于短期聘用，组织在对待这部分员工时，通常只考虑其为组织做出的短期贡献，而不考虑其职业发展问题。组织通常不会将他们的激励问题进行重点考虑，所以不能对其进行有效考核和激励，在一定程度上影响了劳务派遣人员的绩效产出，让他们没有归属感，担心随时丢掉工作，职业发展和就业稳定性比较差。

阅读材料

劳务派遣公司经营服务四大基本原则

劳务派遣公司经营服务有着自身的特点和规律，因此自然有必须遵循的基本原则。劳务派遣公司经营服务有四大基本原则。

1. 雇员租赁

劳务派遣的本质是雇员租赁，“派遣”一词并不适用于解释劳务派遣经营活动的法律关系和业务特征。“租赁”一词却能概括劳务派遣所有业务特征，并合理解读劳务派遣复杂的三方法律关系。租赁与雇佣一样更适用于解释劳动力与工作单位之间的法律关系。以生产线承包为特征的劳务外包合作，因为不存在租赁关系而并非劳务派遣，也不适宜签订劳务派遣合同。

2. 同工同酬

现行法律制度规定劳务派遣用工单位，应当实行同工同酬制度，但人社部相关司局负责人确表示，虽然劳务派遣职工享有与用工单位的劳动者同工同酬的权利，但同工同酬不包括福利和社会保险。同工同酬可以简单地理解为，相同岗位、相同等级的员工，应该执行同等工资待遇标准。但这样就容易被异化为用工单位应对同工同酬的一种对策。

3. 拒绝垫付

现行法律制度明确了在劳务派遣三方法律关系中，用工单位应当实际承担派遣员工工资和社保费用。这就是劳务派遣公司不垫付原则的法律基础，也就是说派遣公司不为用工单位垫付派遣员工工资和社保费用。一旦派遣公司不能坚持原则，为用工单位垫付上述费用，也就意味着无形中极大地增加自身的经营风险。

4. 受益归责

《侵权责任法》规定：“派遣员工因执行工作任务造成他人损害的，由接受劳务派遣的用工单位承担侵权责任；劳务派遣单位有过错的，承担相应的补充责任。”“谁用工，谁受益”是一种普通常识，“谁受益，谁担责”则是利益义务对等的基本原则。

派遣员工一旦出现工伤事故，工伤保险待遇赔偿不足部分则应由真正用工受益方即用工单位负责承担。

五、劳务派遣员工的招聘

企业如果结合自身实际需要招聘劳务派遣员工，可以采取以下方式展开。

（一）自行招聘

用人单位自行负责进行招聘及面试初审，确定符合条件的人员后，向劳务派遣服务机构提交劳务派遣人员名单，办理派遣手续。

（二）联合招聘

如果用人单位需要，可通过与劳务派遣服务机构合作进行联合招聘，用人单位派人参加面试初审，面试合格后，确定录用劳务派遣人员名单，由劳务派遣服务机构办理派遣手续。

（三）全权委托招聘

受用人单位委托，劳务派遣服务机构进行独立招聘，用人单位也可以派人参加面试初审，面试合格后，确定录用劳务派遣人员名单，劳务派遣服务机构进行初级的培训，达到委托单位要求后，再办理派遣手续。

（四）其他渠道招聘

如果用人单位自已有特定的招聘渠道（如外省某地区），可委托劳务派遣服务机构进行招聘工作。

六、劳务派遣招聘流程

（一）成立专门负责劳务派遣的管理组织

企业虽然与劳务派遣员工之间是“用人而不管人”的关系，但是为了更高效地用到合适的劳务派遣人员，企业成立一个专门负责劳务派遣工作的管理组织是十分必要的。该管理组织可以由不同职能部门（如人力资源部、财务部、技术部）的5～7人构成。全面负责招聘中确定招聘内容、选择服务商、签订劳务派遣协议、激励与监控派遣公司、评估劳务派遣管理工作等，并明确由人力资源部门负责员工劳务派遣工作的日常管理。

（二）确定员工劳务派遣的内容

结合企业自身特点，依据企业人力资源需求规划，结合企业用人需求及劳务派遣成本效益分析，制定劳务派遣人员的数量、学历、专业、性别、工作内容等。

（三）科学选聘劳务派遣机构

选择合适的劳务派遣机构是劳务招聘的关键。选择派遣机构应考虑三个维度因素：成本维度（价格、交易成本）、质量维度（派遣机构的专业水平、经验、运营状况）和合作维度（亲密、共同愿景和沟通）。确定好劳务派遣机构后，要结合之前制定的劳务派遣人的条件及工作环境状况同派遣机构进行业务洽谈。

（四）签订劳务派遣合同

洽谈好后，企业要签订《用人单位劳务派遣申请表》，并根据业务洽谈的具体情况，拟定好的派遣合同，双方签订《劳务派遣合同》。

（五）配合劳务派遣机构完成招聘工作

企业要配合劳务派遣公司招聘、考核、录用员工，并在《劳务派遣人员花名册》上签字、加盖单位公章。《劳务派遣人员花名册》所示人员数作为劳务管理费月结依据。每录用一名员工均需填写《劳务派遣人员录用表》，作为派遣公司对派遣人员的档案管理材料。

（六）对劳务派遣员工进行日常管理

用人单位需对派遣人员进行日常管理、岗位考核，并向劳务派遣公司反馈用人信息。若有退聘员工需填写退工通知单，注明原因，并加盖单位公章。

案例学习

“1号店”被诉歧视派遣工

2013年1月4日，来自“1号店”（上海益实多电子商务有限公司）的配送员徐辉由于劳务派遣、被无故解雇等问题，将1号店告上深圳市罗湖区劳动人事争议仲裁委员会，要求确认与1号店的劳动合同关系，返还押金，支付工资、加班费、经济补偿金、社保等合计15万元。这是《劳动合同法》修正案通过后，国内首例劳务派遣无效纠纷，知名电商是否规避法律成为争议焦点。

作为“1号店”劳务派遣就业歧视案的当事人，徐辉称，自入职以来他一直没有休过年假，国家法定节假日仍被要求加班，但却没有相应的加班费。此外，徐辉称自己的其他合法权利也都被非法的劳务派遣合同严重损害。

徐辉称，2011年8月30日至2012年12月14日期间，他一直在“1号店”工作。在“1号店”的要求下，他先后分别同两家劳务派遣公司签订劳务派遣合同。但他表示自己从来没有见过、接触过这两家劳务派遣公司，并称当初面试、签订合同、改签合同、发放工资等全部是由“1号店”的深圳分公司负责。

2013年7月8日，深圳罗湖区劳动人事争议仲裁委员会认定：劳务派遣合同有效。徐辉不服，向罗湖区人民法院提起诉讼。

讨论：你认为目前劳务派遣用工最大的问题是什么？

方案设计

项目背景：M公司是位于深圳的一家银行数据处理中心，计划今年增招20名派遣性质的信息处理员。该企业要寻找一家合适的劳务派遣机构合作，请你帮助他寻找到“合作伙伴”。

实训项目：寻找“合作伙伴”。

实训目的：通过互联网平台了解劳务派遣机构的状况，加深学生对劳务派遣相关内容的认识。

项目实施：

步骤1：全班学生4～6人一组，建立学习任务小组，选出一名组长，组长要监督组员的学习和任务的进展情况，组长根据实训任务，安排组员分工合作。

步骤2：根据案例背景材料的要求通过互联网、广告等方式查询合适的“合作伙伴”。

步骤3：每组将认为合适的伙伴找到，并说明理由。

步骤4：分组进行成果汇报，由小组自评、组内互评和教师点评三位一体的方式进行综合评分。

实训材料：

(1) 请结合本节内容寻找合适的派遣机构，需要注意派遣机构的资质、经验、招聘渠道、与深圳市相关行政部门的关系等方面的实力。

(2) 每组通过网络查找或者广告、邮件的方式寻到你认为合适的公司，说明理由，形成汇报文字。

(3) 最后形成汇报PPT，在班上进行展示。

学习任务二　学会分析人员流动

案例引入

“用工荒”

2015年春节后，佛山招工总量达到26万人左右，其中企业岗位缺口人数有8万～9万人。据悉，2014 年，佛山共有登记在册的异地务工人员 159 万人，总人数比 2013 年增加了约 12 万人。佛山市劳动就业服务中心数据统计，佛山市 2015 年用工总量达到 26 万左右，其中制造业的岗位需求人数最大，所占比例约为 80%。“企业用工缺口可能会有八九万人”，佛山市劳动就业服务中心有关负责人介绍，今年佛山用工需求状况总体较为平稳，受年前外来人员辞职返乡等因素影响，今年春节招聘中有少数零散的企业出现用工荒现象，技工等一些制造业岗位将成为热门紧缺职位。

春节刚过的大年初六，佛山不少企业已经开始紧锣密鼓地安排招聘事项，谈及提前招聘的原因，多数企业纷纷称“担心招不够人”。用工急需的原因，主要与年前外来人员辞职返乡有关。佛山安东尼（国际）有限公司的招聘人员介绍，该公司去年年尾辞职返乡的员工有 70 多人，其中年后并未返回佛山的人数超过一半。“‘90 后’年轻人不太习惯这类制造业，流动性比较大。”一家不愿透露姓名的陶瓷企业招聘人员介绍，该公司去年年尾返乡辞职的人数约有 80 人，其中绝大部分为“90 后”年轻人。根据佛山市劳动就业服务中心的统计，佛山 2013 年返乡过节的外来人员中，有差不多 15%的人不再回到佛山继续工作。

想一想：

问题 1：近几年出现的“用工荒”现象会对企业带来怎样的影响？

问题 2：企业有大量的人员辞职，企业该采取哪些措施？

知识准备

一、人员流动及分类

所谓人员流动管理是指从社会资本的角度出发，对人力资源的注入、内部流动和流出进行计划、组织、协调和控制的过程。

经济学家认为，资源的流动是现代经济的重要特征，是衡量一个经济体制优劣与否，成熟与否的重要标志之一。对于企业来说，人员的自由流动是一种理性行为，不会因其产权的私有而导致流动的无序和过量。

人员流动依据不同的分类标准可以分为以下几类：

（1）按流动的主动性与否分为自愿流动和非自愿流动（解聘）。

（2）按流动的边界是否跨越企业分为员工流入、员工内部流动和员工流出。

（3）按流动的走向可分为地区流动、层级流动（如从技术员到助理工程师、从熟练工人到技术员）和专业流动（如技术到管理专业）。

（4）按流动个人主观原因分为人事不适流动（如用非所学）、人际不适流动（如员工与领导关系紧张）和生活不适流动（如水土不服）。

结合前文所论述内容，本任务主要侧重人员流出的分析和管理。

阅读材料

员工流动率的计算方法

计算员工流动率一般有两种方法，总流动率和自愿辞职率。员工流动率一般使用某一时间段的流动百分比表示。

总流动率，最为常见的员工流动率的指数为总流动率（TTR），计算公式为：

$$TTR=S/N\times 100\%$$

其中，TTR：总流动率；S：某一时期内（如一年或一个月）员工流动总数；N：被研究的企业某一时期在工资册上的员工平均数（可以是一日或一周内工资册上员工的平均数，也可以是某一时期起始时工资册上员工的总数），与这时期末工资册上员工总数之和，再除以2。

这一计算公式主要的缺点在于，它不能反映出员工流动的具体原因。因此按员工流动的原因将员工流动分为不同的类型是有实际意义的，如将员工流动分为自愿流动、非自愿流动（由于某些原因而被解雇、辞退、死亡等）。计算员工流动率可将分母保持不变，分子则根据流动原因的不同有所改变。

VQR（Voluntary Quit Rate）表示自愿辞职率，其计算公式如下：

$$VQR=Q/N\times 100\%$$

其中，Q：某一时期内自愿辞职者的数量；N：在所研究的某一时期内工资册上的员工平均数。

DR（Discharge for Cause Rate）表示由于某种原因（如玩忽职守等）导致的解雇率，其计算公式如下：

$$DR=D/N\times 100\%$$

其中，D：被解雇者的数量；N：在所研究的某一时期内工资册上的员工平均数。

二、人员流动的管理

（一）员工非自愿流出

非自愿流出就是由于各种原因，由企业一方先提出让员工离开，而并非员工自己主动提出流出企业。非自愿流出包括解聘、人员精减和提前退休。

1. 解聘

解聘是企业与员工解除聘约。由于是非自愿的流出，所以解聘政策的实施有可能会带来一些危险：解聘员工可能会引起被解聘员工的控告和起诉；由于被解聘员工受到各方面的极大压力，可能会对企业的管理人员或与此相关人员进行人身伤害。因此，企业在采取解聘措施时应格外慎重，并要遵循一些原则来尽量避免不良后果的出现。

首先要遵守公平原则；其次要建立必要的制度，规范解聘员工的工作和行为；最后，一旦员工被解聘，企业尽可能地提供一些再就业的咨询等，以此来减轻因解聘员工带来的不良后果。

阅读材料

人员解聘的流程

(1) 调查工作业绩。首先要查出来的是员工有什么样的失误，为什么会有这样的失误，看能否在企业内部调动，让员工更好地发挥技能。如果无法进行内部调动，只好终结雇用关系。

(2) 用书面材料说明解雇员工的原因。保留书面警告的副本和记录该员工业绩不良所造成的影响，包括事件日期和详情。

(3) 制定终止雇佣关系的条件。按照规定可以给予补偿。

(4) 最好让对方在合同终止那天离开办公室。这可以减少蓄意破坏的可能性，降低对其他员工的负面影响。

(5) 准备好进行解雇会谈。整理好需要的文件。准备一下应如何进行会谈。会谈持续的时间不要超过15分钟。

(6) 在独立的会议室中进行会谈。最好找个同事作为见证人，支持自己的观点，这将会有所帮助。

(7) 尊重对方。简要解释解雇的原因，说明这是一个无可挽回的决定。

(8) 解释有关解雇的财务安排。将最后的薪金准备好，交给员工。可能的话，为员工准备一封介绍信。

(9) 收回该员工使用的企业的财物。将员工的私人东西物归原主。

2. 人员精减

人员精减是一个包括人事裁减、招聘冻结、组织重组和兼并的术语，是企业为降低成本而采取的一系列行为。通常，人员精减主要是裁减企业的劳动力规模。

人员精减需要有依据，我国目前涉及退职的条件有《国务院关于工人、职员退职处理的暂行规定（草案）》第二条的规定，国营、公私合营的企业、事业单位和国家机关、人民团体（以下简称企业、机关）的工人、职员，合于下列情况之一的，按照退职处理：

(1) 年老体衰，经劳动鉴定委员会或者医师证明不能继续从事原职工作，在本企业、机关内部确实无轻便工作可分配，而又不合退休条件的；

(2) 本人自愿退职，其退职对于本单位的生产或工作并无妨碍的；

(3) 连续工龄不满三年，因病或非因工负伤而停止工作的时间满一年的；

(4) 录用后在六个月以内，发现原来有严重慢性疾病，不能坚持工作的。

符合第二条规定的工人、职员退职的时候，由企业、机关按照下列标准一次发给退职补助费：连续工龄不满一年的，发给一个月的本人工资；一年以上至十年的，每满一年，加发一个月的本人工资；十年以上的，从第十一年起，每满一年，加发一个半月的本人工资。但是退职补助费的总额，最高不得超过三十个月的本人工资。

符合第二条（一）项条件的工人、职员退职的时候，其退职补助费除按本条规定发给外，另加发四个月的本人工资；符合第二条（三）项条件的工人、职员退职的时候，其退职补助费除按本条规定发给外，另加发二个月的本人工资。

3. 提前退休

提前退休是指员工在没有达到国家或企业规定的年龄或服务期限时就退休的行为。提前退休常常是由企业提出来的，以提高企业的运营效率。这是当今许多企业在面临市场激烈竞争时，使自身重现活力而采取的用于管理员工流出的一种很流行的方法。

根据我国《关于工人退休、退职的暂行办法》和《关于安置老弱病残干部的暂行办法》规定，下列几种情况可以办理退休：

（1）男职工年满六十周岁，女干部年满五十五周岁，女工人年满五十周岁，连续工龄或工作年限满十年。

（2）从事井下、高空、高温、繁重体力劳动和其他有害健康工种的职工，男年满五十五周岁，女年满四十五周岁，连续工龄或工作年限满十年。

（3）男年满五十周岁，女年满四十五周岁，连续工龄或工作年限满十年的，经医院证明，并经劳动鉴定委员会确认，完全丧失劳动能力的职工。

（4）因工致残，经医院证明（工人并经劳动鉴定委员会确认）完全丧失工作能力的。

（二）员工自愿流出及其管理

对于企业来说，企业员工的自愿流出是一种损失，因此它又被称为企业员工的流失。员工流失分为两种情况：一种流失是员工与企业彻底脱离工资关系或者员工与企业脱离任何法律承认的契约关系的过程，如辞职、自动离职；另一种流失是指员工虽然未与企业解除契约关系，但客观上已经构成离开企业的事实的行为过程，如主动型在职失业。

1. 员工自愿流失的特点

（1）群体性。一般说来，员工流失往往发生在以下这些人员群体：新兴行业需求量大的，思维活跃的，专业不对口的，对企业不满的，业务管理精英，对未来职业生涯不明晰的，认为受到不公平待遇和人际关系不好的。

（2）时段性。员工流失的时间是有规律的，一般说来，薪水结算及奖金分配后，春节过后，学历层次提高后，职称提高或者个人流动资本进一步提高后，最容易发生员工流失。

（3）趋利性。即员工流失总是趋向于个人利益和个人目标。这些员工可分为追求物质型、追求环境型和追求稳定型。

2. 员工自愿流失的危害

(1) 员工流失使企业成本增加。员工流失企业还需要重新组织招聘工作，将增加企业的成本。

(2) 员工流失使人心不稳，挫伤其他员工的工作积极性。

(3) 掌握关键技术或销售渠道的核心员工的流失将给企业带来无法估量和难以挽回的损失。

(三) 员工自然流出

员工自然流出的形式主要有退休、伤残、死亡等。

企业的退休管理一般包括两个方面：一方面，为退休者提供与退休有关的信息；另一方面，为员工提供心理支持。另外，企业允许退休的员工进行兼职工作也成为一种趋势，以此作为正式退休的一种变通方法。

作为企业的人事工作人员要懂得，人员流动在企业发展过程中是自然的而且是必要的，人力资源管理者能够找到人员流动对企业的价值所在。

三、员工离职手续办理流程

无论哪种形式的员工流动都会对企业的发展产生一定的影响。尤其是员工自愿流失的问题，企业往往处于被动的一方，作为人事专员，每一次的人员离职都要有所总结，并按流程为离职员工办理手续。

(一) 填写离职申请单

准备离职的员工提前一个月可以口头向部门主管或人力资源部提出离职意愿，也可以填写好离职申请单向部门主管或人力资源部提出离职意愿。一般情况下，离职意愿向部门直接主管提出，若不便或不愿向直接主管提出，也可以向间接上级或人力资源部提出。正规的离职申请，必须以书面的形式提出，公司人力资源部一般有设计好的员工离职申请单，其主要内容包括员工基本信息、离职原因和审批栏目。如表 8-1 所示。

表 8-1　　员工辞职申请表

申请人		身份证号	
所在部门		入职时间	年　月　日
申请日期	年　月　日	计划正式离职日期	年　月　日
离职类型	□试用期内离职　□合同期内离职　□合同到期　□其他		
离职原因			
对公司希望			
离职交接	离职后部门安排交接给		

续 表

<table>
<tr><td>员工离职须知</td><td>1. 试用期员工需提前 3 天提出申请，正式员工需要提前 30 天提出申请，以便部门做好充分的工作交接；
2. 提出申请期间不得传播任何负面信息，否则公司按照劳动纪律管理规定处理；
3. 离职审批后请做好离职交接工作
申请人（签字）：　　日期：　年　月　日</td></tr>
<tr><td rowspan="3">审批栏</td><td>主管经理审核意见：
年　月　日</td></tr>
<tr><td>人力资源部审核意见：
年　月　日</td></tr>
<tr><td>主管副总审批意见：
年　月　日</td></tr>
<tr><td>加签栏</td><td>【提示】对于项目经理以上人员必须经总经理审批
总经理（审批）　年　月　日</td></tr>
</table>

注：本模板参考贺清君最新图书《企业人力资源管理全程实务操作》编制。

（二）离职前面谈

员工离职有很多原因，但当员工做出离职决定并以语言文字或文字的形式提出时，他（她）往往是经过深思熟虑的，必然存在促使其离职的重要原因。对于关键的员工、优秀的员工、由于迫不得已而选择离职的员工，单位在员工提出离职意愿时应该尽快与其进行离职前的面谈，尽最大可能争取其放弃离职意愿，终止后续的离职程序。一般情况下，员工所在部门主管或人力资源部应该做好以下三项工作。

1. 快速做出反应

如果单位十分想留住这位员工，应立即对员工离职做出快速反应。部门主管或人力资源部人员（最初接触到提出离职意愿员工的人）应该中止其他活动，快速做出反应：一是向员工表明与员工进行了离职前面谈比日常工作更重要；二是尽快、尽最大努力去改变员工的想法。

2. 保密

对于员工刚刚提出的离职意愿，一定要保密。如果员工离职的意愿被其他员工知道，那么单位花再大的力气，也难以保留住提出离职意愿的员工，因为他（她）若放弃离职，必须承受公开反悔的尴尬处境所带来的巨大心理压力。所以，封锁员工离职的信息，则有更大的可能性让员工放弃离职的意愿。

3. 为员工解决困难，挽留员工

如果挽留措施得力，又确实能解决造成员工离职的问题，员工可能会改变想法。所以，在离职前的面谈中应该尽可能掌握员工离职的真实原因，并采取切实可行的措施帮助其解决实际困难，这样很可能挽留住员工。

（三）核准离职申请

对于提出离职意愿的员工，部门主管、主管副总或人力资源部都不能够想办法挽留住，或者单位根本就不想挽留的，可按照单位人事管理权限和员工离职管理的相关规定进入审批的程序。

（四）业务交接

员工核准离职后，应该根据双方的协商或单位的相关规定，尽可能迅速和稳妥地进行业务交接工作。如果已经安排好了接替人员，则离职员工与接替人员进行业务交接；如果还没安排好接替人员，则离职人员与直接主管进行业务交接。业务交接的具体内容取决于离职人员的工作岗位、工作性质和工作状态，一般来说，应该将最近已经办好的事、正在办理的事情和将要办的事情交代清楚，将手头的资料、文件、账册、印章等交接好。

（五）办公用品移交

离职员工在业务交接工作完成后，进行办公用品和生活用品的移交工作。这项工作需要单位多个部门配合执行，所以各个部门在员工移交用品时都要尽职尽责地做好监督与服务工作。如果离职员工正式离职后，发现财务、资料、用品等未交接或移交错误，应由相关部门负责追索或赔偿。一般来说，办公用品移交可以采用表单的方式进行。如表 8-2 所示。

表 8-2　　员工离职移交手续清单

<table>
<tr><td rowspan="2">离职人</td><td>职别</td><td>姓名</td><td>离职理由</td><td rowspan="9">会签单位</td><td>单位</td><td>记事</td><td>主管签章及日期</td></tr>
<tr><td></td><td></td><td></td><td>工作部门</td><td></td><td></td></tr>
<tr><td rowspan="7">移交物品文件</td><td colspan="3" rowspan="7">由直属主管制定
1.
2.
3.
4.
5.
6.
7.
签章：　　年　月　日</td><td>仓库</td><td></td><td></td></tr>
<tr><td>工具室</td><td></td><td></td></tr>
<tr><td>医务室</td><td></td><td></td></tr>
<tr><td>食堂</td><td></td><td></td></tr>
<tr><td>会计室</td><td></td><td></td></tr>
<tr><td>总务科</td><td></td><td></td></tr>
<tr><td>人力资源部</td><td></td><td></td></tr>
</table>

续 表

交接人		说明	1. 各单位对离职人员的离职手续请予即刻办理； 2. 本单办妥后由离职人员亲自交回人力资源部

（六）费用结算及人员退保

离职员工在业务交接和办公用品移交之后，可以到财务或会计部门结算与工资待遇相关的各种费用。同时，还要将个人社保的退保或保险转移工作做好，这项工作的具体事务可以在离开单位后办理。另外，还要为离职员工开好离职证明。

（七）离职面谈

当离职人员办理好上述各项事务后，离职员工与单位已不存在任何劳动关系，这时，由人力资源部专职负责员工关系的人员或公司高管与已经离职的员工进行一次面谈是十分必要的。离职面谈是员工离职工作中一项十分重要的工作，其重点是了解员工离职的原因，发现单位存在的不足，所以单位一定要做好离职面谈工作。

（八）资料存档

单位人力资源部将员工离职申请、移交手续办理清单、离职面谈记录表单等材料存档，以备日后查询。

（九）整合离职原因

员工离职会对单位造成很多影响，单位在员工离职后，应该将存档的离职资料（主要是指离职面谈资料）进行汇总、分析，从中发现员工离职的主要原因，进而了解单位在运营中存在的问题，为单位的健康快速发展提供参考信息。

案例学习

“人走茶不凉”

企业自然的离职率很正常，但是大部分企业不能做到宽容对待自己的离职员工，认为他们如同“背叛”公司一样，统统都列入“黑名单”，但也有些知名企业将这些离职的人员也列入人力资源管理的一部分，认为这些人是公司今后发展的潜在客户必须好好对待，正所谓“人走茶不凉”。

1. 天狮集团——离职面谈：请提意见

天狮集团对离职的每个人员，不管是个人主动离职的还是被集团解职的，人力资源部都要与之谈话，问他们为什么离开？如果时间能倒退，企业怎样做才能留住他？并请离职员工填写离职档案，给公司留下他们的意见。但是有些员工在离职时由于某些原因往往不会如实填写。人力资源部会等到他离开后一段时间再问他，那时候可能他已经没有顾虑了，会将自己真实的原因讲出来。员工离开时，集团公司还要通过不同形式进行欢送，让员工离开得非常愉快。

2. 惠普公司——握手话别：陪送“嫁妆”

惠普（美国）公司有一家子公司，该公司对待跳槽的员工是：不指责、不强留，利索地放人，握手话别。一个离开惠普出去创业的人说：惠普每年要花不少钱用在人才培训上，有的人来惠普就是为了镀金，学了本事待价而沽。对此，公司的管理层认为，人家愿意来，说明惠普有很大吸引力；人家想走，强留也不会安心。再说，电脑业本来流动率就高，当初选进的人才不见得都符合惠普的要求。退一步说，一些优秀人才到外面去服务，也是惠普对社会的贡献，也符合惠普一贯坚持的“互胜”精神。

3. Bain 公司——真心牵挂：人走心连

世界著名的管理咨询公司 Bain 公司专门设立了旧雇员关系管理主管，负责跟踪离职员工的职业生涯变化情况。为记录这些变化情况，公司还建有一个前雇员关系数据库，其中存有北美地区 2000 多名前雇员资料，不但包括他们职业生涯的变化信息，甚至还包括结婚生子之类的细节。Bain 公司定期向那些曾在公司效力的前雇员发送内部通信，邀请他们参加公司的聚会活动。如此感情投资，也是为了有朝一日能有效利用这些“跑了”的人力资源。

4. 摩托罗拉——不计前嫌：好马回头

摩托罗拉非常重视好马的回头，为此有一套非常科学完备的“回聘”制度。首先“回聘”的目的是为了给拥有公司需要的工作知识和技能的前任员工提供工作机会，它的适用范围是所有那些主动提出辞职的前任公司常规雇员。为了鼓励“核心人才”的回槽，公司制定的相应的服务年限计算办法是：①假如前雇员在 6 个月之内被重新聘用，他/她以前服务年限将累计计算，如果超过 6 个月，仅按照他/她以前服务年限提供奖励；如果员工 6 个月之内被重新聘用，且在辞职前已经是正式员工，可以免除试用期。②如果前雇员超过 6 个月才被重新聘用，试用期按照新员工执行。

讨论：你认为这些企业面对辞职员工的做法如何？这种做法对企业的发展有怎样的影响？

方案设计

实训项目：模拟人员流动储备库创建

实训目的：通过该储备库的创建，加深学生对人员流动相关内容的掌握。

项目实施：

步骤 1：学生 6 人为一组，建立学习任务小组，选出一名组长，组长要监督组员的学习和任务的进展情况，组长根据实训任务，安排组员分工合作。

步骤 2：每组抽签选取一个任务方向，并有针对地设计储备库包括哪些内容、如何跟进。

步骤 3：整理出本组的人员流动储备库框架结构图。

步骤 4：分组进行成果汇报，由小组自评、组内互评和教师点评三位一体的方式进行综合评分。

实训材料：

（1）需要创建的信息库包括：自动离职、解聘、人员精减和提前退休四种情况。

（2）小组抽签决定信息库的主题方向，并形成汇报文字。

（3）最后形成汇报 PPT，在班上进行展示。

学习任务三　学会人才使用与培养

案例引入

企业该不该给新员工进行培训

王潇毕业后应聘到一家企业的人事部门，目前工作已经有一个月了，但是迟迟未得到企业的入职培训，同时他发现企业也并未对其他员工进行培训。在他工作的这一个月中，该企业已经有 4 人办理了辞职手续。王潇也曾旁敲侧击向人事部门的经理提议，企业应该给新员工进行培训。但是，经理的答复让他很是失望，他说："培训什么？培训好了会有更多人离职了，那岂不是赔了夫人又折兵"。

想一想：

问题 1：对于经理的回答你认可吗？为什么？

问题 2：案例中的做法对企业会产生怎样的影响？

知识准备

一、人才使用与培养的重要性

当今世界，人才问题已经成为关系企业发展的关键问题。在市场竞争中，人才的重要性越来越得到人们的普遍认同。企业人才培养近年来在企业发展当中的地位日益重要，21 世纪的人才短缺将是每个企业所面对的现象。在企业的发展当中如果传统的人才争夺多数属于"个案处理"的话，那么今后的人才争夺可能要"批量进行"。一旦时机成熟，将会出现"赢家通吃"的时代。我们的企业如果没有充足的而且是高品位的人才资源做支撑，将无法适应经济市场化、知识化和全球化的要求。抓紧培养和造就一大批跨世纪的合格青年人才，加快企业人才资源开发，形成有利于人才发展的工作机制，有效地促进企业的快速发展。

二、我国人才使用与培养现存的问题

由于我国市场经济起步较晚，企业类型主要以中小型企业为主，很多企业更是家族企业起家，明显表现为不重视人才或者不知道该如何利用人才的情况。不仅如此，当前我国人才使用与培养还存在其他问题，具体表现为：

（一）培养人才意识淡薄，员工忠诚度低

多数企业不是想着如何让员工安定稳定地工作，而是想着如何盘剥员工的各项福利。很多企业视《劳动法》和《劳动合同法》于不顾，想办法不给员工购买社会保险、找理由克扣工资、多加班少给钱等。

任何人都需要生存，最初的工作都是追求更多薪水；追求更大的发展空间；为了获得更多的成就感；为了追求自我实现。当一个人感觉现有职业不适时，如果在一个重视人才的企业，也会有各种配套的人力资源培养、留用体制。只有这些机制满足人的各类需求后，员工才会产生对企业的忠诚，进而全身心投入到企业的发展建设中来。

（二）不愿为员工培训“埋单”，或培训形式单一

很多企业不愿意给员工培训，或者对员工进行的培训也只能当作福利或者是支出而不是投资，进而降低对培训的投入。很多企业包括一些较大的知名企业，也仅仅是为了表现尊重吸引员工而制定了“完善”的培训制度，却在执行方面大幅缩水。培训就是组织学员观看培训光碟、临时参加市场上相关主题的公开课，或者通过熟人介绍培训师到企业讲讲课，而对员工未来的提升与发展方面的培训则很少涉及。长此以往，形成了员工对培训的抵触，甚至反感，难以适应培训对象的需要。

这样，势必会导致员工的技能得不到及时更新，发展空间得不到施展，安全感也会丧失，由此员工的忠诚度会大打折扣，于是乎企业和员工之间原本流畅的信息平台受阻，员工感受不到企业的发展前景，对企业逐渐失去了基本的信任感、归属感和成就感，所以员工才“走人”。

（三）缺乏有效的激励及考核机制

人力资本的管理核心是有效激励，每个员工都有个体发展的需要。希望得到上司的赏识和重用，受到他人的认可和尊重，有学习和发展的机会，获得感情上的释放或满足等。目前很多企业在激励手段的运用上，通常采用加薪方法，认为只要员工的薪酬高了就可最大限度地发挥其潜能，而没有考虑员工的精神等高层次需求。

另外，绩效考核制度都是按照既定的管理程序来完成，并且绩效考核更多与工资挂钩，使得很多工作多年的老员工内动力不足，积极性不高。

阅读材料

员工忠诚度

企业员工的忠诚度是指员工对于企业所表现出来的行为指向和心理归属，即员工对所服务的企业尽心竭力的奉献程度。员工忠诚度是员工对企业的忠诚程度，它是一个量化的概念。忠诚度是员工行为忠诚与态度忠诚的有机统一。企业员工的忠诚度高会给企业带来意想不到的效果。

1. 决定员工的工作绩效

员工是企业的基本成分，他们的热情代表企业的士气，他们的工作自觉性于潜移默化中体现企业的实力。员工忠诚将大大激发员工的主观能动性和创造力，使员工潜在能力得到充分发挥。忠诚是效率，员工的忠诚度提高与客户满意度的提高存在着促进的作用。企业每名员工的忠诚度提高了，企业竞争实力也就得到了提升。

2. 维系员工与组织之间的稳定关系

在现代经济发展中，员工会根据自身的个人的判断不断寻找适合自己发展的空间，人才流动成为一个普遍现象。企业作为经济组织始终处于动态发展中，员工与企业之间的文字契约。并不能保证员工与企业之间稳定关系。要想维持这种长期稳定关系，就需要构建依赖和真诚的雇用关系，培育并提高员工的忠诚度。

3. 增强企业的核心竞争力

在所有的资源中，人力资源是最具活力的资源，科学地使用人力资源能帮助组织赢得竞争优势。企业员工的创造性思维和劳动是企业发展的根本驱动力。组织的创新能力最终体现在员工的创新能力。但是这种能力的发挥还取决于员工的忠诚度。

4. 减少组织的人员置换成本

当员工的忠诚度降低时，就会对其为之服务的企业不满，甚至选择离开，从而引起员工流失。而企业为了填补员工离职的空白，又将重新招聘、培训新的员工，这期间还要冒着可能的生产率降低、新进员工无法胜任工作的风险，这样就会形成置换成本和交替成本。

三、科学合理的人才使用与培养方式

科学合理的人才使用与培养方式可以为企业带来强大的发展动力，是企业隐形的资产，但前提是企业必须学会科学的人才使用和培养方式。如果长期保持较高的离职率则会日渐削减企业的整体实力，所以建立一套适合本企业的用人之道非常重要。虽然每个企业的成长之路各不相同，但是使用与培养人才方面还是有很多共同的方式可以互相借鉴。

(一) 确立"以人为本"的管理理念

人本主义管理思想，强调尊重员工需求，关心员工成长和发展，重视员工的主体性和参与性，它反对把人仅仅看作生产的"工具"，而是强调人是有多重需求的"社会人"。不重视人本身，是造成员工流失的根本原因。企业把员工当成"物"来管理，认为只要在物质上满足了员工需要，其他问题就不再重要。我们看到许多企业的薪酬福利远比同类企业高，但却仍有较高的员工流失率，主要原因在于管理者仍然把员工视为"经济人"，认为你劳动，我付酬，公平合理，除此之外，都与我无关。有的企业员工"工作场所—食堂—宿舍"三点一线，企业没有文娱活动，员工生活单调枯燥，倍感疲惫。

一个企业有了合格的员工，才会有好的产品和好的市场，也才会有好的利润，员工应是第一位的。这种人本精神应贯彻在管理各环节，从员工招聘、培训、工作设计、薪酬福利制度、职业生涯管理到激励体系，都应考虑员工的需要和收益。管理过程中尽量少使用处罚性措施，多采用表扬性激励，多用柔性管理取代刚性管理，使员工有受尊重的感觉。其结果必然是关心培养了员工，也发展了企业，真正实现个人与企业的"双赢"。

(二) 建立公平的用人机制

企业要形成人员竞聘、人员使用、人员管理的市场化，形成人才梯队的建设。在社会上进行员工招聘，在内部也要引入竞聘机制，遵循公开、公平、公正的原则，制定员工的选聘、选拔、考评方式。人才的发现和评估不仅仅由企业业主个人决定，而是实行民主化管理，变"相马"为"赛马"，号召员工充分展露自己的才华。

(三) 建立适宜的培训制度

由于员工的业余时间一般较少，很多员工缺乏继续学习的条件，从而担心知识老化，不能适应个人长期发展的要求，因而急于获得学习机会。所以，平时应根据岗位的要求和员工的实际情况，给员工提供适当的培训机会，并鼓励员工学习与工作相关的知识和技能。另外，随着企业的快速发展，新设备新技术的投入运用，会产生新的培训需要。企业应对培训需要进行科学的分析，选择最优的方法和途径去满足这些需要。建立和完善企业内部人才培训机制，有系统地制订人才培训计划，有落实，有检查，有经验总结推广，使员工觉得自己每一天都在成长。

(四) 建立灵活、机动的激励机制

企业激励的重点应该从外部激励转向内部激励，从短期激励转向长期激励，薪酬设计上要实现宽幅化、多样化，如股票期权、沉淀福利制度等现在成了企业最能拴住人才心的有力工具，特别是对核心人才来说。

1. 物质激励

(1) 支付高工资。人只有满足了生存的需要，才会有发展的需要。员工的薪酬和福利始终是员工最关心的问题。因而一个良好的组织首先是员工的工资较高，使员工的工资水平对外具有竞争力，这是组织经营者的职责和愿望所在。

现实中，不论单位组织规模大小，只有那些战略方向正确、经营管理有效的单位才能支付相对较高的工资。一般而言，企业给员工支付较高工资涉及两个条件，一是提高劳动效率，且要合理使用设备，科学组织生产。二是开发产品增加盈利。在需求日异多样化、竞争日益激烈的今天，组织只有做到“销售一代、生产一代、研发一代、构思一代”来不断创新产品，才能通过竞争获得较高的利润，从而支付给员工较高的工资。

(2) 改善福利。良好的福利可以吸引优秀的员工、提高员工士气、增强员工凝聚力、降低员工离职率，所以，大多数企业都很重视员工的福利。

在日本企业致力于的改善福利、高工资、休息日多并称为稳定人才的三大法宝，尤其很多日本企业最重要的福利是组织能够解决员工的住房问题。在我国住房制度进行了改革，取消了福利分房，但仍然允许组织按照商品房价格购入住房而按照成本价销售给员工，同时住房公积金以及住房货币补贴等措施也与组织福利有关。因此，一定时期内单位能提供较好的在住房福利，仍然是组织吸引人才、稳定人才的条件。

另外，不同的员工，由于所处的年龄段和家庭、生命周期阶段不同，他们对福利项目的追求也不同。比如，年轻的员工更关心住房、旅游、孩子上学等方面的福利，中老年员工更关心养老保险、医疗保险方面的福利。所以，为了降低各类员工的离职率，单位应尽量在控制福利费用总额的情况下，开设一个任由员工选择的“福利超市”。

2. 精神激励

知识经济时代的到来，使得知识型员工已经成为各类单位的主体。这类型员工除了追求高工资高福利外，他们还更注重精神需求的满足。为此，改善工作条件、建立和谐的工作环境、给予员工实现自我价值的机会等，也是组织培养人才的措施。

(1) 满足员工干事业的需要。良好的组织环境把员工的希望和梦想与组织的目标联系在一起，其结果是，员工致力于实现组织目标，真心实意地为自己的成功、同事的成功和组织的成功而努力。在管理职能上，成功组织的领导往往不再认为管理是控制，而是服务；管理者的工作实质不再是控制员工行为，而是确定组织发展方向，同时给员工提供完成工作所需的一切资源。

(2) 强化对员工的情感投入。成功的组织坚持认为，组织就是一个大家庭，因此应当注重情感的投入，创造融合、和谐的气氛，从而深化工作的意义，同时也为生活增添新的价值。为了创建组织的大家庭氛围，可采取以下措施：一是建立上层主管和一线员工的定期联系，使公司所有员工紧紧围绕公司发展方向和目标。二是为员工提供跨组织活动和机会，最高管理层的参与尤为重要。员工参加的社会活动越多，离职的可能性越低，广泛有益的社交活动，可以让员工强化对企业的归属感。三是使工作成为乐趣。组织管理中多用民主管理代替命令式管理，让人们自愿投入时间，产生高效率。

(3) 诚心诚意留住员工。重视和培养人才最重要的是企业管理者在态度上要拿出真正的诚意。单位对员工的关心和爱护不应只是停留在制度上，而应该体现在管理人员的言语和行动上。求才贵以诚心，只有管理者诚心诚意、求贤若渴，才能聘到优秀员工；只有管理者发自内心地关心和支持员工，才能留住员工，培养员工。

无论企业采取怎样的方式培养和管理人才，只要真心尊重关心员工，体察其需求，帮助他们成长进步，给他们营造发挥自己才能的环境，企业自然能留住人才，从而在日趋激烈的市场竞争中立于不败之地。

四、如何根据企业特色加强对人才的培养

科学地培养人才的首要前提是留住人才，但是，不同性质的企业、不同性质的员工、在不同的时期，所采用的具体措施是不同的。

（一）员工处于不同生命周期阶段的人才培养措施

员工也同产品一样是有生命周期的。据有关专家分析，一个员工在公司内的生命在周期，可分为引入、成长、饱和与衰落四个阶段，不同时期由于员工面临的问题和需求不同，培养人的措施也应当有所区别。

1. 引入阶段

一个新进人员初来公司的前几年，为员工引入时期。这期间，经过训练的新人，对公司内部一切事务渐渐由陌生到熟悉，并且在他负责的工作职务中，摸索出经验。这一阶段，应注意使员工尽快适应环境，如果任其自生自灭，很可能从此埋没这个员工，或者导致其“跳槽”。

2. 成长阶段

在这一阶段，由于员工在公司内已经建立了一些特定的人际关系网络、对工作职务也有相当程度的掌握，因此，是员工最容易施展才华、最有干劲的阶段。对这一阶段的员工，除了应给予工作上的肯定，还需适度地安排相关的技能训练课程，来加深其专业程度。

3. 饱和阶段

进入饱和期，员工的工作经验已充足，却面临成长、突破的“瓶颈”，这时公司如果能给予适度的训练、调职或晋升机会，将有助于员工生命周期的良性循环。

4. 衰落阶段

公司人事主管如果对处于衰落阶段的员工，疏于关切和疏导，将打击他们的士气，长久下去将会影响公司的经营。公司要适当地用福利等方式来解决员工面临衰落的问题。

（二）针对科技人才的培养措施

知识经济时代背景下，人才的胜利就是组织的胜利，而科技人才又是知识型员工中的核心，因此科技人才是组织的核心竞争力。

以创新为中心任务的科技人才，具有独特的特点。一是在工作方面，表现为工作规程个性化、工作成果难以测量、工作选择的高流动性、思维方法的创造性、需要团队合作。二是在个性方面，表现为自主自信、善于和勇于质疑、慎思少言、进取心强，不喜欢受太多约束。三是在个人追求方面，表现为事业导向、成就导向、知识与能力导向。了解以上这些后，再有针对性地提出不同的人才培养方式。

1. 为科技人才创造提供良好的工作环境

科技人才喜欢自主，富于进取精神，不喜欢管制太多，组织要为科技人才营造一个宽松的工作环境，满足其工作自主的需要。具体来说，对科技人才可以采用自我管理团队的组织形式，通过授权让科技人才选举自己的领导，挑选后续的团队成员，利用信息技术来制定他们认为最好的工作方法。

2. 采用资本化激励措施

对于科技人才可以针对其所拥有的高端知识和稀缺技能进行资本化激励。根据科技人才对研发项目、对单位所做出贡献的大小来参与项目或单位的剩余成果分配，授予相应份额的股票期权，激励科技员工的工作积极性，让科技人员能够感受到自己与单位是“利益共同体”，进而增强科技人才与组织的凝聚力。

3. 适时提供培训机会

科技人才有不断提高研发水平的必要，也有追求真理、追求科学、超越自我的个性特点。所以，组织应结合员工自身特点和岗位情况，适时给予科技人才国内外深造、进修、研讨交流的机会，调动科技人才把握新知识和新技术的积极性和主动性。

4. 建立双轨制的职业发展道路

对于科技人才，经济收入不是他们重点考虑的因素。相反，个人发展需要和成就需要则是他们的主导需要。单位应该设计专业技术人才和技术管理人才两条职业发展通道，尤其是要突破专业技术发展通道的价值。

（三）困难组织的留人措施

对于那些暂时不景气的组织来说，无法给员工提供高工资，留不住人才的现象非常普遍。因此，企业要在内部管理和运行机制上下功夫来稳定所需要的员工，争夺员工。具体可以从以下几个方面入手。

1. 既要加强激励，又要鼓励竞争

组织在尽力加强员工的培训和进修等工作的同时，物质待遇要尽量以贡献大小为依据，有效地拉开分配差距，切实地鼓励优秀员工脱颖而出。

2. 既要关心爱护，又要教育引导

组织对员工在思想上、工作上、生活上要倍加关心爱护，同时应加强教育引导，强调敬业精神、奉献精神和职业道德。

3. 既要充分放手，又要有效制约

组织要积极创造条件支持各类员工增长知识和施展才能，同时必须制定有效的制约机制，以保护组织的利益。

4. 既要讲人情，又要有制度保证

组织管理者平时的感情投入与组织的凝聚力成正比。但同时，也应建立一套合乎组织实际状况的制度规范，使组织有章可循。

案例学习

汇仁——“仁者爱人”之人力资源管理

在人力资源管理方面，汇仁有一句响亮的口号“汇集天下仁人志士，共创世界一流药业集团”。企业的发展靠各方面的人才共同发挥专长和特长，汇仁有纳天下仁人志士的宏愿，可是如何能引来人才、留住人才、发展人才，需要先进的管理理念和科学的管理方法。

在引入人才时，汇仁一直坚持“德才兼备、量才录用、宁缺毋滥”的原则。要求聘用的人员一定要有高尚的品格，与企业理念相符；要有胜任工作能力，能被企业所用。能力小了，不能用；能力大了，用不起，选人要与工作相结合，实现人与工作的匹配。每一个人都是企业核心竞争力的缔造者，只有优秀的人才能造出优秀的企业，所以在选人时，汇仁的眼光非常严格，宁可不要，也不乱选。严格的选人原则，保证了企业的有生力量，科技人才中，就有大量北京大学、中国医科大学、江西中医学院等国内知名院校来的学生。整个集团的人员，有60%以上是大专以上毕业的，其中还有很多中高级职称人员、享受政府特殊津贴的专家、副县职的干部，都是社会的精英。

要留住人才，就要有行之有效的激励机制。汇仁强调对员工“激励、激励、再激励”，建立了一套定性定量、动态考评的激励机制，并把发现和激励优秀人才看作所有领导功能的精髓。陈年代多次提出要让员工“既能多赚钱，又能受尊重”，这句话简单而深刻地表达了汇仁在激励机制上注重从物质和精神两方面抓，让物质激励含有思想内容，让精神激励有物质载体。物质激励方面，提出经济收入“三高”，即高于同行业、高于原单位、高于上一年；还为员工考虑了生老病养问题；为部门经理补贴购置私家轿车，还补贴燃油费；陈年代还希望让汇仁上市，使员工都能持股。精神激励方面，要让员工在内受到同事、上司的尊重，在外受到社会的尊重，并且给员工提供学习和提升的机会。

陈年代曾说过：“没有一个一来汇仁就适应工作的营销人员。”这句话一针见血地认识到，无论什么样的人才，必须与企业融合以后，才能成为能被企业所有的人才。所以汇仁人力资源管理的一大特色，就是企业自己的培训部。公司的培训部，主要负责上岗前的培训，即使相近工作的转岗，也要经过培训。培训部成立三年的时间，就开班72期，培训学员近4000人次。岗前培训班开设的课程有“公司发展史”“市场营销理论”“医药产品知识”“法律”“企划宣传”“工商常识”“财务”“岗位职责”“市场操作技巧”“规章制度”及“思想教育”等十余门，重在让员工了解公司、知道与工作相关的知识和思想品德教育。对于岗位或职位不同的培训，还要因材施教，比如汇仁的营销培训，营销人员都要接受企业政策、企业文化、敬业精神方面的基本素质和基本知识培训，再按照工作重点不同，采用不同的教材。宣传销售人员，着重宣传销售技巧、医药产品知识及规章制度的培训；执行经理、分销经理和见习经理，着重销售通路管理、市场操作、公关能力及药品知识的培训；分销区总经理和省级公司的总经理，着重人力资源管理、销售管理及财务管理的培训。培训后考试合格才能上岗，每年还要轮训两三遍，都要考试并建档。

汇仁重视发展人才，提倡员工"重读书，再创业"。集团帮助员工提高能力，从1995年起，每年都要拨出10多万元送员工到相关的职业院校培训。集团鼓励员工学习，员工获得了更高的学历或是取得了更高的专业职称，集团都要给予奖励，还为员工报销教材费用。集团还提倡自学，在内部办起了藏书上万册的图书馆。

汇仁集团以人为本，把人力资源管理作为企业的一项重点工作来抓，实现了引来了人才、留住了人才和发展了人才。对于人才的衡量，汇仁有四大标准：品行好，专业强，目光远，悟性高。品行好了，才能接受和理解企业的文化；专业强了，才能加强企业的竞争力；目光远了，才能从战略的角度、社会的角度发展企业；悟性高了，才能领会企业的理念，才能掌握新知识，才能适应市场变化。真正的人才，一定能在汇仁找到自己的位置、实现自己的人生价值，因为他们是企业竞争力生生不息的来源。现代企业的竞争，也是人才的竞争，谁的人力资源更胜一筹，谁的人力资源管理得好、发挥得好，在相应的企业竞争领域就会显示出比对手更强的能力。

讨论：你认为汇仁集团人才使用与培养方式如何？怎么样？

方案设计

项目背景：

最近，某企业人力资源部发现员工的离职率有所上升，他们在对以往自愿离职员工的离职面谈资料进行整理后，形成了下列统计结果。

1. 离职原因

不认同领导的5%，对薪酬不满9%，不适应公司环境10%，缺乏晋升机会25%，才能得不到发展25%，工作压力大4%，培训机会不足20%，其他2%。

2. 离职员工的职位分布

一般员工19%，技术人员25%，一线主管27%，中层管理者15%，高层管理者14%。

3. 离职员工的年龄分布

30岁以下19%，30～40岁36%，40～50岁28%，50岁以上17%。

实训项目：制订降低企业离职率的解决方案。

实训目的：通过解决案例中出现的问题，加深学生对人才使用与培养相关内容的认识。

项目实施：

步骤 1：学生 6 人为一组，建立学习任务小组，选出一名组长，组长要监督组员的学习和任务的进展情况，组长根据实训任务，安排组员分工合作。

步骤 2：分析案例中企业离职率高原因，并结合企业的人才使用与培养方式等知识提出解决方案。

步骤 3：整理出本组对该案例中企业人才使用与培养方式的方法

步骤 4：分组进行成果汇报，由小组自评、组内互评和教师点评三位一体的方式进行综合评分。

实训材料：

（1）利用所学知识分析案例企业中出现的高离职率的原因。

（2）整理出本组解决该企业人才使用与培养方式方法的解决方案，并形成汇报文字。

（3）最后形成汇报 PPT，在班上进行展示。

请分析：

1. 导致该企业员工流失的原因是什么？

2. 请设计一套方案有效解决目前存在的问题。

参考文献

[1] 加里·德斯勒．人力资源管理［M］．北京：中国人民大学出版社，2012：211-229.

[2] 何光．当代中国的劳动力管理［M］．北京：中国社会科学出版社，1990.

[3] 阎华江．中国企业风险与防范［M］．北京：中国工商出版社，2000.

[4] 西奥多·W. 舒尔茨．论人力资本投资［M］．北京：北京经济学院出版社，1992.

[5] 安鸿章，余刘军．现代劳动定额学［M］．北京：首都经济贸易大学出版社，1996.

[6] 孙海法．现代企业人力资源管理［M］．广州：中山大学出版社，2002.

[7] 韦艳梅．国有企业人力资源招聘风险问题研究［D］．成都：西南交通大学，2008：15-17.

[8] 张香秋．企业招聘风险防范研究——基于东北地区企业的调查数据［D］．长春：东北师范大学，2014：6-8.

[9] 王德文，等．全球化与中国国内劳动力流动：新趋势与政策含义［J］．开放导报，2005（4）：6-12.

[10] 王海东，杨淑芝．企业人力资源开发与管理初探［J］．工业技术经济，2007（3）：248-251.

[11] 杜文举．员工招聘的经济学分析［J］．中国人才，2002（2）：38-39.

[12] 舒文波．规避招聘风险［J］．人才瞭望，2002（10）：43.

[13] 胡慧平．招聘风险：企业竞争面临的最大风险［J］．企业导报，2004（Z1）：53-54.

[14] 梁茂辉．人力资源招聘风险及控制策略［J］．商场现代化，2007（20）：301-302.

[15] 安鸿章．论企业人力资源的空间与时间配置［J］．首都经济贸易大学学报，2007（3）：72-78.

[16] 梁琦．论资源空间配置观［J］．广东社会科学，2007（3）：5.

[17] 苏文明，韩磊．企业人员流动探析［J］．合作经济与科技，2009（2）：28.

[18] 李小娟．企业员工流动管理研究［J］．中国集体经济，2008（10-12 上）：135-136.

[19] 张亚莉，杨乃定．人员流动风险分析与控制［J］．航空科学技术，2000（3）：26-28.

[20] 周文，刘立明，方芳．员工招聘与选拔［M］．长沙：湖南科学技术出版社，2005.

[21] 廖泉文．招聘与录用［M］．北京：中国人民大学出版社，2005.

[22] 秦志华．人力资源管理［M］．北京：中国人民大学出版社，2000.

[23] 张维君，王君．人员招聘与配置［M］．北京：电子工业出版社，2014.

[24] 曹晖，陈新玲．人员招聘与配置［M］．北京：中国劳动社会保障出版社，2008.

[25] 刘追．人员招聘与配置［M］．北京：中国电力出版社，2014.

[26] 萧鸣政．人员测评与选拔［M］．上海：复旦大学出版社，2006.

[27] 王丽娟．招聘与录用［M］．北京：中国人民大学出版社，2012.

[28] 吴志明．员工招聘与选拔实务手册［M］．北京：机械工业出版社，2002.

[29] 付亚和．工作分析［M］．上海：复旦大学出版社，2009.